乐享教育的
知与行

侯清珺 ◎ 主编

LEXIANG JIAOYU DE
ZHI YU XING

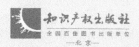

知识产权出版社
全国百佳图书出版单位
—北 京—

图书在版编目（CIP）数据

乐享教育的知与行 / 侯清珺主编 . — 北京：知识产权出版社，2024.6
ISBN 978-7-5130-9350-7

Ⅰ.①乐… Ⅱ.①侯… Ⅲ.①小学教育—教育研究 Ⅳ.① G622.0

中国国家版本馆 CIP 数据核字（2024）第 086213 号

内容提要

郑州市金水区文化路第一小学历经近百年文化积淀，秉持"以文化人、知行合一"的校训精神，凝练成"乐享教育"的办学思想，形成乐享管理、乐享教师、乐享课程的特色治理模式，为中小学校长凝练办学思想、文化治校提供案例智慧。"乐"即快乐，"享"即共享，"乐享教育"即"快乐学习，共享精彩"的教育。"乐享教育"是以孔子的"乐学"思想与"乐教"精神为理论基础，以陶行知的"生活教育理论"为方法论，始终秉持三种信念：让快乐成为学习动力，让共享成为互动方式，让精彩成为自信理由。"乐享教育"思想是对中华优秀传统文化的继承与发扬，是对学校近百年优秀办学经验的传承与发展，是对落实立德树人根本任务这一教育方针的主体性回应。

责任编辑：郑涵语　　　　　　　　　责任印制：孙婷婷

乐享教育的知与行
LEXIANG JIAOYU DE ZHI YU XING
侯清珺　主编

出版发行：知识产权出版社 有限责任公司	网　　址：http://www.ipph.cn	
电　　话：010-82004826	http://www.laichushu.com	
社　　址：北京市海淀区气象路 50 号院	邮　　编：100081	
责编电话：010-82000860 转 8569	责编邮箱：laichushu@cnipr.com	
发行电话：010-82000860 转 8101	发行传真：010-82000893	
印　　刷：北京中献拓方科技发展有限公司	经　　销：新华书店、各大网上书店及相关专业书店	
开　　本：720mm×1000mm　1/16	印　　张：18.5	
版　　次：2024 年 6 月第 1 版	印　　次：2024 年 6 月第 1 次印刷	
字　　数：254 千字	定　　价：58.00 元	

ISBN 978-7-5130-9350-7

编委会

序 一

"始建于 1927 年的郑州市金水区文化路第一小学（下文简称"文一"），历经近百年积淀，以凝重厚实的教育传统与文化底蕴，保持了一种威严庄重却不失亲切包容的博大气质与情怀。"这是我在文化路第一小学校史馆"前言墙"上看到的一段话，至今印象深刻。

第一次见到侯清珺校长是在 2015 年的北京，她作为学员参加教育部第八期全国小学优秀校长高级研究班。十年来，她孜孜以求，潜心于研，一步步成长为新时代名校长培养对象。她知责于心，躬耕践行，带领学校从一个校区发展为多校区的优质教育集团，办好老百姓家门口的学校。她守正创新，锐意开拓，持续探索课程教学改革的学校实践，取得了丰硕的成果。

"以文化人、知行合一"是文化路第一小学的校训，是学校在近百年的办学实践中逐渐形成的办学精神。侯清珺校长带领全体教师在传承校训的基础上，积极回应学校高质量发展的需求，确立了"乐享教育"办学思想，即"快乐学习、共享精彩"。在我看来，这一办学思想与"创新、协调、绿色、开放、共享"的新发展理念相符合，真正做到了让教师育人理念、学生学习方式发生转变。

这本书为我们呈现了一所百年老校基于厚重历史积淀的创新发展，讲述了"乐享教育"从萌芽、发展和深化，到成为"文一"人共同遵循的价值观和引领学校高质量发展的生动故事；梳理了学校乐享课程体系从 1.0 到 3.0 的迭代更新，以及学校教育思想和育人目标深度契合的经验成果；解读了依托"知行源"教师成长学院，建设高质量教师队伍的多维实践路径；我们欣喜地看到：走进"文一"，学生们享受着课程带给他们的快乐，分享着参与体验和创造的乐趣；教师们享受在课堂中，享受在工作状态中；家长们带着对子女的美好期待，与学校携手共进，学校成为享受生命成长的地方。

"以文化人、知行合一"的办学精神和"快乐学习、共享精彩"的办学思想，激励着"文一"人不断地求索、追寻。我也期待侯校长带领全体教师以教育家为榜样，大力弘扬教育家精神，更加扎实、深入地探索"乐享教育"的创新实践，为基础教育的高质量发展贡献郑州市金水区文化路第一小学的智慧和力量。

陈锁明

2024 年 1 月

序 二

一所学校的办学思想体现出的是学校的历史传承和文化积淀，是校长作为学校发展顶层设计者的个体教育智慧的凝练。阅读本书的各位读者，如果你是一位教育工作者，你是否知晓你所在的学校的"办学思想"？你是否了解这样的思想是如何产生的？对你日常教育教学工作又如何产生影响？你关于办学思想的所有好奇与疑问也许都可以从这本著作中找到答案。

任何一位成年的社会成员都有其价值观、人生观和世界观，这个具有哲学性的"三观"会指引着我们每位社会成员日常的行动方式、与他人的互动方式及我们的生活、学习和工作方式。同理，学校也是有生命的，它是一个个学生、教师、家长及其他利益相关者构成的生命共同体。因此，学校有上述三观式的"学校教育哲学"，它是学校办学的灵魂。学校教育哲学立足于办学思想的提炼与表达，影响学校教育生活的过去、当下和未来的实践。

党的二十大报告确定了教育在社会主义现代化强国建设中的基础性、战略性地位，强调加快建设教育强国，推进教育高质量发展体系建设，教育事业在实现中华民族伟大复兴征程中迎来了大有作为的历史性机遇。这就给基础教育领域的中小学提出了一个重要议题：新时代需要什么样的学校教育哲学？也即围绕"培养什么人、怎么培养人、为谁培养人"来形成每所学校新的发展理念，进而把握学校新的发展定位，具体化为每所学校的办学思想及其实践方式。

郑州市金水区文化路第一小学"乐享教育"的办学思想是在传承学校悠久历史文化、富有成效的办学实践基础上，结合学校多元主体的认知，校长及学校管理团队与教师团队共同凝练而成的。"乐享教育"思想体现了文化路

第一小学的领导者和教师对"为什么办学、怎么办学、培养什么人"等基本问题的理性认识和价值判断,其表达的核心主张、思想体系、核心价值就会引领文化路第一小学每位教育人的价值追求,其通过多年探索而成的实践方式就会成为当下和未来每位教育人的行动纲领。

"乐享教育"思想及其实践成就的、幸福的不仅是学生,更是教师、家长及学校所在社区的社会成员。在"乐享教育"思想的指引下,学校的乐享管理文化、乐享教师团队发展、乐享课程体系、"阳光课堂"形态、乐享评价方式、乐享学生社团、乐享校家社合作模式,不仅能够培养出"仁、礼、智、和、艺"于一体的"文一"少年,更是积极地回应了新时代学校育人方式变革的诉求,不仅能够带动"文一"教育集团的发展,更会引领区域其他学校教育内涵式的发展。

"乐享教育"就是学校高质量的发展!

朱志勇

2023 年 12 月

序 三

从 2014 年侯清珺校长邀请我指导学校的文化理念建设时，我便与"乐享教育"结下了不解之缘。侯校长请我为该书作序，我便欣然同意。

我参与的工作主要是"文一"学校文化的顶层设计。我认为，顶层设计的工作固然重要，学校领导班子的执行力更重要。文化路第一小学的高质量发展显然在于以侯校长为核心的领导班子善于学习、善于思考、勇于创新、高瞻远瞩、团结一致，具有政策高度和理论水平，在郑州市金水区教育局领导下，对国家课改精神和文化兴校精神吃得准，充分借用高校智力资源，并能精准识别专家建议方案的价值，果断采纳专家设计的合理部分，而不是迟疑不决，或者是先热后冷，让很好的方案束之高阁，这也正是我和"文一"合作特别成功之处。事实证明，正是这种重视专家引领并在第一时间把专家建议变成实施方案的风格，使文化路第一小学之后与北京师范大学教育管理学院基于项目学习的合作，与上海市教科院杨思耕教授团队合作，以及构建乐享课程体系、提升课程品质都非常成功。

《乐享教育的知与行》叙述了"文一"由冯玉祥将军废庙立校以来"以文化人，知行合一"的精神气质及"乐享教育"哲学的形成过程，展开了"文一"乐享管理文化体系的全貌，对"文一"人怎样以快乐、共享为理念把学校办成每一个学生、每一个教师乃至每一个家长和社区人士的"文化家园、成长乐园"的成功经验做了全面的总结，剖析了"文一""仁、礼、智、和、艺"于一体的时代新人培养目标的时代之思，介绍了"文一"由"助澜工程"到"教师协同发展共同体"，再到"知行源"教师成长学院的发展轨迹，以及培养"有信仰、情怀深、专业强、勇创新"的教师队伍目标的理性考量，梳理了

"文一"由校本课程走向本校课程的经历，以及创造性的乐享家校模式的形成过程，对"文一"的乐享课程"阳光课堂"、项目化学习的科学逻辑和实施路径做了如数家珍一般条理清晰的陈述，并提供了大量精彩的课例材料。整本书的内容，有逻辑、有思考、有总结、有剖析、有成果、有经验、有情怀、有启迪、有创造、有展望，对当前锐意深化课程改革和学校文化建设的基础教育界管理者有极大的教益。

以我与郑州市金水区"文一"教育集团相交之深，我敢说"文一"的"乐享教育"文化品牌具有四个核心价值取向，分别是：乐享生命，拥抱世界，以文化人，知行合一。我自信这四个核心价值取向足以构成破解中国基础教育难题的不易之诀，尤其对于学校文化建设具有普适性启示意义。

一、乐享生命

"乐"即快乐，"享"即共享，"生命"即生而有"命"。"乐享生命"即以快乐、共享为方向润泽每个人的使命之心。

首先，"乐享教育"强调让快乐成为学习动力。子曰："知之者不如好之者，好之者不如乐之者。"启迪教育必须有快乐元素。怎样给教育教学注入快乐元素？"文一"的答案是让课程适应学生，而不是一味地让学生适应课程，同时课程实施方式必须采取学生喜欢的方式。为此，"文一"做了两件事，一是大胆进行课程改革，实现由学科课程到校本课程，再到本校课程的迭代，即让课程由学科课程变成教师课程，最后变成学生课程。这样的课程学生喜欢，学习和生活结合、和成长需求结合，能够丰富学生的成长经验。二是建构学生立场的立体多元的课程实施方式，通过"阳光课堂""乐享学科""乐享节日""乐享之旅""乐享仪式""乐享社团""项目学习"七个路径实施乐享课程，并依据不同的实施路径进行适当的评价设计。

其次，"乐享教育"强调让共享成为互动方式。这个共享是经验的共享、情感的共享，包括师生共享、同学共享、同事共享、家校社共享、校区共享。在共享思路的指引下，"文一"全力建构"阳光课堂"，积极推进学生乐享社团建设。依据"阳光课堂"的要义，学校倡导在课堂上体现"尊重、温暖、快乐、成长"四大文化核心。课堂教学中运用多种方式，营造快乐氛围，引发学生的好奇心，唤起学生思考，让学生在质疑、对话、探究、分享、合作、创新中学会学习，有效地促进学生学科能力和学科素养的提升和发展，共同享受知识带来的快乐，实现学生乐学与教师乐教的统一。在乐享社团建设方面，"文一"建设了红领巾艺术类社团、工艺制作类社团、文学创作类社团、体育运动类社团、环境保护类社团、社会实践类社团6大类小社团。"文一"的理想是让每个学生都有自己喜欢的社团，每个学生在社团中都能找到志同道合的伙伴。学生在社团中学会了合作，学会了履职尽责，发展了集体荣誉感。同时，"文一"也积极推进教师团队建设，依托"河南省教师发展学校"平台，开展一系列名师梯队工程。2019年，学校在1.0版的"助澜工程"和2.0版"教师协同发展共同体"基础之上，成立了3.0版的"知行源"教师成长学院，遵循教师发展基本规律，从助力、协同到成长融合层层递进，聚焦课程核心生产力，逐渐探索出"乐享工作坊—名师工作室—双导师培养—'阳光课堂'—成长沙龙"五大循环路径，成功地实现了同事之间互为资源，共享资源。

　　"共享"理念不仅让校园中人的距离由远而近，由分散而聚合，形成磅礴的力量。同时，也启迪了"文一"的"乐享家校"的思路，学校积极探索构建"学校、家庭、社区'三位一体'的教育合作模式"，成立三级"PTA"（PTA，Parent-Teacher Association）家校协会。"'PTA家校协会"由学校、年级、班级三个层面组成，不同于传统的家长会，在PTA组织中，家长既是参与者，也是组织者，具有非常大的权力。PTA的家长们经常联合学校教师，发挥各种优势资源，有组织、有计划、分主题地为学生们提供各种综合能力培养的系列活动。通过三级"PTA"家校协会的建设，"文一"有效地打通了教育壁垒，使学校、家庭与社区消除隔阂，家校沟通渠道日趋顺畅，家校关系日益融洽。家庭、社区逐渐成为学校发展的坚强后盾，为学生营造了和谐的成长氛围；学校也积极发挥其教育功能，为社区、家庭服务，让优质教育福泽一方民众。

最后，"生命"是生而有"命"。"文一"人认为生命可乐、可享，是基于每个人都生而有"命"——"命"就是使命的认识。"文一"把人生的使命概括为"仁、礼、智、和、艺"，并把"仁"解读为：有爱心，会合作；把"礼"解读为：明礼仪，讲诚信；把"智"解读为：会学习，能创新；把"和"解读为：会劳动，爱运动；把"艺"解读为：有才艺，会审美。由此确定了培养"仁、礼、智、和、艺"于一体的时代新人的培养目标，并基于育人目标确定了课程目标，做了课程结构划分，把国家课程和校本课程进行了统整，构建了学科课程群，实现了课程与学校教育思想和育人目标的深度契合，课程建设完成了从校本走向本校的迭代，形成了独具"文一"办学特色的课程体系。

二、拥抱世界

"文一"的"乐享教育"，之所以强调生命可乐、可享，还源自一种植根于中华文化的仁爱情怀。"乐享教育"从中国儒家"仁者以天地万物为一体"的文化精神中汲取了丰富的营养，强调世界是我们的教材，课程是我们的世界。为此，"文一"特别重视综合实践活动的设计和以项目式学习改造学生传统的学习方式。

"文一"之所以特别重视综合实践活动和项目式学习，是因为综合实践活动课程和项目式学习都有一个共同的特点，即从自然、社会和生活中选择和确定课题进行实践和研究，一方面帮助学生获取多种直接经验，掌握基本的科学方法，极大地提高学生综合运用所学知识解决实际问题的能力；另一方面也能极大地拉近学生与自然和社会的距离，涵养孕育关心自然、关心社会的人文情怀。事实证明，"文一"的综合实践活动和项目式学习不仅培养了学生的学科核心素养，也极大地发挥了课程思政功能。

从激励学生超越个体生命的有限——追求小我到大我的升华、拥抱世界的宏大视角出发，"文一"各学科课程群都积极引导学生关心自然、关心社会。例如，"文一""乐趣科学"课程群就有浓郁的宇宙关怀特色。该课程群包括多彩物质、奇妙生命、炫彩科技、浩瀚宇宙四个板块，不仅重视提升学生科学素养，发展学生对科学本质的理解，也能通过培养学生的好奇心和探究欲，极大地提升学生的人文素养，激励学生主动拥抱世界。南宋思想家、教育家陆九渊说："宇宙内事，乃己分内事；己分内事，乃宇宙内事。"我相信，当学生们从小就关心我们的世界所面临的各种问题，如濒危物种的保护问题、流浪动物的救助问题、非遗的抢救问题、环境的保护问题、生活垃圾的处理问题、社区环境的规划问题、交通拥堵的解决问题、小区便民设施的设计问题，学校就在引导学生拥抱世界、尽好社会责任方面向前迈出了重要一步。

三、以文化人

文化路第一小学在对校名进行文化解读的时候，提出了"以文化人"的口号，这个口号也是对"文一"百年教育传统的精确总结。怎样解读"文一"的"以文化人"呢？"文"就是能够变成校本课程资源的丰富的校本文化资源，"化"就是化育，"人"就是人格。所以，"以文化人"就是通过多元化校本课程资源建设化育童心，完成立德树人的崇高时代使命。

文化资源在哪里？"文一"告诉我们，文化资源在一个学校宝贵的文化传统中，在广大校园人的执着追求中，在国家宝贵的历史文化资源和现实政策资源中，在学校所在地域的特色文化中，在优良校风、教风、学风的孕育和传承中，在学生家庭优秀的家风中，在社区的共识中，在每个校园人的天赋中、梦想中、成长需求中，在新时代给我们提供的所有条件中，也在美丽的校园环境中。文化路第一小学礼敬着自己的文化,梳理着自己的文化,然后把厚重、丰富、多彩的文化资源升华为课程资源。所以,"以文化人"中的"文"也是课程资源。

由于课程资源的多样性,所以课程实施的手段也必然是多样性的。"文一"的手段包括"阳光课堂""乐享学科""乐享之旅""乐享社团""乐享节日""乐享仪式",每一种实施手段,"文一"都能以自己的课例、案例做出生动的诠释。

"文一"教育集团"以文化人"的指导思想启迪我们,必须把课程建设放在学校的关键地位。子曰:"郁郁乎文哉",强调的就是课程建设的重要性。学校要努力构建独具本校特色的校本课程。校本课程越给力,意味着学校的"文"愈厚,就愈有利于做好立德树人的工作。

那么,怎么建设校本课程乃至本校课程呢?

"文一"的经验就是把课程建设工作上升到课程文化高度。现在很多学校的课程建设处于低层次徘徊阶段,原因在于缺少课程文化,而缺失文化支撑、文化内涵、文化滋养的课程是没有生命力的。所以,破解课程建设"低层次徘徊"难题的关键在于打造"课程文化"。学习"文一"的经验,学校必须努力寻找自己的文脉,要对自己的文化资源进行梳理,彻底打通学校整个文化系统,让学校校训、教育哲学、育人目标、课程、课堂、历史等要素形成一个完整的系统。子曰"吾道一以贯之",就是这个意思。

为此,"文一"基于培养"仁、礼、智、和、艺于一体的'文一'少年"的育人目标,立足于课程环境和早期的课程基础,秉承"乐享教育"的教育哲学,结合长期的课程实践,致力于课程门类的多元化和丰富性,对原有课程体系的课程结构、课程内容、课程功能、课程评价等几个方面不断进行修订,构筑了乐享课程体系,把课程划分为乐之言、乐之韵、乐之慧、乐之创、乐之善五大领域,使每个学生都能根据自己的兴趣、爱好、特长等自主选择自己感兴趣的课程参与体验或学习。

"文一"乐享课程的成功给我们的启示是,课程必须以"教育哲学"、育人目标、校训精神等核心办学思想为价值引领，形成与学校育人目标相支撑的课程目标，在此基础上，构建课程体系、丰富课程实施路径、建立保障机制，以此促进育人目标落地，塑造学校品牌，成就学校可持续发展。

今天，"文一"教育集团的课程可谓丰富多彩。乐之言课程包括："醇香语文"课程群、"快乐英语"课程群、英语演说家、英语乐绘、英语乐剧等；乐之慧课程包括："智趣数学"课程群、乐在"棋"中、百变魔方、指尖上的课堂、神奇的筷子等；乐之创课程包括：信息技术、"乐趣科学"课程群、DIY标本画、变废为宝、炫彩科技、航模、模拟飞行等；乐之韵课程包括："乐活体育"课程群、"乐艺音乐"课程群、"享艺美术"课程群、雏鹰田径、乐之灵合唱等；乐之善课程包括：道德与法治、劳动、综合实践、走进博物院、针针绣、少先队活动、仪式课程、节日课程、安全课程等。

四、知行合一

"知行合一"是中国古代哲学思想的核心价值，明朝大思想家王阳明对"知行合一"的解释最为精当。他说："知是行之始，行是知之成。若会得时，只说一个知，已自有行在，只说一个行，已自有知在。"❶

王阳明的"知"与"行"是对症下药的说法，针对懵懵懂懂、冥行妄做的人，要说个知；针对悬空思索、不肯躬行的人，要说个行。他反对先知后行的说法，因为"待知得真了方去做行的功夫，故遂终身不行，亦遂终身不知"。❷（《传习录》）所谓"知"，就是知道必须做这件事；所谓"行"，就是用心去做这件事。"知"和"行"本来就是一回事，而不是两回事。"行之明觉精察处，便是知；知之真切笃实处，便是行。若行而不能精察明觉，便是冥行，便是'学而不思则罔'，所以必须说个'知'；知而不能真切笃实，便是妄想，便是'思

❶ 王阳明撰，张靖杰译注，谢廷杰辑刊. 传习录 [M]. 南京：凤凰文艺出版社，2015.
❷ 王阳明撰，张靖杰译注，谢廷杰辑刊. 传习录 [M]. 南京：凤凰文艺出版社，2015.

而不学则殆'，所以必须说个'行'。元来只是一个功夫。"❶

继承"知行合一"的传统，"文一"把"知"解释为知"行"，把行解释为行"知"，把"知行合一"解释为"即知即行，不俟终日"。

首先，知就是知"行"。知"行"就是时刻保持拥抱世界的冲动。陆游说："纸上得来终觉浅，绝知此事要躬行。"实践的知识才是有价值的知识，做人要"读万卷书，行万里路"。每个"文一"人都要有实践意识，懂得求知是为了力行，看到了问题，就要解决问题。知而不行，不是真知！知"行"的理念直接推动着"文一"大胆进行基于项目式学习的教学改革，并卓有成效。

其次，行就是行"知"。行"知"就是在行动中光明自己。行"知"强调智行，反对盲行，行而不知是盲行。行"知"就是行"道"。行"知"的理念鼓励师生研学，告诉大家——生命的能量在脚下，最好的课程在路上。

最后，"知行合一"就是"即知即行，不俟终日"。今天的"文一"有一个特点——看到问题，马上就改。自从确定了"以文化人，知行合一"的校训后，"文一"在管理文化的变革上，尤其果断，大刀阔斧地做了很多事。例如，"文一"在确认学校存在教师参与不够、年级管理自主权不够、学校内部治理结构不完善、家庭社区资源缺乏利用等问题时，马上进行改革，设立教师发展中心、课程研究中心、学校融媒体中心、学生发展中心、家校协作中心。"文一"教育集团的学校、家庭、社会组织多元主体共同治理模式就是对"乐享教育"的"共享精彩"理念的即时回应。

综上所述，"文一"乐享教育的"乐享生命，拥抱世界，以文化人，知行合一"精神是对"文一"教育集团百年文脉的守护。希望"文一"人永远坚守这个文脉，乐其精忠报国之志，享其向善向美之事，朝着光大中原基础教育文化、领航全国的宏伟目标进一步努力。

是为序。

任 民

2023 年 12 月 6 日

---

❶ 王守仁．王阳明集 [M]．北京：中华书局，2016．

目　录

义务教育阶段优质教育集团、河南省义务教育标准化管理示范校、河南省中小学德育先进集体、河南省中小学书香校园、河南省教师发展学校、河南省中小学劳动教育特色学校、河南省中小学数字标杆校、河南省田径传统项目学校、河南省美术课程陶艺教学试验基地、河南省综合实践活动课程样本学校等荣誉。

（一）学校的初创

"文一"始建于1927年，冯玉祥先生主政河南期间，鉴于当时的河南教育比较落后，百姓大多没有文化，他便提出"要使人人有受教育，读书识字的机会"，并大力兴办学校。据考证，当地有一座清朝初年的三官庙，冯玉祥先生把这座庙改造成了学校，命名为"大浦小学"，开始在这里招生办学、传播文化，由此体现出其用"文"教化民众、启迪民智的主政观，同时开启了"文化"在"文一"历史发展中的传承源头。

1951年，大浦小学北侧建立了郑州师范专科学校，大浦小学成为"郑州师范专科学校附属小学"。

1956年6月，郑州师范专科学校搬迁，原"郑州师范专科学校附属小学"因其在文化路上，所以改名为"文化路小学"。后来因文化路上又要新建其他学校，所以学校改名为"文化路第一小学"，该校名一直沿用至今。

1973年，学校实施改扩建工程，兴建了北教楼、操场。

1980—1990年，学校陆续建成了行政楼、东教楼、气象观测站、报告厅，学校的教育教学设施更加完善。

2000年以后，学校又建设了逸夫楼，同时把原有教学楼命名为文润楼、文馨楼、文德楼、文苑楼，学校发展迈入新阶段！

（二）学校的现状

教育强国背景下，国家进入了全面推进义务教育优质均衡发展、建设高质量基础教育体系的新阶段。2023 年 6 月，中共中央办公厅、国务院办公厅印发《关于构建优质均衡的基本公共教育服务体系的意见》；8 月，教育部、国家发展改革委员会、财政部联合印发《关于实施新时代基础教育扩优提质行动计划的意见》。这两份文件，对集团化办学提出了明确的要求。

集团化办学是优化优质教育资源配置、满足人民群众现实需求、促进区域教育均衡发展的重要举措。自 2016 年起，在金水区教育局的大力支持下，依托区域"名校办名校"发展策略，扩充优质教育资源，"文一"开始了集团化办学的实践探索。集团坚持党建领航，创新驱动，聚焦"人"的发展需求，积极探索指向内生动力激发的集团化办学新路径，促进百年老校高质量新发展，目前形成了"一校多区一联盟"的集团化办学格局。

"文一"本校阳光校园底蕴深厚，独具特色。茵茵绿树，朵朵紫荆，文德楼、文苑楼、文润楼、文馨楼惠风和畅，厚德载物；逸夫科艺楼，科艺相辅，润物无声；"'乐享教育'文化墙""中华传统文化墙""百本图书推荐栏""乐阅书吧"等"乐享教育"文化因子从不同角度诠释学校"以文化人"的文化育人理念。

2016 年 8 月，作为郑州市政府 2013 年"十大实事"中小学建设项目之一，"文一"翰林校区历经 3 年的建设在金水区北部投入使用。新校区的成立，为"文一"这所近百年文化传承的学校提供了新的发展契机和动力。新校区与"文一"共同发展，为金水区北部居民提供优质教育资源，成就孩子幸福童年。目前，翰林校区已经成为教育品质优异、社会广泛认可的特色学校。

2020 年，"文一"金桂校区投入使用。根植"文一"百年办学历史，坚守与革新并重，定位为"一所更有吸引力的学校，一所面向未来的学校，一所学习无边界的学校"，重构学校课程，变革学习方式，融合学习空间，创新教育技术，以面向未来的远见与胸怀，探寻教育的时代价值；以面向未来的勇气与素养，创生成长的无限可能。

2022 年，为优化教育资源布局，扩大优质教育资源供给，在金水区教育

局集团化办学新思路的引导下,"文一"教育集团在原有紧密型基础上,又以"联盟型"模式增加了"金水区丰庆路小学('文一'丰庆校区)"这一新成员。"文一"与"金水区丰庆路小学('文一'丰庆校区)"建立起了联盟型教育集团模式,积极探索通过治校理念、课程资源、师资发展、质量评价、学生成长"五个一体化"策略,营建文化共育、资源共享、品牌共创、发展共进"四个共情"的育人生态,共同搭建集团化办学新路径,为集团化办学丰厚了新的内涵。联盟型模式,以优质教育资源带动了潜力学校快速提升。

2023年,"文一"文渠校区成立,"乐享教育"文化脉络在此传承,"乐享教育"智慧力量在此汇聚。以儿童为视角,以学习为中心,每一处场所都是匠心所筑,每一方设计,都是精心考量。搭建面向未来的学习场所,让建筑空间与教育活动充分互动,让学生足迹所到之处皆为教育的美好邂逅。乘高质量发展之风,汲取百年底蕴唱响奋进的新篇章。

二、乐享教育的发展

为促进学校内涵、高品质发展,2014年学校确立了"思想引领,文化立校"的发展思路,经过对学校近百年文化因子的提炼、对现代学校发展的深入探索,确定了"乐享教育"这一办学思想。

(一)乐享教育的缘起

"文一"因其特殊的区域特点,家长的文化层次较高,他们对孩子教育的关注度也较高,高期望值也衍生出对学生的高学业压力,因而学生相较缺失对学习过程的快乐体验。

"文一"本校教师年龄大多为36~45岁。这些教学经验丰富、教学风格成熟的教师是学校稳定发展和赢得良好声誉的宝贵财富,但这部分教师相对固化的教学经验和职业习惯也成了他们理念创新的桎梏。另外，随着"文一"办学体量的增加，不断地有新教师"流入"学校。如何实现不同年龄段、不同专业水平的教师之间的优势互补，重燃教师追求发展的热情，享受职业幸福是学校发展过程中必须关注和解决的问题。

（二）乐享教育的提出

"文一"认为教育生活最终应该为学生的幸福成长服务，认为幸福是一种因快乐而享受生命的心态。幸福等于快乐加共享，共享是对快乐的延续和拓展。

"乐享教育"是建立在"快乐"和"共享"两个元素基础上的，旨在帮助学生形成乐观人生态度、缓解心理压力、培养探索兴趣、提升综合素养，让学生幸福快乐地成长。

"乐享教育"是让教师用快乐心态享受生命精彩的教育，让教师在教育生活中体验成功与荣誉，收获成就和成长，从而享受教育生活的幸福。教师的乐享，也会给学生的学习注入快乐元素，培养学生快乐的情绪，从而实现教师乐教与学生乐学的统一，把教育和学习的过程变成师生共享生命成长快乐的过程。

"乐享教育"是让每一位家长成为教育的同盟者，是构建学校、家庭、社区立体教育网络的教育。让家长共享孩子成长的快乐，使教育成为充盈着幸福的一种教育理念和教育实践。

第二节 乐享教育思想的内涵阐释

"乐享教育"作为"文一"教育人的价值追求，有其清晰的文化基础和丰富的内涵要义。

一、乐享教育的文化溯源

"乐享教育"以孔子的"乐学"与"乐教"思想为逻辑起点。

孔子在《论语·学而》篇中曰："学而时习之，不亦说乎？有朋自远方来，不亦乐乎？"孔子多次强调"乐"，《论语》中多次出现"乐"，一个是学习之乐，另一个是友谊之乐。学习之乐，即学习做人、学习知识技能并实践，享受学习的过程，成长的快乐，心中悦之，是一种充满收获的快乐和喜悦。这是一种生活之乐，与人之间互动的快乐。这种快乐，建立在"共享"之上。

在孔子时代，就已经出现了"共享教育"的轮廓。

"乐学"思想源自《论语·雍也》："知之者，不如好之者，好之者，不如乐之者。"孔子把学习境界分为三个层次——知学、好学和乐学。孔子视"乐学"为治学的最高境界。"乐享教育"中的乐学便源自孔子的这一思想。

"乐教思想"源自《论语·述而》："默而识之，学而不厌，诲人不倦，何有于我哉？"孔子倡导善学乐教，当教师有了新的感受、新的发现，享受了学习的快乐，自然会主动地与人交流、分享，即乐教。这是孔子为教育人指出的一种快乐的境界。

"乐享教育"思想中的共享是指分享、同乐。在《说文》当中就已经有了"享，献也"。即献出自己的想法或物，与人分享，使生命自身产生愉悦的体验。

二、乐享教育的理论支撑

美国教育学家杜威认为教育即生活。主张从做中学，主张教育应该以儿童为中心。在教育活动过程中，"乐享教育"尽可能满足师生的发展需要，尤其是精神需要。教师和学生都是发展主体，教师在促进学生发展的同时自身也得到发展，彰显出各自的生命价值，共享生命精彩。

苏联教育家苏霍姆林斯基认为，教育追求恒久性、终极性的价值就是培养真正的人，即让每一个培养出来的人都能幸福地度过人生。

美国当代教育哲学家内尔·诺丁斯认为，幸福在孩子的教育成长过程中扮演着非常重要的角色，"孩子（包含成人）在他们幸福时学习效果特别好"。由此她提出教育应该构建"一个让孩子幸福的世界"，且强调"幸福应该是教育的一个目的"。教育"应帮助学生理解多样的幸福观，并通过分析和实践，形成他们在幸福方面可靠的立场"。

我国现代著名教育家陶行知主张：生活即教育、社会即学校、教学做合一。"乐享教育"以陶行知的"生活教育理论"为方法论，致力于教师精彩的教，学生快乐的学，彰显出各自的生命价值，共享生命精彩。

"文一"提出的"乐享教育"即在知与行的统一中，享受学习的快乐、学会学习的能力；在教学相长的过程中，培养"乐教""善教""享育"的大国良师。

这一教育思想是对中华优秀传统文化的继承与发扬，是学校近百年优秀办学经验的传承与发展，是对党的教育方针"落实立德树人根本任务"的主体回应。

三、乐享教育的理念

（一）乐享教育的内涵

"乐享教育"的"乐"就是快乐，"享"就是共享，就是用"快乐"心态"享受"生命精彩的教育。

教育的本质是服务于学生的生命幸福，而"幸福＝快乐＋享受"。快乐给生命成长以动力。因而，教育要把每个学生的生命都当作一个生态系统，从生命原点出发成就生命幸福，帮助每个学生成为精彩的自己。

学校从学生生命本真需求出发，通过给教育注入快乐元素，培养师生享受人生的态度，把教育和学习变成师生共享生命成长快乐的过程，实现学生乐学与教师乐教的统一。

（二）乐享教育的信念

"乐享教育"高扬三种信念：让快乐成为学习动力，让共享成为互动方式，让精彩成为自信理由。

让快乐成为学习动力。拥有快乐的心境，才会以乐观豁达的态度面对生活，才能坚定信念，保持意志的坚定，冷静思考；不言放弃，多角度看问题，才能找到正确的道路，所以快乐是最大的学习动力。

让共享成为互动方式。共享是最好的互动方式，"乐享教育"强调把师生关系变成师生共享幸福的关系。教师和学生是命运共同体，教师成就了学生的同时也幸福了自己。

让精彩成为自信理由。精彩是对自我的一次次超越，既丰富了世界，又灿烂了自己。精彩的本质在于创新。每一个教师和学生都要努力做精彩的自己，在合作与交流、学习与探索中绽放自己的一抹亮色。

（三）乐享教育的主张

"乐享教育"是快乐的教育。倡导教师以教育为赏心乐事，从教育中获得自我价值实现的愉悦，享受教育的乐趣。倡导学生在成长的过程中拥有快乐的心态，乐观豁达地面对挫折与困难。

"乐享教育"是共享的教育。致力于师生共享成长的幸福，师生相遇是生命与生命的相遇，师生彼此成就，共享成长。

"乐享教育"是以人为本的教育。致力于营造适宜的学习环境。倡导教师与学生建立和谐的关系，重视教学活动中师生互动与对话、师生之间情感的传递。

四、乐享教育的目标定位

"培养什么样的人、怎样培养人"是教育的首要问题，党和国家确立了培养德、智、体、美、劳全面发展的社会主义建设者和接班人的教育方针。学校依据学生发展核心素养的相关研究成果，撷取百年发展历史精华和中国传统文化精髓，基于学校"乐享教育"的核心理念和教育主张构建了目标体系。

（一）乐享教育的育人目标

"乐享教育"的育人目标可以概括为培养"仁、礼、智、和、艺于一体的'文一'少年"（图 1-1）。

"仁"指有爱心，会合作；"礼"指明礼仪，讲诚信；"智"指会学习，能创造；"和"指爱劳动，爱运动；"艺"指有才艺，会审美。

图 1-1　"乐享教育"的育人目标

（二）乐享教育的课程目标

课程目标是"乐享教育"育人目标的具体落实。通过课程目标的建构，打造乐享课程体系。以"乐享教育"育人目标为指引，学校确定了"乐享教育"的课程总目标。

（1）培养合作精神，提升交往、动手、创新、探究等多方面的能力。

（2）培养人文精神，提升自理、自护、自强的能力，塑造对他人、对自然、对社会的责任感。

（3）提高科技、艺术素养，培养高雅的气质，促进个性发展。

（4）弘扬国学传统文化，培养积极乐观的精神品格。

（5）开阔国际视野，培养国际礼仪，提升公民素养。

第三节　乐享教育思想的实践路径

在"乐享教育"的实施中，学校构建了乐享管理、乐享教师、乐享课程等几大实践路径。

一、乐享管理：构建良好治理生态

学校通过建立清晰的管理架构、规范的运行机制、创新的人事管理，解决了集团化办学中遇到的体制机制障碍，为集团化办学营造良好的治理环境，不断激发办学活力。

（一）顶层设计，完善运行机制

一是以高质量党建引领学校高质量发展。学校强化党对教育的全面领导，积极探索集团化背景下党建工作新模式。通过明确集团党总支职责定位、权责边界，加强党总支对成员校党建工作的领导。学校现有一个党总支、三个党支部、九个党小组，150名党员教师共同向前进，协同发力。支部书记、支部委员担任集团各部门负责人，双向进入、交叉任职。严格实行"三重一大"议事制度，完善责任链条，建强组织堡垒，充分发挥党组织的核心作用。

二是进一步规范集团议事规则、决策程序，处理好集团统一管理和各校区特色化发展的关系。由集团总校牵头，定期研究并审议集团发展规划、共享课程的研发与实施、教育教学资源统筹、干部教师的调配与研修、学生一体化培养等工作，加强统一管理。学校还利用信息技术，搭建远程管理和交互平台，提高集团管理效率。

（二）共建共享，实现条块融通

立足"一校多区"的现状，推行了"本校带动、纵横联合、条块相辅"的治理模式，秉持"服务、严谨、自主、多元、学术"五大核心治理理念，成立"三中心两学院"。"三中心两学院"分别是学术中心、课程中心、学生发展中心、"知行源"教师成长学院、"知行院"家长教育学院。

（三）督导驱动，实现减负增效

基于义务教育标准化管理示范校评价指标体系，学校研发了《金水区文化路第一小学集团化办学督导评估细则》。以校区述职、课堂诊断、实地考察、问卷访谈等多种形式，为各校区提供可靠、有效、实用的评价数据与改进意见。

（四）锤炼中层，实现高效运转

集团构建中层团队"成长链"，推进以事实性证据为基础、以逻辑性推理为手段的理性决策过程，形成学校教育"项目管理四流程"（图1-2）。学校成立了10个中层项目团队（表1-1），从行政逻辑走向研究逻辑，产出多元成果推广到各校区。

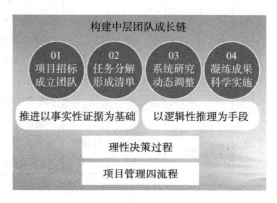

图1-2 项目管理四流程

表 1-1　金水区文化路第一小学教育集团中层项目团队情况

序号	项目类型	职务	负责人	团队成员	项目成果
1	思政一体化	校长	侯清珺	曹晶（本校） 李培（翰林） 金翠（金桂）	党建引领学校高质量发展的 实践研究
2	智慧课堂	副校长	冯淑英	任庆涛（本校） 夏滢萍（翰林） 李伟强（本校）	"智慧"赋能，构建"阳光课堂" 新生态
3	项目学习	副校长	张伟振	王黎超（本校） 贾斐斐（金桂）	"项目学习"的课堂教学方式 实践研究
4	劳动教育	副校长	马静	王玉平（翰林） 金翠（金桂） 姚佳鹏（本校）	立德树人视域下劳动育人的实践
5	教师发展	副校长	樊怡丽	金星（本校） 李瑞芬（金桂）	依托"知行源"教师成长学院促进 青年教师发展的实践研究
6	幼小衔接	副校长	蔡旭东	韩丽（信大） 邢旭辉（本校） 范高金（信大）	依托学习共同体，促进一年级学生 自主学习的实践研究
7	作业设计	副校长	刘海荣	郭科强（本校） 贾斐斐（金桂） 王一（本校）	"双减"政策下，学科作业改革的 思考与实践
8	课后服务	教导主任	郭科强	王卫星（信大） 李美娟（翰林） 李硕（本校）	乐享课程在小学课后服务中的 创新实践
9	后勤管理	后勤主任	张利强	张涛（本校） 朱晨辉（金桂） 杜冬冬（翰林）	依托智能化管理　提高后勤 服务质量
10	少先队活动 课程建设	德育主任	徐剑冰	邢恺悦（本校） 范高金（信大） 金翠（金桂）	核心素养视域下少先队活动课程的 评价研究

二、乐享教师：善思乐教，激发成长内在动力

在第 39 个教师节前夕，习近平总书记致信全国优秀教师代表时强调，要大力弘扬教育家精神，为强国建设、民族复兴伟业作出新的更大贡献。大力弘扬教育家精神，是新时代加快建设教育强国的要求，是为全面建设社会主义现代化国家提供高素质人才支撑的要求。为打造一支乐教、善思的教师队伍，学校成立了"知行源"教师成长学院。通过教师成长学院引领全体教师深刻领会习近平总书记的殷切期望，自觉以教育家为榜样，把教育家精神转化为执教的理想和追求。

学校从价值引领、机制保障、资源融合三个维度探索教师专业发展的实践路径。

（一）价值引领：教师专业化发展的基本要求

学校成立了"知行源"教师成长学院，遵循教师发展基本规律，从助力到成长融合层层递进，以制度逻辑和实践逻辑为教师发展提供有效保障。尤其对于"知行源"意蕴进行四个维度的深刻解读：一是溯本求源，践行教育初心与使命；二是知行合一，打造教师成长的"桃花源"；三是孜孜以求，为教育事业注入源头活水；四是薪火相传，让红色基因源远流长。

（二）机制保障：教师专业化发展的核心环节

1. 制度层面的持续性

学校以"知行源"教师成长学院为载体，从目标制订、组织结构、评价体系等要素为教师专业发展提供制度层面的可持续保障，实现目标精准化、管理精细化、评价体系化。

例如，学校因校制宜，创新流动机制。建立干部、教师双向流动机制，

采用"长周期""短周期""项目式"三种交流模式。如"文一"金桂校区，集结各校区名师组建导师团队，在每周五的"深度学习日"，以 1 名导师 + 1 名青年教师的"双师配置"，进行项目式交流。

2.实践载体的丰富性

"知行源"教师成长学院聚焦课程这一核心，探索出"乐享工作坊—名师工作室—双导师培养—'阳光课堂'—成长沙龙"五大循环路径，日益增强实践载体的丰富性。

（三）资源融合：教师专业化发展的重要保障

"知行源"教师成长学院力图深度解决资源不均衡、辐射力不足、主体性匮乏等教师专业化发展进程中遇到的相关问题，而治理机制的整体调控是"知行源"教师成长学院内部纠偏的重要基础。为回应新时代新需求，学校不断常态化更新专业资源库，发挥教师引领力，力促"知行源"教师成长学院的建设发展。学校主要从个性化和融合化两方面着手：一是个性化研修。坚持精准分层分类，聚焦个体专业发展；二是融合化研修。坚持线上线下一体，集中自主深度融合。

三、乐享课程：好学乐学，推进课程改革纵深发展

推动教育高质量发展，加快教育强国建设，是当前教育领域最振奋人心的战略定位。课程建设是学校教育高质量发展的关键环节，在建设高质量教育体系中发挥着重要作用，"文一"坚持立德树人根本任务，围绕"更高质量的人才培养"这一核心，积极探索课程建设的最优路径，促进学生德智体美劳全面发展。

（一）回顾与思考：理性解析课程建设的发展历程

2001 年金水区作为全国首批基础教育课程改革实验区开始，课程建设已经走过了 20 多年历程，"文一"作为课程建设的先行者，经历了三个发展阶段。

1. 初步探索期：着力课堂教学变革

2001—2010 年是学校课程建设破冰前行的阶段。学校从解读课程标准到"读懂学生、读懂教材、读懂课堂"的研究与实践，探索新课程理念下的课堂教学变革。

2. 快速发展期：聚力课程体系建构

2011—2016 年是学校课程建设全速发展的阶段。学校以校本课程为切入点，在"文化统领、系统架构、多元共进、动态提升"的思路引领下，初步形成了课程体系。

3. 深度实施期：致力课程品质提升

2017—2023 年，学校将国家、地方、校本三级课程进行了统整，实现了课程与学校"乐享教育"办学思想和育人目标的深度契合，形成了独具办学特色的乐享课程体系，课程建设完成了从校本走向本校的改革。

（二）聚焦与突破：精准锚定课程建设的关键任务

集团化办学优质发展的进程，同时也是乐享课程从单一走向系统、从输出走向创生的过程。我们锚定三个关键任务，实现课程建设助推集团化办学高质量发展。

1. 以课程实践为载体，提升教师课程能力

依托"知行源"教师成长学院，积极探索教师课程能力提升路径，为课程建设提供重要的专业支撑。

项目驱动，共享管理团队课程领导力。集团成立了 10 个中层项目团队，涵盖课程建设的各个领域，坚持循证决策，产出学术成果，推广应用到各校区。

问题导向，提高教师团队课程领导力。通过制度层面的持续性、实践载体的丰富性，开展基于问题解决的提升行动，切实有效地提高教师的课程素养。

2. 以核心素养为导向，深化教学方式改革

课程建设的关键在课程规划的落地及课程的高质量实施上。我们以项目化学习为着力点，不断推进教与学方式的变革。

基于项目学习，重构学习样态。从学科微项目到跨学科项目，从 PBL 到走向深度学习的 Ph.D，形成本土化的项目学习新样态。

聚焦单元教学，落实学科育人。建构基于项目学习的单元整体课程设计与实施模型，实现了设计情境化、内容结构化、成果可视化，促进了学科育人价值落地课堂。

3. 以组织变革为引擎，驱动优质均衡发展

集团推行"本校带动、条块相辅、纵横联合"的治理模式，全方位建立起"纵向到底、横向到边"的网格化管理机制，为实现课程建设的可持续发展提供组织保障，让优质教育资源惠及更多学生。

引领辐射，孵化课程。由本校提供理念引领和专业支持，各校区进行移植、嫁接等多种课程研发形态，通过单向辐射、双向互动、多向轮换等方式实现课程共享。

督评护航，提质增效。根据集团办学督导评估细则，在课程建设视导中，

以课堂诊断、问卷访谈等多种形式进行观察、反馈、改进，确保集团各校区课程品质由均衡发展走向优质共生。

（三）回归与展望：正确把握课程建设发展方向

展望未来，集团将更加注重建设均衡、有活力、可持续的内部生态，更加关注每一个学生的健康发展和个性化成长。

（1）下沉集团化办学的重心，激发集团内各校区的内在动能，从课程资源的外在供给走向高效共享与规模增生，进而实现共同优质。

（2）继续落实《基础教育课程教学改革深化行动方案》，以学生为中心，用"课程超越课堂"的视角塑造新的学习生态。

（3）继续推进数字化赋能质量提升，不断探索数字环境中的新课程、新教学、新治理。

从关注学习路径走向聚焦核心素养，在"乐享教育"的引领下，学校建立了系统性的课程体系，引领学生走向开放的、深度对话的、真实建构的学习过程，助力学生学习素养的综合提升。

民满意的教育的高度，加强各类资源要素的整体统合，进而促使各个校区资源共享融合、形成整体合力优势，发挥教师专业发展的价值引领作用。

第二节　"知行源"教师成长学院的课程构建

如何激发青年教师内生动力、实现自主性专业发展是学校发展的关键问题。随着教育改革步伐的不断迈进，对于教师的专业要求较课改初期发生了新的变化，教师需要具有更高更强的合作学习意识、学科融合能力、信息收集能力。因此，增强教师的专业意识、完善教师的知识结构、提高教师的专业能力和水平，是学校发展过程中必须解决的问题。

"文一"以"知行源"教师成长学院为载体，从目标制订、组织结构、评价体系等要素为教师专业发展提供可持续保障（表2-1）。

表2-1　金水区文化路第一小学"知行源"教师成长学院教师发展目标

教师培养目标	教龄（校龄）	有信仰	情怀深	专业强	勇创新
总目标		有坚定的理想信念，树立正确的历史观、民族观、国家观、文化观；坚定中国特色社会主义道路自信、理论自信、制度自信、文化自信；坚持立德树人根本任务，牢记初心使命，强化责任担当，能够自觉践行并大力弘扬社会主义核心价值观，廉洁从教，品德高尚	树立高尚的师德师风，自觉担起为党育人、为国育才的光荣使命。在工作中，积极作为，大力弘扬教育家精神，全心全意做学生锤炼品格、学习知识、创新思维、奉献祖国的引路人	秉承"以文化人，知行合一"的校训，践行"乐享教育"哲学，牢固树立终身学习理念，具有渊博的知识或在某一学科领域有所专长，具有勤勉的教学态度、科学的教学方法等专业素养，形成自己的教育教学理论和风格。在教育教学中，主动作为，勤于付出，甘于奉献，在"知行源"教师成长学院中充分发挥学科引领、骨干带动、辐射示范作用	熟练掌握本职岗位所需的专业知识和技能，班级及学生管理工作经验丰富，具有独立质疑的精神和审辩反思的能力，以及创新的思维。在教育教学改革中，勇于创新，积极进行教学研究；主动适应信息化、人工智能等新技术变革，探索、实施创造性教学实践，积极参加教育教学技能竞赛、展示观摩等相关活动

续表

教师培养目标	教龄（校龄）	有信仰	情怀深	专业强	勇创新
适应期教师阶段目标	教龄1~3年（校龄满一年）	热爱教育事业，有事业心和责任感；能树立正确的历史观、民族观、国家观、文化观；坚定中国特色社会主义道路自信、理论自信、制度自信、文化自信；坚持立德树人根本任务，牢记初心使命，有责任担当，能够自觉践行并大力弘扬社会主义核心价值观，廉洁从教	能履行教师职业道德规范，自觉担起为党育人、为国育才的光荣使命。在工作中，有责任心，有耐心，努力做好学生锤炼品格、学习知识、创新思维、奉献祖国的引路人	秉承"以文化人，知行合一"的校训，践行"乐享教育"哲学，能树立终身学习理念，自觉提升教育教学专业化水平；坚持实践、反思，不断提高专业能力；有创新精神，问题研究意识，能围绕课堂开展教学研究与实践	能较好地掌握本职岗位所需的专业知识和技能，有一定的班级及学生管理工作经验，能主动质疑，在教育教学改革中有创新精神，能够进行教学研究；能运用信息化、人工智能等新技术，探索、开展教学实践
成长期教师阶段目标	教龄3~5年	热爱教育事业，有事业心和责任感；能树立正确的历史观、民族观、国家观、文化观；坚定中国特色社会主义道路自信、理论自信、制度自信、文化自信；坚持立德树人根本任务，牢记初心使命，有责任担当，能够自觉践行并大力弘扬社会主义核心价值观，廉洁从教	树立高尚的师德师风，遵守师德师风，自觉担起为党育人、为国育才的光荣使命。在工作中，积极主动，做好学生锤炼品格、学习知识、创新思维、奉献祖国的引路人	秉承"以文化人，知行合一"的校训，践行"乐享教育"哲学，能树立终身学习理念，有严谨治学的态度、较强的学习能力、创新精神，能围绕课堂开展教学研究与实践，初步形成自己的教育教学理论和教学风格	能较好地掌握本职岗位所需的专业知识和技能，有一定的班级及学生管理工作经验，能主动质疑，在教育教学改革中有创新精神，能够进行教学研究；能运用信息化、人工智能等新技术，探索、开展教学实践

教师培养目标	教龄（校龄）	有信仰	情怀深	专业强	勇创新
突破期教师阶段目标	教龄5~8年	热爱教育事业，有事业心和责任感；能树立正确的历史观、民族观、国家观、文化观；坚定中国特色社会主义道路自信、理论自信、制度自信、文化自信；坚持立德树人根本任务，牢记初心使命，有责任担当，能够自觉践行并大力弘扬社会主义核心价值观，廉洁从教	遵守师德师风，自觉担起为党育人、为国育才的光荣使命。在工作中，积极作为，做好学生锤炼品格、学习知识、创新思维、奉献祖国的引路人	秉承"以文化人，知行合一"的校训，践行"乐享教育"哲学，能树立终身学习理念，有严谨治学的态度、较强的学习能力、创新精神；能围绕课堂开展教学研究与实践，初步形成自己的教育教学理论和教学风格	能较熟练地掌握本职岗位所需的专业知识和技能，有班级及学生管理工作经验，有主动质疑的精神和审辩反思的能力、创新的思维，在教育教学改革中有创新精神，进行教学研究；能适应信息化、人工智能等新技术变革，探索、实施创造性教学实践
成熟期教师阶段目标	教龄8年以上	有坚定的理想信念，树立正确的历史观、民族观、国家观、文化观；坚定中国特色社会主义道路自信、理论自信、制度自信、文化自信；坚持立德树人根本任务，牢记初心使命，强化责任担当意识，能够自觉践行并大力弘扬社会主义核心价值观，廉洁从教，品德高尚	树立高尚的师德师风，自觉担起为党育人、为国育才的光荣使命。在工作中，积极作为，努力成为"学术型"教师，全心全意做学生锤炼品格、学习知识、创新思维、奉献祖国的引路人	秉承"以文化人，知行合一"的校训，践行"乐享教育"哲学，牢固树立终身学习理念，具有渊博的知识或在某一学科领域有所专长，具有勤勉的教学态度、科学的教学方法等专业素养，形成自己的教育教学理论和风格；在教育教学中，主动作为，勤于付出，甘于奉献，在"知行源"教师成长学院中充分发挥学科引领、骨干带动、辐射示范作用	熟练掌握本职岗位所需的专业知识和技能，班级及学生管理工作经验丰富，具有独立质疑的精神和审辩反思的能力，以及创新的思维；在教育教学改革中勇于创新，积极进行教学研究；主动适应信息化、人工智能等新技术变革，探索、实施创造性教学实践，积极参加教育教学技能竞赛、展示观摩等相关活动

一、目标精准化

学校着眼于"以文化人、知行合一"的校训，萃取灵感以"源"字立意，坚守"溯本求源——坚守教育初心与使命，薪火相传——永续红色记忆与基因"理念，确立培养"有信仰、情怀深、专业强、勇创新"的教师队伍建设目标。围绕学校总体培养目标，遵循人才成长基本规律，根据教师的适应期、成长期、突破期、成熟期，解读并细化教师发展总目标。

二、管理精细化

目标精准促进管理的精细。如图 2-1 所示，"知行源"教师成长学院注重管理的精准精细，强调党组织的统筹力，由党总支书记担任院长，内设课程部、组织部、考评部三个机构。课程部负责新课程项目的研发与设计，组织部负责新课程的宣传与实施，考评部负责检查与监督课程实施情况，对课程进行评价，建立奖励机制。各部门分别由党支部书记担任部门负责人，加强党对教育工作的全面领导。学校厘清部门职责，落实工作任务，细化人员分工，确保"知行源"教师成长学院日常运行。

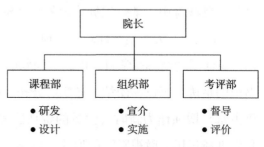

图 2-1 "知行源"教师成长学院架构

三、课程体系化

"知行源"教师成长学院聚焦课程核心生产力，分为政治素养课程和专业素养课程两大类。政治素养课程有专题党课、主题党日、红色读书会、红色工作坊、红色研学；专业素养课程分为乐享课堂、名师工作室、乐享工作坊、成长沙龙、双导师培养，聚焦教师教育教学能力的提升，培养"有信仰、情怀深、专业强、勇创新"的教师队伍。

以政治素养课程为例，学校建构了党性教育"三结合四环节"模式，即集中教育和经常教育相结合、线上与线下相结合、理论学习与实践应用相结合，遵循"听—看—思—行"四个环节，提升思想深度与教育力度。

一是筑牢"三会一课"主阵地，提升思想理论素养。学校以"三会一课"为党员思想教育提升的主阵地，持续开展以"初心使命四问""学习《习近平在学习贯彻党的二十大精神研讨班上的重要讲话》精神""深入学习习近平总书记视察安阳重要讲话精神，大力弘扬红旗渠精神"为主题的主题党日活动，激发全体党员教师不忘初心、牢记使命；党总支积极开展党史学习教育，引领全体教师学史明理、学史增信、学史崇德、学史力行；扎实推进"万名党员进党校"，全体党员共同学习习近平新时代中国特色社会主义思想，进一步强化党员教师的理想信念和责任担当意识。

二是拓宽联系实际主渠道，增强实践育人能力。在"不忘初心、牢记使命"主题教育中，学校挖掘校内外红色资源，形成"遗址踪迹""纪念场所""科教文化"三大类型党性教育基地，全体党员教师先后来到大河村遗址博物馆、黄河博物馆参观学习，借助"问题墙""学习单"等形式，追寻习近平总书记的足迹，感悟"团结、务实、开拓、拼搏、奉献"的黄河精神，汲取红色力量，增强作为新时代党员的责任感和使命感；在"三亮一争"活动中，我们创新运用"微视频"的形式，以学校视频号作为宣传阵地，向学校全体教师集中展现"三亮一争"主题活动精彩片段及新时代教育者的优良风貌，引导学校全体教师牢记立德树人根本任务，弘扬伟大建党精神，以伟大信仰提升党性修养；积极开展"能力作风建设年"系列活动，全面提升干部队伍能力素质、全方位转变工作作风，不断增强党员教师的政治认同、思想认同和价值认同。

四、评价系统化

科学评价离不开完善的评价体系，评价体系着眼于实践探索。"知行源"教师成长学院通过构建合格教师、骨干教师、名优教师三级晋级式评价梯次，经过实践探索与多轮调适，学校遵循主体多元、方法多样、维度互补、激励为主的原则，凝练出"三维八式"评价模式（图2-2）。"三维"着眼于专业理念与师德、专业能力、专业知识，"八式"立足于八种评价创新方式，即档案袋评价、量表式评价、满意度评价、评选性评价、赛事性评价、表现性评价、展示性评价、模块性评价。如通过审阅课程有形成果（教学设计、课程纲要、其他过程性资料等），对参与学生开展问卷调查、展示课程、汇报成果等方式，综合评价考量课程科学合理性，及

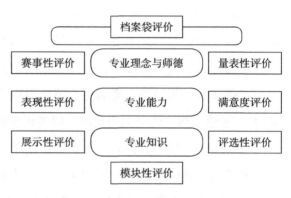

图 2-2 "三维八式"督导评价

时进行诊断课程下一步发展方向，督导促进教师赋能增值发展。如学校高度重视师德师风评价，将师德考核评价的外驱力转化为涵养教师师德的内驱力，培养高素质教师队伍。

第三节 "知行源"教师成长学院的课程实施

"知行源"教师成长学院聚焦课程核心生产力，不断探索出"乐享工作坊—名师工作室—双导师培养—'阳光课堂'—成长沙龙"五大循环路径，增强实践载体的丰富性。

一、乐享工作坊

乐享工作坊是以小组合作和体验式培训为主要形式，以"团队力量"为核心理念，开展学术研讨，实现理论学习和实践研究的专业提升。

（一）从工作逻辑走向学术逻辑，构建中层团队"成长链"

为提升"文一"教育集团中层团队的领导力，学校开展"同心聚势，不燃怎 Young"中层领导乐享工作坊。乐享工作坊以学校工作中的真实事件为研究问题，由中层管理人员、年级长、教研组长组成跨校区、跨年龄、跨学科的项目团队，进行深度研讨。经过活动前的问卷调研，凝练出学习力、行动力、创新力、组织力、影响力、情感力六大关键词，形成了"项目管理四流程"，推进以事实性证据为基础、以逻辑性推理为手段的理性决策过程。

以"团队力量"为核心，聚焦如何基于学校文化和发展愿景快速构建一支业务精湛、砥砺奋进的中层团队。经历头脑风暴，深度研讨，每个人结合工作实际、读书心得、未来展望、批评与自我批评等，畅谈对关键词的理解，产出可视化成果。

（二）自上而下走向智慧涌现，建设品牌项目小团队

我们以项目制的方式，招募教师并成立稳定的团队，在任务驱动下进行项目的推进，实现专业化学习，促进专业成长。

以单元整体课程设计为例，学校以乐享工作坊推进单元整体课程设计的深入探索。语文、数学学科率先开启工作坊，形成了语文、数学学科重点单元整体课程设计的具体内容和实施思路。教研组长带领本组教师开展基于单元整体设计思路的课堂展示活动，选取典型课例，及时反思调整，为单元整体课程的实施探索方法、累积经验。

各学科启动跨校区的线上联合教研，按照"选取合适的单元、聚焦要凸显的学科核心素养、细化分解课程标准、理出单元整体课程框架"的整体思路，探索单元整体课程"设计—实践—复盘—迭代—分享"的实施路径。

（三）从被动参与到主动变革，组建互助学习组织

基于教师的研究专长，组建以自身成长为驱动的学习型组织，以行动学习的方式，扩大领袖教师的感召力和影响力，激活教师的自我生命状态，提升职业幸福感，在与团队共生共长中收获专业价值感。

以金桂校区心理体验·乐享工作坊为例，宝藏老师依托乐享工作坊组建稳定的社群，以行动学习的方式容纳新知、反思实践、复盘固化，形成互惠互利、共有共享的组织文化，解锁真实有效的教师成长。在这个工作坊中，绘画、沙盘、涂鸦、玩耍都是学习的途径，教师学习心理学知识，共情他人，掌握沟通技巧；用工具理顺工作，解决工作中的问题；用温和的好奇去理解自己，读懂他人，自主成长。

坊主任景丽老师以"走在学习的路上，遇见更好的自己"为题，围绕"我们怎么玩儿""体验温暖与支持""怎么读懂自己""怎么读懂他人"四个方面进行了分享。生动有趣的案例，辅以心理学的知识进行剖析，用"听—看—想"的方法读懂学生、家长，经历"跨越—看到—放下—体验—改变"的过程疗愈自己、认识自我。

（四）从研究逻辑到决策逻辑，培养学者型教师共同体

"文一"重视教师学术研究能力、教育教学水平和专业素质的提升，致力于培养教师具备敏锐的学术眼光、扎实的学术素养及创新的教学思维，打造一支以教育家精神为引领的新时代学者型教师队伍。

2023年8月，学校与高校合作启动了"学者型教师培养与发展"研修项

目，通过自愿报名、面对面访谈遴选出45位青年教师（含17名研究生），采用乐享工作坊、循证课堂教学变革研讨、微课题、微反思等方式，建立"研究—实践伙伴合作共同体"，助力他们成长为"学者型"教师，成为学校教学科研的中坚力量。

二、名师工作室

学校现有"中原名师鲁桂红名师工作室""中原名师张伟振小学数学工作室""河南省杨光名班主任工作室""郑州市王黎超名师工作室""郑州市刘春燕名班主任工作室"及多个校级名师工作室。在名师工作室的带动下，教师课堂观念发生变化，从课程即教材的狭隘视野中解放出来。

（一）机制保障，促高效运行

通过搭建名师工作室组织架构，完善名师工作室建设实施办法，加强过程指导与成果展评，聚焦教师课程领导力，增强教师认知课程的自觉性和课程设计的系统性，推动工作室持续良性发展。

（二）模式创新，促个性发展

通过赋能工作室研究平台价值，注重学科学术引领，创新在线研修方式，深入推进课题研修落地，激发教师开展研究的内生动力。

（三）实效增强，促辐射带动

充分发挥名师工作室的引领示范功能，通过针对性地开展进校诊断、优质课送教等活动，提升名师工作室区域整体辐射效应。

学校现已涵盖省级、市级、校级各类别各层级名师工作室和班主任工作室，据此带动教师课堂观念发生变化，课程方式也呈现多元化趋势，从"制度课程"走向"民主课程"，将课堂由室内拓展到室外，从教材内容走向了真实的社会生活，实现了课堂空间上的转移。

中原名师张伟振依托中原名师工作室平台与兄弟学校结对帮扶，与金水区丰庆路小学、文源小学，巩义市米河镇小里河小学，卢氏县实验小学、卢氏县东城小学等签订结对帮扶协议，定期开展支教送课、主题教研等各种联盟活动，实现教育资源的共享。

2023 年 9 月 17 日，骨干教师张潜龙作为侯清珺名校长工作室精心选派的英语学科教师，参与了国家教育行政学院在青海玉树曲麻莱县开展"送教上门·倾心帮扶"系列活动，张潜龙老师以"基于新课标促进素养与成绩同步提升""如何进行英语阅读教学"为主题，为曲麻莱县英语学科教师进行了培训，他以实际行动践行教育家精神，展现了"文一"教师践行教育使命的责任和担当。

三、"双导师"培养

"双导师"制度以提高青年教师专业知识和技能为目的，围绕真实教育教学实践问题，以协同原则为指导，使青年教师在导师指导下整合各种要素进行深度学习。

（一）教育教学"双导师"制，夯实发展基础

学校制订《青年教师"双导师"培养实施方案》，为青年教师跨校区配备教学导师和管理导师。青年教师和导师每月共同进行两次基于评价量表的课堂观察研讨，每月一次基于行为改进的作业教案反馈，每周多次基于问题解决的谈话沟通。

（二）项目学习导师制，赋能自主发展

在金桂校区每周五的"深度学习日"，各校区项目学习导师组成团队，与金桂校区教师结对，以两人包班的形式为学生上项目学习课，通过研讨、上课、再研讨的方式，促进新校区青年教师专业素养的提升。

作为一种跨边界组织，教师及导师以合作完成项目为载体，协同设计、共同实施课程，打破了各校区自行进行学科教研、组织教学、开展评估的课程模式，使校际共融共通，弥补了资源配置的不均衡。此外，引导青年教师从教学管理视角反思教育教学活动，改变对教学设计的单向思考，从而提高课堂教学成效。

四、阳光课堂

学校通过课堂教学实践，不断打造"阳光课堂"，充分发挥课堂在教师专业成长中的主阵地作用。学校教师先后荣获国家级优质课10余节，省级优质课50余节，市、区级优质课百余节。

（一）学科诊断，协作发展

学校聚焦于常态课堂，发挥集团化办学治理模式效应，开展"阳光课堂"学科诊断活动，进行联校大教研，夯实教学常规，促进教师队伍课堂教学能力的整体提升，助力"双减"背景下课堂教学的提质增效。

（二）搭建平台，专题研究

依托"阳光课堂"品质提升项目，开展名师示范课、骨干教师展评课、青年教师展示课活动，以"课例＋教研成果"发布的形式，聚焦专题，提升教师实施单元整体教学设计、作业设计的自觉性和创造性。以学校的"Ph.D课程"为例，教师通过学校所处地域的中原本土特色进行探索，深入挖掘本土文化资源，如风土人情、历史故事等，将学校教育与地方本土资源巧妙结合，设计了符合学生身心特点的项目化学习活动，提升了学生的地方文化认同感和荣誉感。

（三）技术赋能，迭代进阶

"文一"深入推进信息技术与教育教学的深度，依托"知行源"教师成长学院，本着"骨干引领、学科联动、立足应用、靶向学习"的工作思路，激发教师提升信息技术应用能力的内生动力，培养有信息素养和教育创新实践的智慧教师，并获得多项国家级、省级、市区级奖励。

五、成长沙龙

成长沙龙遵循螺旋式导学法，重在升级思维模式。用"问题前置—现场交流—智慧共享—实践应用—二次交流"五维分析方式，深度解剖具体课堂实践问题，从不同维度探析专业发展问题，促进教师自身成长型思维、问题解决与创新型思维的生长，实现青年教师全视角的深度学习。

学校每月定期开展"红色读书会"成长沙龙，每年为青年教师提供必读书单，通过盲盒阅读、以书会友等形式引导青年教师用阅读开启浸润成长模式；开展以"盘点我的2020"为主题的成长沙龙，守护青年教育者的使命和信仰，以教育的力量努力成就其成为美好教育的追梦人；开展以"我们是教育合伙人"为主题的成长沙龙，邀请班级管理经验丰富的教师聚焦家校沟通，与青年教师现场深度交流，碰撞思维火花，让教师和家长成为同盟军，共同守护孩子成长。

第四节 "知行源"教师成长学院的资源保障

"知行源"教师成长学院力图深度解决资源不均衡、辐射力不足、主体性匮乏等教师专业化发展过程中遇到的相关问题，而治理机制的整体调控是"知行源"教师成长学院内部纠偏的重要基础。一方面，发挥党组织领导的资源统合优势；另一方面，加强主体自觉的深度激发，同时也要结合新时代教师队伍建设进行适应性调整。在集团化办学背景下，发挥跨边界组织的整合能力与灵活优势，保证组织架构相对稳定性、保障制度机制的常态化，最后落脚在融合优质资源、增强资源的丰富性上。为回应新时代新需求，我们需不断常态化更新专业资源库，发挥教师引领力，反促"知行源"教师成长学院的建设发展。学校优质教育资源的使用摆脱了空间、时间限制，以其丰富性和随时更新的特点深受教师欢迎。资源库主要从以下几个方面进行构建。

一、分层分类，构建适合不同学习者的研修资源

研修主要对象涵盖新入职教师、骨干教师、班主任、中层管理干部、校区校长五大类（表2-2）。以新入职教师课程设置为例，研修资源聚焦于职前培训、素质提升、新入职教师研修三大板块，根据每个板块中的资源种类，划分为政治素养和专业素养模块。既关注到不同研修对象的差异性，又能把握整体研修对象的共同性，实现精准分层分类。

表2-2 研修资源

研修对象	研修资源		
新入职教师	职前培训课程资源	素质提升研修资源	新入职教师研修资源
骨干教师	教学论研修资源	骨干教师研修资源	名师研修资源
班主任	班主任岗前研修资源	素质提升研修资源	优秀班主任研修资源

续表

研修对象	研修资源		
中层管理干部	岗前研修资源	素质提升研究资源	优秀管理人才研修资源
校区校长	岗前研修资源	素质提升研修资源	名校长研修资源

二、集中学习与自主学习相结合，构建线下线上一体化研修资源库

"知行源"教师成长学院充分利用教育资源库，为教师提供可以根据自己的研修时间和研修需求进行自主学习的研修资源。为此，我校整合了第三方平台课程资源，为不同类别不同层次的学习者提供自主选学或私人订制式的线上研修资源，构建包括课程视频、教学案例、课程课件、讨论话题等研修资源库。线上资源具体可根据不同层次的研修对象，通过研修主题、研修课程的不同来进行构建。

（一）基于项目主题的研修资源

由于教师的研修时间往往处于教学工作安排的间歇，资源库设置之初就采用了基于主题开展研修的方式。不同的研修主题配套的资源类型分为主题资源和拓展资源两大部分。其中主题资源包括教师研修中的文本素材、媒体素材、视频案例和试题练习。拓展资源包括工具资源、文献资料和问题汇总，是在教师完成基本研修学习内容的基础上，进行研修主题内容的延伸，参加研修的教师可以根据自身的学习情况，有选择性对拓展资源进行自主学习。

（二）基于课程板块的研修资源

基于课程的研修资源主要是学科精品课程资源，是分学科进行的，不同

学科的教师可以相互学习，教师可以根据自己的研修时间和研修需求，自主学习课程。

课程资源主要包括视频、教材、媒体课件和测试题。一方面是为了给教师提供自主学习的教学内容，实现线上与线下的混合式学习；另一方面通过学习信息化网络课程，教师能够意识到传统课堂与信息化课堂的不同，提高信息化素养。

"知行源"教师成长学院为党员先锋搭建示范平台的同时，也成为落实"双培养"目标的有效抓手，"'文一'先锋、'文一'标兵、优秀党小组"不断涌现，彰显出强大的凝聚力与战斗力，诠释了"追求卓越"的"文一"精神。学校现有正高级教师2名，中原名师2名，省、市、区各级名师80余人，由此示范、引领、辐射其他教师，带动学校教师队伍整体提升，承担起新时代立德树人的工作重任，促进学校高品质发展。

学校全面贯彻党的教育方针，落实立德树人根本任务。通过加大价值引领探析教师专业化发展内在逻辑，强化主体自觉激活教师专业化的内生动力。做好资源融合，应对教师专业发展面临的新变革、新问题，构建出更适合自身发展的跨边界组织，有效发挥"知行源"教师成长学院的优势，推动高质量教师队伍建设，为学校高质量发展提供动力支撑。

第三章　乐享家校

良好的家庭教育对学生的发展具有奠基作用。如何培养合格家长？如何通过科学的家长教育，提高父母的家庭教育胜任力，进而改进家庭教育，促进家庭中孩子的健康成长？学校在这个过程中应该承担什么样的职责？"文一"基于生源特点，立足社区实际，有针对性地开发了"知行院"家长教育课程，对家长进行有效指导，使得家长的教育观念、教育行动与学校教育遥相辉映，形成了良好的育人合力。

第一节　"知行院"家长教育课程提出的背景

一、国家的教育战略

党的十八大以来，以习近平同志为核心的党中央高度重视家庭文明建设，强调："不论时代发生多大变化，不论生活格局发生多大变化，我们都要重视家庭建设，注重家庭、注重家教、注重家风"。

2015 年《教育部关于加强家庭教育工作的指导意见》指出："家庭教育是家事，又是国事。它关系家庭幸福，更关系国家命运。一个民族的未来，在家庭中就被悄然决定。"

2016 年国家九部委联合发布的《关于指导推进家庭教育的五年规划（2016—2020 年）》这一文件，更是聚焦家庭教育，对家庭教育的总体目标、重点任务、组织保障进行了系统而全面的论述，这也成为将来一段时期中国家庭教育的工作指南。该规划提出到 2020 年，基本建成适应城乡发展、满足家长和儿童需求的家庭教育指导服务体系。家庭教育师认证也被提上日程。

"家庭是人生的第一所学校，家长是孩子的第一任老师，要给孩子讲好'人生第一课'，帮助扣好人生第一粒扣子。"2018年，习近平总书记在全国教育大会上对家庭教育的阐述，深刻地诠释了家庭教育的重要任务与目标方向。在本次大会上，习近平总书记还提出要提高对家庭教育的重视，指出"办好教育事业，家庭、学校、政府、社会都有责任"。这将扭转当前"教育是学校和老师的责任"的传统教育观念，将家庭教育与学校教育摆在同等重要的位置上，未来的家校沟通将在教育环节中占据更加重要的位置。

2019年，中共中央、国务院印发的《关于深化教育教学改革全面提高义务教育质量的意见》中提出：重视家庭教育，加快家庭教育立法，强化监护主体责任。加强社区家长学校、家庭教育指导服务站点建设，为家长提供公益性家庭教育指导服务。充分发挥学校主导作用，密切家校联系。家长要树立科学育儿观念，切实履行家庭教育职责，加强与孩子沟通交流，培养孩子的好思想、好品行、好习惯，理性帮助孩子确定成长目标，克服盲目攀比，防止增加孩子过重课外负担。

2022年，《中华人民共和国家庭教育促进法》正式实施，家庭教育正式纳入法治化发展轨道。2022年10月，中国共产党第二十次全国代表大会的报告上再次提出健全学校、家庭、社会育人机制。

2023年，教育部等十三部门出台《关于健全学校家庭社会协同育人机制的意见》，就健全学校、家庭、社会协同育人机制提出具体意见。

二、家长教育的需求

在每年新生入学后，"文一"都会对新生家长的受教育程度、工作背景、年龄结构、教育需求等家庭教育情况进行全面的问卷调查，下图为家长年龄结构、家长关注学生情况及家长获取知识等统计情况（图3-1~图3~3、表3-1）。

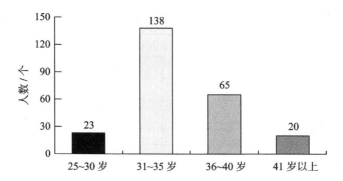

图 3-1 "文一"翰林校区 2016 级一年级家长年龄数据统计情况

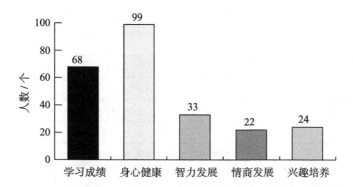

图 3-2 "文一"翰林校区 2016 级一年级家长关注学生情况统计情况

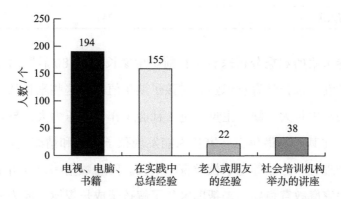

图 3-3 "文一"翰林校区一年级 2017 级家长获取教育知识数据统计情况

表 3-1　"文一"翰林校区 2016、2017 级一年级家长部分问卷数据分析情况

在家庭教育中您通常采用陪伴孩子的方式是		
选项	小计 / 人次	比例 /%
A. 玩电子游戏，看电视	6	1.49
B. 家庭阅读	54	13.4
C. 带孩子去大自然中活动	166	41.19
D. 交给老人看	5	1.24
E. 辅导孩子学习	165	40.94
F. 上各类培训班	7	1.74
本题有效填写人次	403	
您方便或是喜欢的上课方式		
A. 到场讲座	116	79.15
B. 微信微课	98	41.7
C. 网络视频	73	31.06
D. 文章推送	75	31.90
本题有效填写人次	235	
如果学校举办家庭教育培训活动您会		
A. 积极参加	231	93.3
B. 可以考虑	15	6.1
C. 不感兴趣	0	0
本题有效填写人次	246	

从问卷采集的数据分析来看：目前学生家长中，"80 后"为主体，大多都是独生子女，家长教育意识强，对孩子期望值高；这些家长从小就是在全家呵护、关注中长大，缺乏主见，进入社会工作生活压力大，导致高度的焦虑和无助，尤其妈妈最焦虑。家长未能发现孩子学业和情感上的真正需求，家庭教育的理念、方法等与学校教育不衔接。问卷数据综合分析：家长迫切需要专业的家庭教育指导，来帮助家长了解孩子成长规律，成为一名智慧型的家长。

三、学校教育的使命

为了满足社区群众对优质教育资源的需求，"文一"形成了"一校多区一联盟校"的集团化办学格局。随着集团化办学规模的扩大，如何传承"文一"的文化精髓，办好老百姓家门口的每个校区，让每个孩子都能享有公平而有质量的教育。我们认识到，学校应该是社区的庙堂，是社区学习生态的营造者，应该肩负"教育孩子，团结家长，引领社会"的使命和责任。

在"乐享教育"的引领下，我们提出了构建"知行院"家长教育课程，以家长教育课程为切入点，来助力学校教育的快速优质发展。

第二节 "知行院"家长教育课程体系的建构

一、了解真实需求，明确课程目标

"乐享教育"是学校的核心文化，倡导家长与教师、家庭与学校因学生而相遇，彼此成就，共享精彩。

我们明确了"知行院"家长教育课程的理念——"遇见即是美好"，即"儿童是美好的起点，家长和教师因孩子相遇；儿童是美好的中心，家庭和学校因'知行院'课程相知；儿童是美好的延续，家庭教育和学校教育肩负使命、携手前行"。"知行院"家长教育课程体系如图3-4所示。

我们从家庭教育的真实需求出发，构建了"知行院"家长教育课程，确定了课程的目标，即培养"明理、智慧、豁达、仁爱"的家长，见表3-2所示。

相遇开启美好。家庭、学校因孩子而相遇结缘，为教育相携续缘，家校携手为美好而同行。学校通过课程的开设实施，指导家长学习国家教育方针和相关教育法规政策，唤醒家长家庭教育的使命感和责任感；使家长了解基本的儿童成长规律，掌握科学的家庭教育知识和方法，具备组织管理家庭生活的知识和能力；使家长能够认同学校的办学理念，积极参与家校共育，共同为孩子的成长构建立体的教育网络。

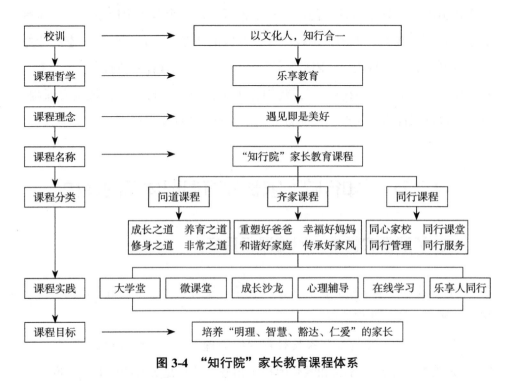

图 3-4 "知行院"家长教育课程体系

表 3-2 "知行院"家长教育课程目标

家长教育课程：培养"明理、智慧、豁达、仁爱"的家长		
• 指导家长学习国家教育方针和相关的教育法规和政策 • 唤醒家长家庭教育的使命感和责任感	• 了解基本的儿童成长规律 • 掌握科学的家庭教育知识和方法 • 具备组织管理家庭生活的知识和能力	• 认同学校办学思想，积极参与家校共育，共同为儿童的成长构建立体的教育网络

二、设计序列课程，编织共育网络

"知行院"家长教育课程包括问道课程、齐家课程、同行课程三大类（图 3-5），每一门课程的目标见表 3-3。每一大类课程又包含四小类课程。

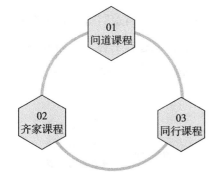

01 问道课程：道即方向、方法。

02 齐家课程：天下之本在国，国之本在家。

03 同行课程：家校同心，比肩同行，共享成长。

图 3-5 "知行院"家长教育课程分类

表 3-3 "问道、齐家、同行"课程目标

课程分类	课程目标
问道课程	1. 了解儿童成长的基本教育学、心理学常识，读懂孩子成长中出现的现象，学会科学养育
	2. 读懂孩子独特的个性和心理，助力孩子个性发展
	3. 具有提高儿童良好行为习惯的方法，助力孩子养成良好的生活和学习习惯
	4. 开展亲子阅读，积极构建书香家庭
齐家课程	1. 明确家庭成员各自在家庭中的多重角色，养成履职的责任和意识
	2. 明白祖辈和父母在亲子教育中的角色和责任，促进家庭教育合力，营造和谐家庭
	3. 具备家庭管理等方面的知识技能，提高家长的教育胜任力，促进家庭中的子女健康成长
	4. 建立良好的家训、家规，形成良好的家风
同行课程	1. 明白家庭、学校、社会合作的重要性，养成积极主动与学校和教师协作的习惯
	2. 积极参与学校家长校本课程的开发与实施，为学生提供多元的课程学习
	3. 熟悉三级家校协会管理的流程和办法，明确工作职责，履行角色义务
	4. 积极参与学校和社区组织的志愿服务，每学年完成不少于 6 小时的义工服务

（一）问道课程

旨在引导家长了解儿童成长规律，掌握培养儿童良好行为习惯的方法，学会科学养育。主要包括成长之道、养育之道、修身之道、非常之道四类课程。具体来说，成长之道包含"入学早知道、迎接转折期、青春前奏曲"等内容；养育之道包含"安全陪护、教儿习礼、食育有方、陪读有道"等内容；修身之道包含"谈吐有品位、生活有追求、处世有礼节、家庭有书香"等内容；非常之道包含"我的孩子独一无二、特别的爱给特别的你"等内容（图3-6）。

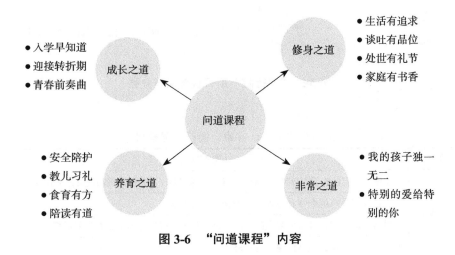

图3-6 "问道课程"内容

（二）齐家课程

旨在引导家长明确家庭成员在家庭教育中的角色和责任，具备家庭管理等方面的知识和技能，营造和谐家庭，形成良好家风。其主要包括重塑好爸爸课程，包含"爸爸回家、爸爸陪伴、夸夸爸爸"等内容；幸福好妈妈课程，包含"智慧妈妈、百变妈妈、点赞妈妈"等内容；和谐好家庭课程，包含"让家充满正能量、'模范夫妻'好家教、'三代同堂'乐融融"等内容；传承好家风课程，包含"追忆老家风、重塑新家规、好家风代代传"等内容（图3-7）。

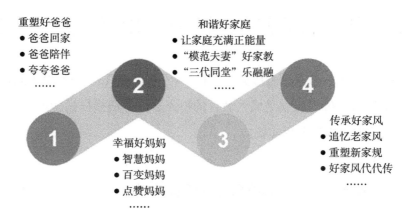

重塑好爸爸
● 爸爸回家
● 爸爸陪伴
● 夸夸爸爸
……

和谐好家庭
● 让家庭充满正能量
● "模范夫妻"好家教
● "三代同堂"乐融融
……

传承好家风
● 追忆老家风
● 重塑新家规
● 好家风代代传
……

幸福好妈妈
● 智慧妈妈
● 百变妈妈
● 点赞妈妈
……

图 3-7　"齐家课程"内容

（三）同行课程

旨在让家长了解家庭、学校、社会合作的重要性，养成积极主动与学校和教师协作的习惯，并能够积极参与家长校本课程的开发与实施，参与学校和社区组织的志愿服务活动。主要包括"同心家校"，包含"父母入学课程、家校沟通课程、和孩子一起毕业"等内容；"同行课堂"，包含"爸爸／妈妈进课堂、带着孩子去上班"等内容；"同行管理"，包含"三级家长教师协会（PTA）组建与运作、好家长评比"等内容；"同行服务"，包含"乐享人在行动"四类课程（图 3-8）。

同心家校
● 陪孩子入学
● 伴孩子成长
● 同享毕业季

同行课堂
● 走进孩子的课堂
● 带着孩子去上班

同行管理
● "PTA"组建与运作
● 智慧家长评比

同行服务
● 乐享人在行动

图 3-8　"同行课程"内容

第三节 "知行院"家长教育课程的实施与评价

"知行院"家长教育课程服务于家长,属于非正规成人教育,鉴于此特殊性,课程的实施与评价应该立足成人教育的特点,以灵活多样的学习方式和契合实际的评价方式提升课程实效。

一、多种形式助推家长教育课程实施

家长教育课程在实施过程中要考虑到家长、学校、教师等多方因素,我们主要通过以下形式来推进。

(一)大学堂——团体性课程集中学习

每年学校都会邀请校内外家庭教育方面的专业人士对家长进行通识课程培训,能容纳500人的翰林学堂便是家长集中学习的主要场所。

如每年新生入学之初,学校都要开展家长入学课程——"陪孩子共同开启课程生活"。开学第一周进行新生"入学课程——养成篇",与家长进行详细交流,家长们在参加完每次活动后,心理都会发生很大的改变,言行上也有了很大的改观。每年的"父亲课程""母亲课程",以及每学年的年终表彰大会、分年级组织的家长团队学习等,都是大学堂的主要内容。

(二)微课堂——针对性课程对症指导

教师会根据学生某一时间段在思想动向、行为习惯、学科学习等方面表现出来的突出问题,或是某些家长在家庭教育中集中反映的教育难题或困惑,有针对性地录制成10分钟以内的微课,推送给有需求的家长,以便有效地对症施策。

（三）在线课堂——线上随时随地学习

为方便更多家长参与课程学习，学校还充分利用现代信息技术组织家长开展线上学习。例如，在学校网站设立家长教育课程专栏；利用微信公众平台推送课程资源；开展课程直播，满足一些无法现场参与课程学习的家长的学习需求；不定期推送专家文章、前沿观点，供家长随时学习。

（四）家长成长沙龙——搭建互动交流共享平台

通过组织各种形式的家长沙龙或者分享会，为家长们搭建分享交流的平台，让有共同话题的家长可以在自由宽松的氛围中聊聊孩子成长的事，在轻松愉悦的环境里增进彼此之间的了解，像孩子们那样结为成长伙伴，从而以不同的方式参与孩子的成长。根据不同的课程内容及受教群体，家长教育课程采用灵活的上课时间。团体性课程一般在周末进行，一些特殊课程则需要提前 1~2 周发出邀请。例如，考虑到受教群体的工作性质，"父亲课程"通常会提前一周发出通知，以方便家长提前调整工作时间，这样就可以保证参与率每次都能达到 90% 以上。小型沙龙或故事会，则一般会根据参与人员的时间商定，如在下午放学后或者晚上进行。

在家长课程的实施中，有一篇家长原创的文章在"文一"广为传颂。作者是一位学生的父亲，他在处理自己孩子和同班同学的矛盾时，深有感触，即兴创作了《孩子，我是你的叔叔阿姨》。这篇文章真实地表达了家长在面对学生矛盾时的态度和教育方法。家长还把文章改编成了课本剧，在家长成长沙龙里进行展演，从此这一级学生中再也未发生一起因学生矛盾产生的家长纠纷。家庭教育方法的转变，带来了家校关系的和谐共生。

孩子，我是你的叔叔阿姨

孩子，世界人口 80 亿，中国人口 14 亿。我总觉得，邓舒亦和你们走到一起，简直是个奇迹！

孩子，你们来自不同的家庭，你们有不同的个性。我知道，你们整天在一起，不可能一直和和气气。你们会争执，你们会怄气，你们会斗嘴，你们会恶作剧，你们甚至会忍不住推推搡搡、骂骂咧咧。

孩子，这些我都知道，我们小时候都有过这种经历，大人还有意见不合的时候，小孩子们打打闹闹，那是正常的。但是孩子，我希望，你们能比我们更有智慧。同学之间相处，友谊永远是第一。男生要学做绅士，女生要学做淑女。遇到矛盾时，要学会控制好情绪，互相给对方讲道理。

孩子，我希望你们不仅能好好学习，更能学会自立。尊敬师长，团结同学，能够自己解决遇到的问题。能够妥善处理同学之间的关系。不要处处依赖父母，点点小事都让父母去干预。要知道，你们早晚要长大，父母终归会老去。未来某一天，你遇到困难时，你的这些同学，一定会勇敢地站出来帮助你！

孩子，既然有缘在一个班里，你们就结成了一辈子的同学关系。我们这些家长，因为你们，也成了一个战壕里的兄弟。

十年后，也许你们各奔东西，有去北京，有去上海，有去纽约，有去巴黎。但是我们这些家长，还得生活在这个城市里，经常互相打听你们在外面的消息。

孩子，你们偶尔会吵闹，但千万不要伤和气。邓舒亦如果惹了你，你可以对老师说，也可以对我讲，我们一起对她进行批评教育。请你尽量避免对她使用暴力。

孩子，如果你爸妈不在身边，如果你遇到什么困难，你也可以对我讲。我一定会尽力帮助你，因为你是我女儿的姐妹兄弟，爱屋及乌，我也喜欢你。

你要记住，我就是你叔叔，我就是你阿姨！

（五）心理辅导——进行专业辅导

学校设立有专门的心理咨询室，专业教师对家长或学生开展团体的或一对一的心理辅导。

（六）乐享人同行——家长与教师并肩同行

同行课程引领家长成为真正的学校教育的知情者、监督者、参与者、合作者，为学校和学生的发展建言献策，出智出力。乐享人同行课程的实施主要有以下方式：一是家长可以走进学校，根据自己时间和专业上的方便，为孩子的成长提供特殊的课程内容，成为学校的临时教师；二是家长可以参与孩子的研学课程的开发与实施，和学校教师一起谋划路线、组织管理、参与评价；三是家长参与学校章程、发展规划和年度工作计划的制订与实施。

例如，春季开学，学校就邀请了三个年级的家校协会成员共聚一堂，听取总结过去一年学校的发展汇报和新学期重点工作计划；家校协会主任根据过去一年家长和微信群中存在的一些突出问题，对家校协会的工作进行了有针对性的培训，拟定通过了《班级群规》；各班家校协会基于本班情况分组讨论本学期工作重点和分工，共同拟定了新学期家长会的分工。

二、多维评价确保家长教育课程实效

为切实保证课程实效，家长教育课程评价不断调整完善，以评价促进课程发展。

（一）对课程内容和实施的评价

课程的内容设置是否符合家长需求，课程实施活动组织形式是否合适、效果如何，家长作为直接参与者是最有发言权的。每次大型课程结束，会请参与者完成一份课后问卷，对本次课程从内容设置、组织形式、讲座者的风格、学习者的收获、对课程的建议、学习者的疑惑等方面进行反馈；也会倡议家长将学习后的收获发至公共邮箱。学校课程中心的工作人员会收集整理问卷信息，及时向学校反馈家长意见和建议，以便有针对性地调整课程内容和形式。

具体的课程方案评估见表3-4。

表3-4 "知行院"家长教育课程——课程方案评估表

课程名称			开发者		
评价项目	评价要求	所占分值及评价主体			
		所占分值	讲师自评	班级PTA	课程中心
课程开发目的意义 20%	与国家方针政策保持一致	5			
	基于家庭教育的背景和现状	5			
	对家庭教育意识的更新和教育行动能力培养的意义	10			
课程目标的确立 20%	目标明确、清晰、有针对性	10			
	考虑到家庭教育分层的因素，贯彻因材施教的原则，发挥家长潜能	10			
课程内容 40%	家庭教育理念新、内容充实具体	10			
	教材框架清晰、活动组织有序、层次分明	15			
	教学方法科学有效、启发性强	15			
课程评价 20%	家庭作业布置贴近家庭实际，便于实施	10			
	评价可操作性强、方法科学、具有激励性和制约作用	10			
总评	总评在80分以上的为A级，是优秀课程，可以进行实施和推广；总评在70~80分之间的为B级，是合格课程，讲师可根据评价反馈再做修正；总评在70分以下的为C级，是不合格课程，如能根据情况做合理修正，经课程中心认可后，方可实施。				

具体的课程评估见表3-5。

表3-5　"知行院"家长教育课程——课程评估表

课程名称						
适用人群			课程时长		课程类型	
授课教师					联系电话	
调查项目	调查问题		调查选项			
课程内容的设置	本次的课程内容对您是否有帮助？		A. 很有帮助	B. 比较有帮助	C. 一般	D. 没什么帮助
	您希望从家长课程中获得哪些方面的家教指导？		A. 亲子关系	B. 家庭关系指导	C. 孩子学习指导	D. 其他
课程的组织形式	您对本次课程的整体评价？		A. 满意	B. 比较满意	C. 一般	D. 欠佳
	您喜欢的培训形式有哪些？		A. 讲座	B. 沙龙	C. 在线学习	D. 其他
课程讲师的风格	您对课程讲师的评价？		A. 准备充分	B. 课程内容清晰生动	C. 课程讲述专业	D. 课程时长适中
学习者的收获	本次培训您收获最大的是？		A. 了解家庭教育知识	B. 学会了家庭教育方法	C. 尝试沟通	D. 改变现状的意识
对课程的建议	您希望什么时间参加学校组织的家长教育课程？		A. 周一至周五	B. 周六	C. 周日	D. 都可以
	以后举行的类似课程，您是否愿意参加？		A. 愿意	B. 不确定	C. 不愿意	D.

（二）对家长学习效果的评价

以学年为周期，主要通过学习过程的记录、学习后的行动及家长角色评价来落实。其中，学习过程记录主要以家长参与课程活动的次数和学习笔记来评价。每学年末，全体家长上交课程手册，由家校协会组织委员统计考勤；由班级家校协会秘书长负责查阅学习笔记，并且在班级微信群定期通报家长参与学习情况。此外，学习是为了改变，改变要有行动。家长是否通过学习来改变自己，家庭成员最有发言权；家长是否按照课程学习要求，按时完成服务性公益课程，家校协会都有记录。对于不同类型的家长教育课程，还采取了分类评价方式。如问道课程主要以家长自评和学校教师结合家长对孩子的培育过程和培育效果进行评价；齐家课程的评价以家庭成员互评为主；同行课程的评价以班级和年级家校协会为主。"知行院"家长教育课程——学习过程评估情况，见表3-6。

表3-6 "知行院"家长教育课程——学习过程评估

评价项目	评价要求	所占分值及评价主体		
		分值	班级 PTA	年级 PTA
考勤记录（20%）	准时参加课程，积极主动参与学习	20		
家长手册（30%）	每学年通过集中学习和自主学习完成学习记录4篇	20		
	学习记录详细工整认真	10		
学习后的行动（50%）	课程学习之后，按时完成课程作业	20		
	定期参加"乐享人同行"公益服务，每学年不少于6小时	30		
总评	总评在80分以上的为A级，可自主申请"知行院智慧父母"的评选；总评在70~80分之间的为B级，是合格父母，可通过实际行动，获得家庭成员的认可，由家庭成员提交书面材料后，可参加"最美家长"的评选			

（三）"知行院"家长教育课程——家长的学习感受

被爱滋养的孩子才会"爱满则溢"

——"知行院"家长教育课程学习有感

六四班 南翰林妈妈

今天，我有幸通过学校"知行院"家长教育课程，学习了《爱能创造奇迹》，切身感受到良好的家庭文化氛围对孩子身心健康成长所起的举足轻重的作用。

"爱能创造奇迹！"因为人只有先爱自己，才能爱别人；人只有先接纳了自己，才能接纳别人。所以，我们在教育孩子时，不仅需要方法，还需要智慧，更需要情感。要想让孩子成为一个积极阳光、善良忠厚、悦纳自我、价值感比较高的孩子,就先要用家庭的温度去温暖他,用父母的爱去滋养他!这样,孩子才能"爱满则溢",用自己心灵的绽放和心性的流淌去关爱身边更多的人。

孩子就像是一本书,从童年到少年,从少年到青年,我们都在一页一页往下翻,但要真正读懂它却十分不容易。所以,父母要努力读懂孩子这本书,走进孩子的内心,去发现孩子的潜质,以"幸福、快乐"为本,做好孩子幸福成长的引路人!

最后,请允许我摘录一首小诗的部分文字,与各位家长共勉:

爱是温暖

爱是感动

爱是不图回报的付出

是心甘情愿的接受

爱 需要流动

爱 需要施与和接受

付出爱需要真诚和勇气

接受爱需要敞开你的心口

爱的真谛是平等和接纳全部——

(四)对家长角色的评价

征询学生意见,制定了"'文一'家长"评价标准,通过家长自评与家庭成员互评,对家长参与课程前后的行为变化进行评价,以评价来促进家长和课程共同发展。每学年末,学校会邀请家校协会一起对家长进行综合评价,年终会举行隆重的颁奖典礼,邀请社区领导和家校协会成员为评选出的"智慧爸爸""智慧妈妈"颁奖。评价标准见表3-7和表3-8。

表 3-7　文化路一小翰林校区父亲角色评价标准

评价内容	积极参加 课程学习	主动参与 家庭劳动	经常开展亲子活动， 给家人高质量陪伴	主动参与学校 和社区服务
自我评价				
家庭成员评价				
综合评价				

表 3-8　文化路一小翰林校区母亲角色评价标准

评价内容	积极参加 课程学习	对家庭成员有耐心、 不唠叨	指导孩子参与家务， 营造温馨家庭氛围	总评
自我评价				
家庭成员评价				
综合评价				

第四节　"知行院"家长教育课程的管理与保障

学校通过建立健全的课程管理组织系统，形成全校联动的课程运行机制，来保证"知行院"家长教育课程的规范实施。

一、全校联动，构筑系统规范的家长教育课程管理网络

（一）设立课程管理机构

学校设立家庭教育指导中心，作为家长教育课程的专门管理机构。中心主任由校区的副校长兼任，副主任由学校德育主任、办公室主任、教导处主任和家校协会主任担任。指导中心下设资源部、运行部、督评部三个部门，分别负责课程从设计、挖潜、筹备、实施到考核的全过程管理。其中资源部的职责是了解家长的课程需求，挖掘课程资源，拟定课程计划，管理课程文

档及资料；运行部负责课程筹划与组织，以及课程宣传报道；督评部主要负责对课程实施情况进行检查与监督，对课程进行评价和奖励。

（二）规范家长身份管理

每年新生入学，学校会为每一名新生家长发放"入学证"，上面显示学生和家长信息，有效期为六年。"入学证"具有多重作用：一是家长出入校园的通行证，方便家长和教师进行及时的沟通交流；二是家长参加家长教育课程的学员证，可以凭证借阅学校图书；三是家长协助教师指导活动的工作证，如参与春秋季游学课程、实践活动课程、学校志愿服务等。

（三）完善学习过程管理

为方便家长记录学习过程，积累成长收获，学校为每一名学生家长印发了《家长教育课程手册》，同时规定：每位家长每学年必须完成不少于四次的课程学习，并认真进行记录和反思；每学年完成不少于 6 小时的家校志愿服务活动，由班级家校协会负责记录。每学年结束，班级家长管理员汇集统计家长完成学习情况。

二、专业护航，建设完善的课程支持保障系统

（一）实现专业保障

家长教育课程涉及教育学、心理学、社会学、家庭伦理学等多学科知识，要求配备专业的课程团队。自 2016 年起，学校分批选派教师参加"心理咨询师"和"家庭教育指导师"培训，目前学校共有国家二级心理咨询师 5 名、国家级"家庭教育指导师"3 名。

（二）完善组织保障

家长教育课程的实施主要借助学校的专门管理机构——三级家长教师协会推进（图3-9）。校级、年级、班级三级PTA的建立与运作遵照规范的制度运行，不同级别的PTA分别承担着不同的角色和职责。例如，校级PTA由学校各部门（德育处、办公室和教导处）负责人与各年级家长代表组成，负责学校层面的家校沟通与合作，参与学校发展中与学生有关的重要事情的决策与运作。如学校三年发展规划的制定与评估，学校塑胶操场的建设与过程性监督，学生餐饮的管理与监督，学生校服的征订，学生研学旅行课程的服务与指导等。

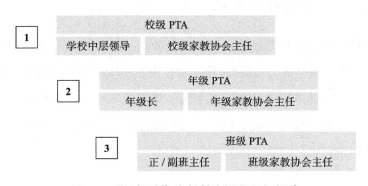

专门组织机构——三级"PTA"

1	校级PTA	
	学校中层领导	校级家教协会主任

2	年级PTA	
	年级长	年级家教协会主任

3	班级PTA	
	正/副班主任	班级家教协会主任

图3-9 "知行院"家长教育课程组织保障

家长教育课程实施以来，不仅更新了家长的教育理念，提高了家长的文明素养，家长参与家校共育的行动也更加积极；而且家长的变化也助推社区居民的文明素养发生着改变，自觉和互助正在逐渐成为新的社区文化生态。"知行院"家长教育课程如今已成为学校的一张特色名片。

第四章　乐享课程

　　教育是国之大计、党之大计，培养什么人，为谁培养人是教育的根本问题。"文一"全面贯彻党的教育方针，落实立德树人根本任务，以课程为载体，聚焦学生核心素养发展，完善课程体系，丰富课程内容，变革学习方式，打造高品质课程，培养德、智、体、美、劳全面发展的社会主义建设者和接班人。

第一节　乐享课程的发展

一、初期探索

　　2001年课改之初，"文一"基于"课程改革实现了国家、地方、学校三级课程管理的网络，同时又将课程开发的自主权更多地还给了学校，使得学校得以结合校情、学情等，开发利于本校教师、学生共同学习成长的特色课程"的认识，确定了校本课程开发的整体目标为"培养学生高雅的兴趣，高尚的人格，良好的行为，优雅的谈吐，健康的心理，挖掘、开发一些潜在的能力，为每个学生创设展示才华的舞台，努力使同学们能在一个充满生机、富有活力的良好的环境中生动活泼地发展"；确定了学校乐享课程进行校本课程开发，创建特色课程的发展之路；学校组织教师围绕"校本课程与选修课有何不同""校本课程与综合实践活动""校本课程评价"等有关问题进行讨论，为了加快教师对课程的认识，组织教师进行培训，明确课程体系的内容。

（一）组织培训，讨论探索

通过"请进来""走出去"等多种形式对全体教师进行培训，为教师提供充足的学习机会，在讨论交流中逐渐转变教师的观念，开发出更多学生喜欢的课程。

1. 第一阶段：认识课程

学校制订了初步的课程框架后，对教师进行培训，明确课程体系设置：基础课程与拓展课程两大类。基础课程是根据国家规定设置的课程；拓展课程是学校依据校情开设的校本课程和地方课程。教师对学校的课程设置有了一个初步的认识。

2. 第二阶段：了解课程

"文一"为强化教师的课程开发意识，进行了专项课程培训，组织全体教师观看山东省潍坊市北海双语学校高峰校长和广文中学赵桂霞校长的课程建设报告，了解课程建设的内涵及途径。学校还组织骨干教师专程前往山东省潍坊市北海双语学校和广文中学参观学习，实地考察，了解一门课程从开发到实施的基本流程。

3. 第三阶段：开发课程

通过前期的考察学习，教师们进行了充分地讨论交流，结合自身特长及学生兴趣，开展头脑风暴，初步设计课程内容，在每周五下午的校本课程中进行尝试。

初次尝试，教师们查阅文献、参考先进学校编撰的校本教材，认真准备教学课件和教具，分组授课，及时评价。学校通过问卷和访谈等多种途径，了解课程实施的现状，及时发现亮点与问题，在校本教研时进行汇总反馈，调整优化课程设计。

附：学生"拓展课程"调查问卷

文化路一小"拓展课程开设"调查问卷

班级_____　　　姓名_____

同学您好！为积极推进素质教育，深化教育改革，提升学校办学品位，进一步彰显我校"让生命幸福成长"的办学理念，学校拟从2011—2012学年第一学期在全校开设"拓展课程"。

为了使开设的"拓展课程"满足同学们的兴趣和发展需要，请你认真填写本调查问卷。

1. 下面是学校准备开设的特色社团课程，请你从中选择想参加的三项，标上1，2，3（受人员的限制，辅导教师将通过面试最终确定你适合参加的一项拓展课程）。

序号	特色课程
1	轻松摄影（摄影）
2	乐陶陶（陶艺）
3	校园礼仪（小接待员）
4	七彩艺术（绘画）
5	管乐（管乐）
6	Sunny English（英语短剧）
7	世界风情（各国民俗）
8	数码工厂（电脑排版）
9	奇妙生活工作室（综合实践）
10	小哥白尼（科技）
11	航空航天（航模）
12	茶韵悠悠（茶艺）
13	九色鹿话剧（课本剧）
14	雏鹰田径队（田径项目）
15	彩绳飞扬（跳绳）
16	明日之星（篮球）
17	乐之灵合唱（合唱）

2.语文、数学将在本班开设特色语文和特色数学，欢迎你选择参加（愿意参加的同学请你在项目后面空格中打"√"）。

特色语文	
特色数学	

3.你还希望学校开设哪些你感兴趣的拓展课程？请把它写在下面。

_____

_____

（二）成立小组，开发实践

学校成立了课程开发领导小组，制订了课程开发方案，在确定校本课程开发项目时，学校将教师专长及所教学科的特点结合起来，发挥教师的专业优势，以提高校本课程开发的质量。在调查评估的基础上，先后组织个别专长教师开发了陶艺、管乐、走进美文、经典诵读、形体、心理健康、航模等校本课程。

如陶艺课程。把小学三年级作为陶艺实验年级，设立陶艺教学专用教室，克服无教材的困难，摸索出一套适合于学生发展、结合学校实际情况的教育教学目标：泥条的黏接、造型；制、刻、压、印纹理（泥板的成型方法、压印与黏接）及欣赏优秀的陶艺作品。随着校本课程的开发与实施，学生在课堂内外自主学习、合作探究，创新精神、实践能力、合作能力等得到了提高，一些良好的行为习惯逐渐养成；教师在课程开发中边开发、边学习、边提高，在教学生的同时，也提升自己；学校也在实践中探索具有校本特色的校本课程开发与管理的方法，逐步形成了学校特色。

（三）重点扶持，发展"综合实践"

"综合实践课程"是课程改革的亮点，这门课程是随着课改而出现的新生课程，没有统一的教材可供参考与借鉴，也没有专职教师任教。"文一"自2002年开始实施这门课程以来，是金水区最早设置综合实践专职教师的学校，依据学校的资源和学生的兴趣，研发并开展"红薯的奥妙""整修方凳""商城文化""合理消费"等活动课程。历经四年，学校从一个年级开始实施这门课程发展到三至六年级都进行开展，教师由班主任兼任，每一年级都由有经验的教师引领大家一起实施与研讨。

2007年1月，三一班学生在开展"走进博物院课程"时，前往河南博物院参观。确定各组的研究主题时，巧遇时任教育部副部长的陈小娅，陈副部长查看了学生的档案袋、记录表，询问了研究结论，对学生的学习成果非常满意，并对学校综合实践活动课程的常态开设给予充分的肯定。

（四）发展社团，丰富课程

基础教育课程改革的八年，是学校课程发展积淀的重要时期。学校紧紧依托少先队这个阵地，按队员的兴趣爱好、自身能力，自愿建立起以中队为基础单位或跨中队兴趣性活动组织。

如六三中队结合本班级学生特点及兴趣爱好，成立了"九色鹿话剧团"。利用课余时间排练、写剧本，聘请专业辅导教师进行指导。精心排练的课本剧受到了各级领导、家长的赞扬，在郑州市课本剧比赛中夺得了冠军。经典剧目《音乐之声》《小红帽》《九色鹿》三部课本剧，已成为学校经典剧目。2007年成立的"爱乐"管乐团，开始实施管乐班的尝试，在一年级选取一个班作为学校的管乐特长班，除了参加学校的管乐团训练外，每周选取四天的下午作为常规的管乐训练课。"小百灵"合唱团自2008开始组团，2009年春节，就受邀参加了"中国·香港"第四届童声合唱节并获得"希望之星"

大奖。"雏鹰"田径队在全市、全区各项比赛中屡摘桂冠。

几年来，学校的校本课程已经有了较大发展，共有红领巾艺术类社团、工艺制作类社团、文学创作类社团、体育运动类社团、环境保护类社团、社会实践类社团6大类小社团。此时学校仅仅是从社团活动和综合实践学科方面进行探索实施，尚未形成整体的课程体系，处于课程改革的萌芽期，但前期的探索，为后期的发展积累了部分经验。

二、初步形成体系

在乐享课程建设初期，"文一"的校本课程开发立足于多元化和丰富性，这一主导思想推动乐享课程走向了繁盛。学生在丰富的课程选择和活动参与中体验到了快乐；教师在多元的课程开发和实施中转变了课程观念，积累了课程建设经验；学校在课程实施过程中提升了课程领导力，存储了课程发展能量。但随着课程改革的动态发展和学校高品质课程开发的需要，课程"低层次徘徊"的问题日益凸显。破解问题的本质指向了"课程文化"，缺失文化支撑和文化内涵，缺少文化滋养的课程暴露出羸弱的生命力。

时间走到2014年，优化课程体系，提供既营养又美味的课程，逐渐成为学校管理的工作中心。然而，课程建设是一项高理论水平和实践能力相融合的工作，仅依靠本校师资力量已无法实现高品质的课程建设。学校与北京玉泉小学建立长期合作关系，并聘请华中师范大学毛齐明教授、河南教育学院任民教授为课程顾问，为学校课程发展把脉问诊。学校汇集多方专家，在传承"文一"原有学校文化精髓的基础上，构筑了"乐享教育"文化体系，在此文化体系统领下，乐享课程也扎下了文化根基，形成与"乐享教育""快乐学习，共享精彩"一脉相承的乐享课程，"体验快乐，幸福共享"文化核心——明确规定以体验快乐为形式，以幸福共享为宗旨的课程理念；形成与校训"以文化人、知行合一"相融合的课程理念——用优秀的课程润泽出理想状态的人，使之达到学习与实践的统一。明确"课程"在学校中的关键地位，形成与育人目标相支撑的课程目标——以国家基础课程塑造阳光品质，以校本课程让学生的校园生活过得精彩和幸福。

原有的课程体系从合作精神、人文精神、科艺素养、传统文化、国际素养五个方面对校本课程总目标进行了描述，虽具体，但缺乏课程类别的针对性和区别度，束缚了课程向高品质的发展。于是，在专家的高位引领下，学校课程中心对课程体系进行"健康体检"，在"乐享教育"核心文化统领下，对课程结构进行了重新构建，把乐享课程设置为基础型、拓展型、研究型三大类五十多门课程，使课程体系日臻完善，结构趋于合理，更贴合学校课程发展方向，具体架构如图4-1所示。

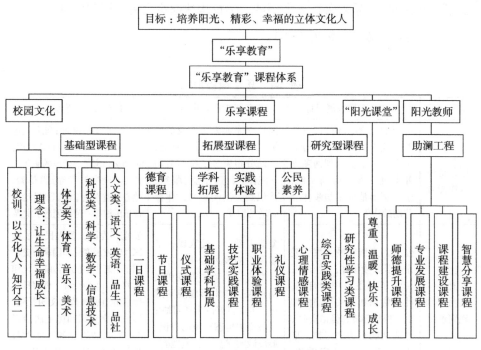

图4-1　乐享课程初期体系架构

三、完善课程体系

教育进入新时代，新技术和新理念正在冲击着传统的教育形态。《中国学生发展核心素养报告》发布，明确提出了面向未来我们应该培养的人才素养标准。现有的课程不能满足新时代学生全方面发展的需求，有待对现有课程重新规划开发，使课程符合新时期学生素养发展的要求。

学校从整体课程观的角度，再次对课程体系进行了"学校整体课程"的规划与实施，根据育人目标进行了课程结构划分，把国家课程和校本课程进行了统整，构建了学科课程群，实现了课程与学校教育思想和育人目标的深度契合，课程建设完成了从校本走向本校的改革。基于育人目标，本着"乐享教育"的追求，结合长期的课程实践，把课程分为"乐之言""乐之韵""乐之慧""乐之创""乐之善"五大领域，学校构建起更完善的课程体系。

学校确立的课程目标见表4-1。

表4-1　乐享课程目标

课程目标	低年级学段发展目标	中年级学段发展目标	高年级学段发展目标
仁： 服务精神 合作能力	学习自己的事情自己做，能在他人的帮助下进行分工合作；学会一到两项家务劳动，参与劳动实践，乐于帮助他人；初步体会劳动的快乐	能独立完成力所能及的事情；掌握一定的生活技能，主动分担家务；参与劳动实践体验，热心志愿服务；认识到劳动的意义，体会劳动的快乐	熟练掌握生活技能；能和同伴进行分工、合作；有责任意识，主动承担家务、学校的服务工作；主动参与劳动实践体验，热心公益事业；认识到劳动是快乐的根源，劳动创造了世界
礼： 文明素养 规则意识	爱党、爱国、爱人民，爱亲敬长，爱集体，爱家乡；初步了解生活中的自然、社会常识和有关祖国的知识；保护环境，爱惜资源；养成文明行为的习惯，形成自信向上、诚实勇敢、有责任心等良好品质	爱党、爱国、爱人民，了解家乡的发展变化；理解日常生活的道德规范和文明礼貌，初步形成规则意识，养成良好的生活习惯；具备保护生态环境的意识，形成诚实守信、友爱宽容、自尊自律、乐观向上等良好品质	爱党、爱国、爱人民，了解家乡的发展变化和国家历史常识；了解中华优秀传统文化和党的光荣革命传统；理解日常生活的道德规范和文明礼貌，形成规则意识和民主法治观念，养成良好生活和行为习惯；具备保护生态环境的意识，形成诚实守信、友爱宽容、自尊自律、乐观向上等良好品质

课程目标	低年级学段发展目标	中年级学段发展目标	高年级学段发展目标
智： 知识技能 创新能力	喜欢参与学习活动；能就感兴趣的内容提出问题，能联系生活经验进行学习	有浓厚的学习兴趣；能独立思考，表达自己的感受、观点，有与他人不一样的解决问题的方法与策略；在家庭、学校生活中，尝试运用所学知识和能力解决简单问题	有较强的独立学习能力；能利用图书馆、网络等信息渠道获取资料，解决与学习和生活相关的问题，并写出简单的研究报告；能策划简单的校园活动和社会活动，关注身边的社会现实问题，有自己的观点
和： 运动健康 身心和谐	喜欢参与体育锻炼；初步掌握简单的技术动作，形成正确的身体姿势；感受体育活动给自己的生活带来的乐趣；掌握简单的1~2项运动技能	养成坚持锻炼的习惯，形成健康的生活方式；发扬体育精神，形成阳光开朗的生活态度；基本掌握2~3项运动技能	主动参与、规划体育活动，形成灵敏、力量、耐力、协调等身体素质；形成乐观、坚韧、向上的性格；熟练掌握2~3项体育运动技能，有自己的特长项目
艺： 艺术风度 美学修养	喜欢唱歌、乐器演奏、舞蹈、画画等艺术活动，感受艺术活动给自己带来的愉悦情绪；积极参与艺术活动，掌握简单的音乐、美术基础技能	对参与艺术活动有浓厚的兴趣；欣赏名家作品，感悟经典，有一定的欣赏美、鉴赏美的能力；善于将好奇心转化为浓厚的兴趣，从而培养自己高雅的生活情趣	提高艺术方面的综合素养和能力，积累艺术文化深厚底蕴，激发对艺术的热爱之情，对美好生活的追求、乐观的生活态度和健康的心理；有自己的兴趣、爱好、特长，艺术融入生活，成为生活的一部分

第二节　乐享课程的实施与评价

乐享课程以"乐享教育"理念为价值引领，通过建设课程文化、细化课程目标、构建课程体系、丰富课程路径、建立保障机制等多项举措有效实施，深化育人关键环节，转变育人方式，切实提高育人水平，促进学生德、智、体、美、劳全面发展。学校乐享课程的逻辑结构如图4-2所示。

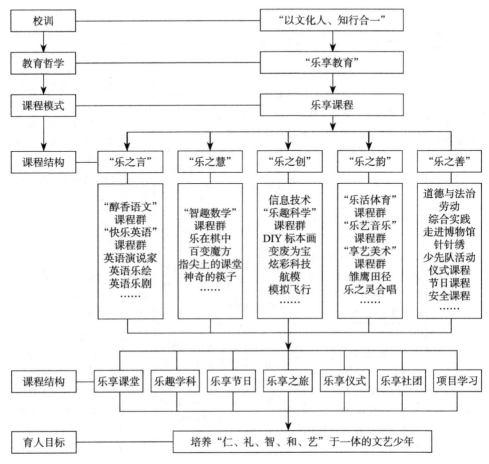

图 4-2　金水区文化路第一小学乐享课程逻辑结构

一、乐享课程多元实施的依据

乐享课程的多元实施以国家、地方的课程原则为基本依据。

2001 年 6 月 8 日，教育部颁布《基础教育课程改革纲要（试行）》（以下简称《纲要》），标志着 21 世纪我国基础教育新一轮课程改革（简称"新课程改革"）拉开序幕。时至今日，新课程改革经历了"从表层到深层，从文本到

实践的深化过程"，这个深化过程意味着课程改革进入"深水区"。❶

2014 年教育部发布的《关于全面深化课程改革落实立德树人根本任务的意见》中提出："课程是教育思想、教育目标和教育内容的主要载体，集中体现国家意志和社会主义核心价值观，是学校教育教学活动的基本依据，直接影响人才培养质量。"

2019 年 1 月 23 日，中共中央全面深化改革委员会第六次会议审议通过了《关于深化教育教学改革全面提高教育教学质量的意见》（以下简称《意见》），使得"深化教育教学改革"进入"新常态"。

2022 年教育部发布的《义务教育课程方案（2022 年版）》中提到："加强课程内容与学生经验、社会生活的联系，强化学科内知识整合，统筹设计综合课程和跨学科主题学习。加强综合课程建设，完善综合课程科目设置，注重培养学生在真实情境中综合运用知识解决问题的能力。开展跨学科主题教学，强化课程协同育人功能。"❷

"地方课程由省级教育行政部门统筹规划，学校依据省级义务教育课程实施办法，立足本校办学理念，分析资源条件，制订学校课程实施方案，注重整体规划，有效实施国家课程，规范开设地方课程，合理开发校本课程。""校本课程由学校组织开发，立足学校办学传统和目标，发挥特色教育教学资源优势，以多种课程形态服务学生个性化学习需求。校本课程原则上由学生自主选择。"❸ 这就明确了地方课程由省级教育行政部门负责规划，校本课程由学校组织开发。

"加强知识学习与学生经验、现实生活、社会实践之间的联系，注重真实情境的创设，增强学生认识真实世界、解决真实问题的能力。"❹ "为使学生在

❶ 朱文辉 . 新课程改革：从"深水区"到"新常态"——由"穿新鞋走老路"引发的思考 [C]. 第五届基础教育改革与发展论坛论文集 .

❷ 中华人民共和国教育部 . 义务教育课程方案（2022 年版）[M]. 北京：北京师范大学出版社，2022.

❸ 中华人民共和国教育部 . 义务教育课程方案（2022 年版）[M]. 北京：北京师范大学出版社，2022.

❹ 中华人民共和国教育部 . 义务教育课程方案（2022 年版）[M]. 北京：北京师范大学出版社，2022.

普遍达到基本要求的前提下实现有个性的发展，课程标准应有不同水平的要求，在开设必修课的同时，设置丰富多样的选修课程，开设拓展类课程。"❶根据课程的难易度分层，满足不同层次学生发展的需求。

2023年5月9日，《教育部办公厅关于印发〈基础教育课程教学改革深化行动方案〉的通知》要求"有组织地持续推进基础教育课程教学深化改革"，将国家统一制定的育人"蓝图"细化为学校的育人"施工图"。

国家的政策为促进学生的个性发展的需求，提出实施多元化的课程理念，落实多元化的课程供学生选择。

二、乐享课程的实施路径

学校建构立体多元的课程实施与学习方式，通过"阳光课堂""乐享学科""乐享节日""乐享之旅""乐享仪式""乐享社团""项目学习"七个路径实施乐享课程，并依据不同的实施路径进行适切的评价设计。以丰富的课程和学生喜欢的实施方式给学生的学习生活注入快乐元素，促使师生活泼、主动地发展，共享成长幸福旅程。

（一）构建"阳光课堂"，有效实施课程

课堂是推进课程实施的主要途径。学校遵循"用快乐心态共享生命精彩"的"乐享教育"理念，在长期的课堂教学实践中，构建了"阳光课堂"形态。

1."阳光课堂"的要义

"阳光课堂"从学生认知特点出发，以生命成长为根本，让学习回归学生生活，致力于实现学生乐学与教师乐教的统一，把学习过程变成师生共享生

---

❶ 中华人民共和国教育部. 义务教育课程方案（2022年版）[M]. 北京：北京师范大学出版社，2022.

命成长的快乐过程。在"阳光课堂"上，学生在轻松和谐的氛围中，习得知识的同时收获向善向上的情感体验和心灵感悟，促进思维发展和精神成长；教师在"阳光课堂"上读懂学生，研究学生，寻求最佳的教学方法，使课堂变得兴趣盎然，舞动教育灵性，师生乐在其中，共享最美的童年时光。

2. "阳光课堂"的文化核心

依据"阳光课堂"的要义，学校倡导在课堂上体现"尊重、温暖、快乐、成长"四大文化核心。

（1）尊重。教学中教师用尊重营造自由、平等、和谐的氛围，从儿童的视角走进学生的内心、研究学生的兴趣和学生的情感，真正了解学生们的需求，寻找到最佳的教学方法。

（2）温暖。课堂教学中教师用温暖化育童心，在润物无声的师生对话、交流分享中进入真情交融的境界，让学生在童心化育的过程中得到释放，重拾童趣和天真。

（3）快乐。课堂教学中运用多种方式，营造快乐氛围，引发学生的好奇心，唤起学生思考，让学生在质疑、对话、探究、分享、创新中学会学习，有效地促进学生学科能力和学科素养的提升和发展，享受知识带来的快乐，实现学生乐学与教师乐教的统一。

（4）成长。在课堂教学中，遵循学生身心发展和教育教学规律，使学生在学习过程中体验到愉快和幸福，把师生关系变成合作伙伴的关系，把教育和学习的过程变成师生共享生命成长的过程。

3. "阳光课堂"的教学要素

"阳光课堂"倡导以学生学习为中心，激发和维持学生自主学习及自我实现的过程。经过多年的实践探索，"文一"形成了"乐享课堂"教学形态的基本模型（图4-3）。

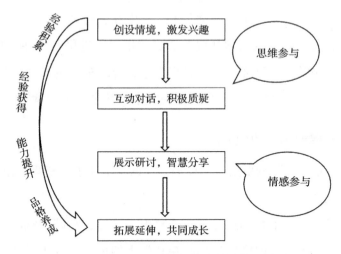

图 4-3 "阳光课堂"教学形态的基本模型

此模型环环相扣、循序渐进，促进学生深度学习。结合课堂教学实践，提炼出乐享课堂四流程：

第一，资源支撑，充分先学。学生利用广泛的学习资源充分地进行先学，还学生学习的自主权，调动学生自学热情。

第二，互动对话，积极质疑。学生在教师的组织和引导下讨论和交流，将先学内容与同伴交流互动，在交互的对话中，互相质疑，共享集体思维成果，完成对所学知识的建构。

第三，展示研讨，快乐分享。在交流互动之后，学生将已习得的知识在全班进行展示分享，自我纠正，自我提高，体验共享之乐。

第四，拓展延伸，共同成长。这是对师生学习成效的延展，也是对教学目标的监测与评价，更是将学习内容的扩展与应用，它真正体现了师生的教学相长，共同成长。以学生的生成作为"蓝本"，在独立建构的基础上，思维相互碰撞，逐步对知识进行完善。通过交流展示，在师生的思辨中逐渐明晰、建构知识网络。

【课例一】

张老师执教的省级优质课六年级《数学》"扇形统计图"一课，依据2022年版课程标准的要求，在学习扇形统计图时，让学生体会学习的必要性，会解释统计图表达的意义，能根据图中的数据作出简单判断和预测。依据"阳光课堂"构想，通过真实的生活情境，让学生开展调查研究活动，经历收集数据、整理数据的过程，凸显的四个关键步骤分别为：

第一步：资源支撑，自主学习。

学生根据笑笑家一天各类食物的摄入统计表，在数据中发现关键信息，自主计算出各类食物占总摄入量的百分比，初步认识扇形统计图。

第二步：对比分析，互动质疑。

全班同学分组合作，发现各种口味酸辣鱼底料配方统计图中的规律，提出有现实意义的问题，写出解决问题的过程，最后上传小组的学习成果，小组间互动对话，相互质疑，并对其他小组的学习成果进行评价。

第三步：动手绘制，展示分享。

学生自主制作扇形统计表，并在全班内分享自己的做法。

第四步：巩固应用，拓展提高。

收集各种调查统计信息，发现并提出问题，开展微项目研究学习，达到课堂的拓展和延伸。

案例分析：本课例很好地契合"阳光课堂"教学四步流程，让学生利用学习资源，在自学的基础上，根据数据进行计算，充分自学。从学生的自主建构开始，以学生的生成作为"蓝本"，在独立建构的基础上，全班同学相互质疑，逐步对知识进行完善。通过全班的交流展示，在师生的思辨中逐渐明晰扇形统计图的特征，了解扇形统计图制作背后隐藏的算法，引导学生在探究学习过程中学会合作、学会思考、学会表达，注重培养学生的数据应用意识。

【课例二】

杨老师执教的抒情散文课《我和祖父的园子》一课，在课前教师引导学生充分自学、预习课文，以此发展学生学习能力，提高课堂效率。在课堂上，杨光老师按照：

1. 问题导引，整体感知

以"这个园子是谁的？"为题引起学生的兴趣，再以"这个园子有什么特别之处令作者念念不忘？"激起学生品读文字，从字里行间中去感悟、品悟。

2. 范读欣赏，引入情境

语文离不开一个"读"字，文质兼美的散文更离不开"读"。杨老师范读描写园子景物的段落，令学生仿佛身临其境，增强了学生阅读的兴趣。

3. 扣住文本，深入挖掘

学生围绕中心句，对文本细细研读，抓住关键词语品读感悟，不仅感受到园子景物的"自由"，更是体会到作者清新自然的语言风格和排比、拟人等修辞手法的巧妙运用。

4. 自主探究，品读赏析

当学生悟出园子的特点是"自由、活力、快乐"之后，再以"你从文中哪些地方感受到作者自由快乐的童年生活？画出相关词句，写写体会"。引导学生再次品读课文，主要关注细节描写。文中"自由"可谓文眼，扣住文眼，引领学生，走进文本，研读文本。由浅入深，使学生对"自由"的理解逐步深刻与丰满，帮助学生体会浅显的文字背后的意蕴，也使教学如同一篇散文，形散神聚。

5. 适度拓展，书写真情

学生通过品读课文，感悟到了小萧红快乐的童年生活，巧妙地用诗歌的形式总结课文内容。此外，节选文本的阅读只有回到整个作品中才能有更加深刻的理解，才能更为准确地把握文本的情感，才能读出文本的厚度。《我和祖父的园子》节选自萧红的《呼兰河传》。在学生品读文本之后，杨老师补充了萧红的简介和《呼兰河传》的片段。学生经过阅读，感悟到作者在书写童年快乐的同时，其实在抒发自己对自由和快乐的追求与向往。

案例分析：杨老师的阅读教学五部曲，带领学生潜心品读语言，感悟语言内涵，把课堂教学看成是师生的一段共同的人生经历，是其生命意义的构成部分，同时又让生活成为学生学习的教材，让社会成为学生学习的课堂，鼓励学生把教材与生活联系起来，鼓励学生到大自然中去学习，到社会实践中去体验，到集体活动中去感情，把更多的时间和空间留给学生去探索。

这个阅读教学五部曲，最大限度地把课堂还给学生，给学生创造了一种自主、合作、探究的学习方式，让学生享受到了思索带来的快乐，更用语文培植了一个人的精神。

【课例三】

刘老师在执教综合实践活动课程《种植绿色植物》一课时，因这是一节方法指导课，而怎样把"实践"落到实处，是活动过程中的难点。综合实践活动课程要求学生通过自主性、研究性的学习和亲身实践，在教师指导下，从自然、社会和生活中选择和确定专题进行研究，获取多种直接经验，掌握基本的科学方法，提高综合运用所学知识解决实际问题的能力。

通过我校综合组教师的多次研讨和反复实践，我们确定了综合实践活动"实践操作"类方法指导课的基本教学模式为：

1. 回顾前期活动，导入新课

综合实践活动课要在体验中存续，不是"成人把事先准备好的一套规范，用'你该这样，不该那样'的方式告诉学生，然后用外部强化手段逼迫学生将之'内化'"。因此，综合实践活动的方法指导课应该是"对话"，而非简单的"传授"。

本节课中，关于种植方法，刘老师没有直接讲解，而是通过前期学生的自主活动，使学生利用调查、网络查询的方式，了解了种植绿色植物的两种基本方法和种植材料。自由选择种植植物和种植方法，初步拟订小组的种植计划表，准备了种植的工具和材料。这样使学生充分地掌握了学习自主权，并对实践种植的操作有了一定的了解，为实践活动做了极好的铺垫。

新课导入时，教师首先回顾前期活动，然后以"怎样才能掌握一种适合自己的科学有效的种植方法？"调动学生质疑，极大地激发了学生的探究欲望。

2. 创设讨论情境，明确方法

首先创设了一个讨论交流的情境，实践操作课，先要对实践方法进行指导。因此，上课时，教师首先创设一个讨论情境，对学生的方案组织反馈，进行技术论证。先请两个小组的代表，拿自己的植物种子和种苗以及工具，现场演示。引导学生对设计的种植计划进行思考并集体交流研讨，在交流中论证种植计划的合理性、科学性等，最终达到学生之间不同方案的补充和优化，同时在技术研讨中培养学生思维的缜密性，这极大地促进了学生之间的交流、互动，教师适时点拨，真正起到了"导"的作用，使各组深入了解了适合自己小组的科学有效的种植方法。

3. 小组讨论交流，完善计划

明确科学有效的种植方法之后，教师请小组长带领组员研讨和修改本组的种植计划表，教师巡视，关注到每一个活动小组，适时指导，然后进行展示、交流，最终确定种植计划。

4. 小组根据计划，实践操作

种植计划方案确定可以物化后，教师、小组长带领组员进行实践操作，组长记录操作中出现的问题和活动感受。在具体运用工具种植时，因不同学生的动手操作能力存在着差异，巡视时，教师抓住这种随机生成的教学资源，对学生进行指导，鼓励学生在实践活动时要互帮互助。发现学生操作中的困难和闪光点，及时加以帮助和表扬。

种植完成后，请各小组在全班交流互动，展示自己种植的植物，分享活动中的发现与感悟，从而体验到成功的快乐，更体会到合作的快乐。

5. 总结本节要点，布置后续

实践结束后，教师进行课堂总结，帮学生厘清本次活动的重点和关键知识点，并且布置课后作业，进行课堂的拓展延伸，使本次的学习成效得到延展，师生得到共同成长。

对于综合实践活动课来讲，"学生的起点才是课堂的起点"，同时，"教师的水平才是课堂的效度"。教师一定要在"互动对话、交流改进、有效指导"等方面尽心尽力，才有可能打造有趣、有序、有活力的高效课堂。

案例分析：通过以上课例不难发现："文一"的"阳光课堂"是立足于学生发展基础上，通过双向（师、生）目标的互动，一是让学生明确自己的学习任务，二是通过学习目标激发学生的学习热情，以培养每一个学生自主学习、合作交流、质疑解疑的能力，让每一个学生都能主动参与其中，成为乐学的主人，让每一个教师都主动参与其中，成为敬业进取的主人，让课堂教学真正成为教师组织指导下学生高效互动学习的过程。

4. "阳光课堂"的评价要求

"阳光课堂"围绕"尊重、温暖、快乐、成长、创新"的五个核心价值，经过研讨实践、专家凝练，以百分比赋予各维度不同权值进行科学评价，见表4-2。

表4-2　金水区文化路第一小学"阳光课堂"评价量表

课题				执教人		评课人		班级	
维度		A		B		C		D	
		85~100		75~84		60~74		少量达到或未达到	
教有所长	尊重 30分	目标明确：学习目标的制订明晰、准确，叙写规范，目标具体可测评 以学定教：以学生为中心，切实贯彻"以学定教"原则，倡导"先学后教" 因材施教：课堂教学的各个环节关注学生差异性，兼顾各个层面的学生							

续表

课题		执教人		评课人		班级	
维度		A	B	C	D		
		85~100	75~84	60~74	少量达到或未达到		
教有所长	温暖 20分	活动自主：体现"自主发现问题，提出问题，分析问题，解决问题"的原则。 赏识激励：关注学习过程，课堂评价及时、准确、丰富，以激励、欣赏为主。 寓教于乐：教态自然亲切，语言亲和，方法灵活					
学有所得	快乐 20分	互帮互学：有效进行小组合作学习 乐思善述：学生的思维有广度和深度，勇于发表自己的观点，乐于听取别人的意见 积极参与：在学习过程中学生积极、投入，气氛活跃					
	成长 20分	知行合一：重知识与能力的综合、过程与技能的转化、体验与品质的过渡 目标达成：体现"教—学—评"的一致性，学习目标达成度高					
	创新 10分	恰当运用电子白板等多媒体、理念先进、教师创教、学生创学、课堂中有创新点					

（二）建设"乐享学科"，丰富学校课程

学校通过"乐享学科"建设，构建起各学科的课程群。通过课程群实施，提升学科教学品质。

1."乐享学科"建设路径

根据学校师资力量，结合教师自身特长，以所授科目为原点，按照"1+X"模型组建学科课程群，形成"乐享学科"。"1"是指整合后的基础性课程，"X"是指基础性课程的拓宽与延伸。课程群的实施基于各学科课程标准，是对基础课程的强化和夯实，是一个主题明晰的内容系列，是采用多样的、相对固定的形式与时间的"微课程"。通过这些课程的实施，激发学生的兴趣爱好和学习潜能，促进学生对基础课程的学习效能提升。

（1）"醇香语文"课程群。

"醇香语文"课程群以带领学生进入美丽的语言文字世界，通过了解汉字故事、练习汉字书法，感受中国传统文化的魅力，增强对传统文化的热爱。学生还通过诵读，读出感情、读出氛围，在与书籍的对话中，产生更加浓厚的学习兴趣。该课程依据语文学习的规律分不同的年级进行梯度设计。除基础课程之外，"醇香语文"课程设置见表4-3。

表4-3 "醇香语文"课程设置

年级	学期	识字写字	阅读（经典诵读、品味阅读）	口语交际	写作表达	综合性学习
一年级	上学期	笔画乐园	《三字经》	妙趣绘本	能说会道	话里话外	小店名大世界
	下学期	笔落字秀	《百家姓》	童话润童心	语海帆影	荷韵心语	积露为波
二年级	上学期	典字成金	《弟子规》	荟读故事	口随心动	笔端接力	农家十二月
	下学期	字里行间	《增广贤文》	寓理于言	追梦工厂	自然显微镜	二十四节气
三年级	上学期	笔行天下	《品阅唐诗——四季》	漫话成语	故事会	这儿真美	有趣的汉字
	下学期	汉字DIY	《品阅唐诗——家国》	趣谈历史	聊聊中国"结"	我的发现	有趣的汉字
四年级	上学期	汉字演变	《美妙唐诗——咏月》	文读有约—走进神话	小豆丁侃神话	童手写童心	妙趣楹联
	下学期	趣说汉字	《美妙唐诗——山水》	仰望星空—走近名人	小豆丁聊自然	小屁孩谈心声	大自然的启示
五年级	上学期	形体字匠	《韵味宋词——稼轩长短句》	梁山英雄	水浒故事	妙笔浅语	说名道姓
	下学期	象形韵坊	《韵味宋词——东坡乐府》	追踪溯源	我是演说家	诗歌小达人	生命之源
六年级	上学期	入木三分	《韵味宋词——四季篇》	险处求生	焦点访谈	名品赏析	足迹采撷
	下学期	行云流水	《韵味宋词——人物篇》	共赏三国	七嘴八舌	笔耕历程	我的毕业绘本

语文学科："醇香语文"课程群建设案例

"醇香语文"让学生在语文学习过程中，获得成就感、美感，体验语言文字、文化精神的魅力，从而唤醒精神生命，打好童年的精神底色。金水区文化路第一小学语文学科以"丰富学生精神世界"为课程开发的理念，以"醇香课堂"为平台，引领学生在语言的建构与运用中，积累语言、发展思维、启迪智慧、丰盈精神世界。

一、问题的提出

"醇香语文"为儿童创设浓厚的文化场景、搭建立体的阅读空间，让语言实践、思维发展、智慧启迪、精神生长，在环境的滋润中焕发内生力量，荡涤心灵，温润童心。

二、解决问题的过程与方法

围绕"为心灵留香"的学科理念，积累丰富语言，发展创新思维，促进精神成长，达成"博文、精思、尚美"的语文课程目标，全面协调发展学生语文素养。

（一）现状分析

"文一"始建于1927年，由冯玉祥废庙立校而来。"文一"经历了90多年的历史传承与文化熏陶，积淀了丰厚的文化底蕴，为学校语文课程的深入开发实施提供了先天优势。

（二）顶层设计

"醇香语文"树立大的语文观，进行科学、规范的顶层设计。一是文化统领，提升语文素养；二是环境优化，营造阅读氛围；三是课程建设，丰厚书香底蕴；四是乐阅活动，乐享阅读感悟。

（三）多维开发

充分利用已有资源，积极开发潜在资源，实现多种资源共享，创设丰富语文实践环境，开展多种形式的语文学习活动。

1.社区资源

"文一"附近的河南博物院等，为学生提供了丰富的课程资源和实践基地。

2. 校际资源

河南省实验中学、郑州市第九中学、郑州市教工幼儿园紧密相连，幼、小、中三校课程资源交流。

3. 校区资源

各校区校情不同、学情不同，搭建课程研发平台，在平台上共同研发、分享课程资源。

4. 家长资源

通过一日课程、家长开放日、项目学习、研究性学习等形式实现课程资源共享。

三、成果的主要内容

"醇香语文"通过丰富多彩的社团课程、实践活动等多种实施路径，拓展学生语文学习的空间，增强学生在各种场合学语文、用语文的意识，获得心灵滋养，提升语文素养，具体如下。

（一）构建"醇香课堂"，走向语文深处

"醇香课堂"创设多种语言环境，进行不同的语言实践活动。其基本要求和评价要求如下。

1. "醇香课堂"的基本要求

一是资源支撑，充分先学；二是互动对话，积极质疑；三是展示研讨，快乐分享；四是拓展延伸，共同成长。课堂四个步骤，不是简单相加，按部就班，而是以学定教，互相融合，和谐统一。

2. "醇香课堂"评价标准

"醇香课堂"从"因材施教""学有所获"两个维度出发，充分尊重学生的立场和观念，注重学习的规律和精神的成长。

（二）建设"醇香社团"，品味语文醇香

"醇香社团"通过"墨迹溯源""汉源文字""小记者训练营"等社团，进行语文综合性学习，丰富学生文化生活，提升学生人文、艺术素养。

1. 社团活动内容

"墨迹溯源"通过临摹、篆刻课堂实践活动，以及对与书法相关联的多种民族艺术的了解，树立多元的审美观，增加民族自豪感。

2. 社团实施

第一阶段：分年级动员申报社团；第二阶段：社团招募，社团负责教师和社团骨干成员，按人数招募，学习社团章程，制订社团活动计划；第三阶段：团队成员根据活动方案设计进行活动课程实践。

3. 社团评价

为了提升社团活动实施效果，"醇香社团"组织各社团进行展示交流。主要包括活动计划、实施方案、过程资料（活动记录、图片、音视频资料）等。

（三）开发"研学课程"，拓宽语文视野

"研学课程"是对课堂教学实施路径的延伸和补充，这样的课程生动有趣，对学生有着巨大的吸引力和影响力。其具体的实施与评价如下。

1. 课程内容与实施

"森林课堂"主要包含"植物科普""快乐游戏""拓展区活动""实力比拼"四大版块。

2. 课程评价

根据学生的认知特点梯度规划了丰富多彩的课程内容，将场馆学习和走进自然结合，注重考查学生的语文综合运用能力、探究精神与合作态度，让学生在具体的实践中进行真实的学习。

（四）开展"乐阅活动"，丰富语文生活

阅读实践不仅在于文化环境、课程开发等，更在于丰富多彩的乐阅活动，让生活中因为有了阅读实践活动，才更具有活力，更能彰显生命的精彩。

1. "乐阅活动"内容与实施

"乐阅活动"让学生的阅读生活丰富起来，让阅读贯穿学生每天的生活，让阅读成为学生终生习惯。一是学生乐阅，丰富阅读生活；二是文化活动，享受阅读生活；三是基地实践，拓宽阅读体验。

2."乐阅活动"评价

"阅读榜样"的评选是"文一"学生阅读方面的最高荣誉。一是班级层面，以过程性评价为主，终结性评价为辅；二是学校层面，通过古诗文过关，评选诗词小榜样，每月、每学期评选"阅读榜样"。

（五）依托"项目学习"，推进学科融合

学校因地制宜，充分发掘现有资源——"知行苑"实践基地，开展"知行苑的故事"项目化学习。

1.内容与实施

依据季节设置项目学习内容，在时令季节进行综合性实践活动，形成"'知行苑故事'项目报告书"。

2.项目评价

项目化的评价应是多元和丰富的，要求运用过程性、总结性等评价方法进行综合评价。具体评价见表1。

表1　"项目学习"评价表

评价目标	评价类型	评价方法与工具	评价者
核心知识	过程性评价 总结性评价	纸笔测试 量规	教师
学习实践参与情况	过程性评价	资料整理、学习单	自己、同伴、教师
学习过程成果	过程性评价	项目计划书、项目设计、量规	自己、同伴、教师
项目最终成果	总结评价	最终研究报告、成果报告量规、展示汇报	学生评估团队、外请专家、家长、教师

（六）运行"阅读平台"，提升语文品质

校园阅读社区借助"信息技术"实现线上线下阅读，根据线上检测数据，进行数据分析，给出个人阅读报告单。

四、效果与反思

我们追寻着"丰富精神生命"的教育理念，引导学生丰富语言积累，培养语感，发展思维，通过优秀文化的熏陶，修身养性，积聚能量，促进学生和谐发展，提高其思想道德修养和审美情趣。

（一）实施与成效

（1）通过开展语文教师沙龙座谈教研，分享学校教师的经验，开展问卷调查，增强了小学生对识字、阅读、写作的兴趣，自主识字、阅读的方法。

（2）提高课堂教学的效率。课题组成员掌握有效提高课堂教学效果的新策略、新方法、新模式。

（3）不断创新、反思。尝试各种新的教学方式方法，总结反思，寻找更加高效有趣的识字教学方法、教学研究相应的评价方式，研究试用，深化课题研究层面。

（4）增加学生实践学习的机会，将场馆学习和走进自然结合，注重考查学生的语文综合运用能力、探究精神与合作态度，让孩子们在手脑并用的实践中进行真实的学习。

（二）有待进一步研究的问题

我们追寻着"丰富精神生命"的教育理念，充分考虑学生的兴趣，挖掘各种教学资源，将学习的自主权还给学生。我们在具体课堂教学中，有一些建议和思考。

（1）理论与实际相结合。在把握研究主题的情况下，注重在真实的课堂教学中，在个案研究上突出重点，总结归纳"醇香语文"的有效策略，发挥个案的引导性作用。

（2）采取课堂教学与策略的研究。以课堂为载体，做到发现问题、研讨问题并解决问题，调动教师的参与性和研究兴趣。

参考文献

[1] 中华人民共和国教育部. 义务教育语文课程标准（2022 年版）[M]. 北京：北京师范大

学出版社，2022.

[2] 温儒敏，巢宗祺.义务教育语文课程标准（2011 年版）解读 [M].北京：高等教育
出版社，2014.

[3] 余文森.核心素养导向的课堂教学 [M].上海：上海教育出版社，2018.

[4] 张悦颖，夏雪梅.跨学科的项目化学习："4+1"课程实践手册 [M].北京：教育科学
出版社，2018.

——作者：郭科强　金　星　王玉平

（2）"智趣数学"课程群。

"智趣数学"课程群是基于数学学科基础知识开发的激发学生学习兴趣、发展学生思维水平、培养学生创新能力的系列课程组合。除基础课程之外，"智趣数学"课程设置见表4-4。

表 4-4　"智趣数学"课程设置

课程设置	智趣运算（数与代数领域）	智趣创意（图形与几何领域）	智趣统计（统计与概率领域）	智趣体验（综合与实践领域）
一年级上学期	易加易减	快乐拼搭（一）	整理我能行	家中数学
一年级下学期	百数能手	快乐拼搭（二）	无	小伙伴分家
二年级上学期	口算小能手	风筝的秘密（一）	环保小卫士	购物小达人
二年级下学期	除除有余	风筝的秘密（二）	完善图书角	我来当向导
三年级上学期	计算小行家	校园中的测量	无	制作年历
三年级下学期	易乘易除	小小调查员	精彩足球赛	对称美学
四年级上学期	巧算专家	旅游路线图	生日 party	节约用水
四年级下学期	易学算术	探秘内角和	生长的秘密	"砖"家
五年级上学期	加减乘除	壁纸设计师	设计游戏规则	设计旅游方案
五年级下学期	妙趣算算算	巧手包装	环保监测员	生活中的数学
六年级上学期	数学百分百	生活中的"圆"	家庭消费我参与	旅行中的数学
六年级下学期	玩转数字	小小创意师	我的变化我知道	妙笔绘图

数学学科："智趣课堂"课程群实施案例

"智趣课堂"是在郑州市金水区文化路第一小学"阳光课堂"框架内，秉承"让生命幸福成长"的办学理念而构建的课堂形态。"智趣课堂"遵循"阳光课堂""尊重、温暖、快乐、成长"的核心理念，旨在追求"智从趣生，趣由智始，智趣共生"的境界，使学生在智学、善思、乐享的学习过程中提升数学素养，在智慧中聪颖，在快乐中成长。

一、问题的提出

目前《义务教育课程方案（2022年版)》《义务教育数学课程标准（2022年版)》已经颁布和实施，在新形势下对教育教学的改革与实践有了新的要求，而由此引发的"双新"下的学校课堂教学理念和实践模式的迭代升级也成为教育理论界和基层学校关注的问题。

作为2001年全国第一批参与基础教育课程改革的"文一"，我校基于"乐享教育"的基本理念，秉承"以文化人、知行合一"的校训，紧紧围绕"培养'仁、礼、智、和、艺'于一体的文一少年"的培养目标，致力于课堂理念的迭代和发展、课堂新形态的探索和实践，在此方面积累了一定的实践经验，但"双新"下的数学学科课堂还处于迭代的过程中，没有明确清晰的设计流程和实施策略。

"文一"数学师资队伍优良，结构合理，数学学科教学质量在区域内属于领先水平，也初步提出了"智趣课堂"的课堂形态，但还存在一些问题：一是"智趣课堂"与新课程标准的融合创新发展的问题；二是指向核心素养培养的"智趣课堂"数学课堂教学新模式的迭代问题；三是智慧课堂支持下的"智趣课堂"新样态。这些都是数学课堂实施的实践问题，是影响数学教学质量的现实问题。

基于对数学课堂问题的反思，我们认为有必要立足学生发展核心素养、学科核心素养，对已有的"智趣课堂"教学理念和实践进行整体规划，在资源整合、资源共享、目标体系、内容体系等方面进行统筹，构建学校数学课堂教学新模式，形成学校特色化课堂教学有效态，从而使数学课成为学校、教师、学生交流共享的，促使学生个性发展的，实现学校持续推进的课堂教学新样态，力求实现课堂的实施与学校课程理念、办学愿景的契合与一致，为师生幸福成长奠基。

二、成果主要内容

"智趣课堂"是"文一"教育集团在郑州市道德课堂框架内，秉承学校"乐享教育"的办学理念，是学校"阳光课堂"形态下的数学学科课堂形态。

"智趣课堂"力图体现"尊重、温暖、快乐、成长、创新"的文化核心，坚守"智从趣生，趣由智始、智趣共生"的学科理念，兼顾"主体性、发展性、创新性、趣味性、参与度"为一体，让学生在智慧中聪颖，在快乐中成长。

（一）"智趣课堂"基本流程

"智趣课堂"倡导教学是激发和维持学生自我学习及自我实现的过程，其实施策略是引发学生的好奇心，唤起学生思考，让学生学会学习。

基于这样的思考，结合数学学科教学实践，我们提炼出"智趣课堂"基本流程：

一是资源支撑，激励探索。二是互动对话，积极质疑。三是展示研讨，智慧分享。四是拓展延伸，共同成长。

（二）"智趣课堂"评价要求

依据"智趣课堂"要素和课堂教学实践研究，逐步建立并完善《"智趣课堂"评价标准》（表1）。

表1　"智趣课堂"评价标准

课题				执教人		评课人		班级	
维度		A		B		C		D	
		85~100分		75~84分		60~74分		少量达到或未达到	
智趣相长	主体性 30分	1.目标明确：学习目标的制订明晰、准确，叙写规范，目标具体可测评 2.以学定教：立足学生已有的经验基础，充分考虑学生的兴趣，根据学习内容，挖掘各种教学资源，创设学生感兴趣的情境，调动学生的学习热情 3.因材施教：课堂教学的各个环节关注学生差异性，兼顾各个层面的学生							

续表

课题			执教人	评课人	班级
维度		A	B	C	D
		85~100分	75~84分	60~74分	少量达到或未达到
智趣相长	发展性 20分	1. 活动自主：体现让学生自主发现问题、提出问题、分析问题、解决问题的原则 2. 赏识激励：关注学习过程，课堂评价及时、准确、丰富，以激励、欣赏为主 3. 寓教于乐：教态自然亲切，语言亲和，方法灵活			
智趣共生	趣味性 20分	1. 互帮互学：有效进行小组合作学习 2. 乐思善述：学生的思维有广度和深度，勇于发表自己的观点，乐于听取别人的意见 3. 积极参与：在学习过程中学生积极、投入，气氛活跃			
智趣共生	实效性 20分	1. 知行合一：重知识与能力的综合、过程与技能的转化、体验与品质的过渡 2. 目标达成：体现"教—学—评"的一致性，学习目标达成度高 3. 管理共生：体现"智从趣生、趣由智始、智趣共生"的学科理念			
创新性 10分		恰当运用智慧课堂、平板、电子拍板等多媒体与设备，理念先进，教师创教，学生创学，课堂中有创新点			

（三）"智趣课堂"下的演进实践

1. "智趣课堂"下的项目式学习

基于项目的学习（Project Based-Learning，简称PBL）是一种教与学的模式，与传统教学方式相比，具有鲜明的特质和要素，其项目化学习强调真实情境、复杂问题、超越学科、专业设计、合作完成、成果导向及评价跟进。

《义务教育数学课程标准（2022年版）》在课程实施中强调，进一步加强综合与实践。综合与实践领域的教学活动，以解决实际问题为重点，以跨学科学习为主，以真实问题为载体，要求适当采取主题活动或项目学习的方式呈现。

项目式学习已成为我校"智趣课堂"实施的重要路径之一，在部分年级采用微项目、学科项目、跨学科项目多种形式进行。

项目式学习在"智趣课堂"的教学实践中,除了以上最基本的"四要素""四流程"外,还具有设计"八要素"、实施"七步骤"、评价"六原则"。

2."智趣课堂"迈向大数据支持的教学

2020年,学校积极开展智慧课堂建设,探索"阳光课堂"文化形态下各个学科课堂与智慧技术深度融合,着力推动教与学方式的变革,提高教育教学质量。

(1)利用大数据进行学情诊断分析。

在"智趣课堂""资源支撑,充分探索"环节中,深度挖掘多维学生数据,依据平台自动生成的精准、可视化的学情分析,动态调整教学预设,以学定教。

(2)开展立体多维的分组合作探究。

在"智趣课堂""互动对话,积极质疑"环节中,学生对任务进行分析与分解,形成学习共同体,借助抢答、随机选人、PK板等平台互动功能,进行立体互动、协作探究,实现思维的碰撞。

(3)基于大数据的智能即时评价。

在"智趣课堂""拓展延伸,共同成长"环节中,基于大数据的分析,为学习者提供多样、动态评价,能够促使教师及时发现问题,调整教学。

三、效果与反思

通过几年来的理解、课堂实践探索,"智趣课堂"的课堂形态在不断迭代演进,成为学校数学学科教学的基本模式。这样的课堂把"想"的时间还给学生,把"问"的权利放给学生,把"讲"的机会让给学生,把"练"的舞台供给学生,给学生提供了自主生长的空间。学生的学习兴趣和自信心得到提高,自主学习能力及合作意识得以增强,学生思维能力得到提升与核心素养得到发展。优化课堂教学,促教师专业能力提升;规范课堂形态,促校本教研品质提升。

四、需要进一步探索的问题

在"智趣课堂"的实践中，积累了一定的经验，但还存在一些问题需要在实践中进一步迭代。例如，新课标背景下，"智趣课堂"在大单元整体教学中应如何实施？随着信息技术与大数据向课堂的渗透，大数据为个性化教学的课堂形态提供了有效的支持，在有限的课堂教学中如何处理好大规模教学与个性化教学的关系等进一步探讨。

参考文献

[1] 中华人民共和国教育部.义务教育数学课程标准（2022年版）[M].北京：北京师范大学出版社，2022.

[2] 李新保.谈创设情境与美育[J].经济与社会发展，2001（10）.

[3] 沈文选，杨清桃.数学思想领悟[M].哈尔滨：哈尔滨工业大学出版社，2008.

[4] 夏雪梅.项目化学习：学习素养视角下的国际与本土实践[M].上海：教育科学出版社，2018.

[5] 侯清珺，王黎超.基于项目学习的学习力培养实践探索[J].今日教育，2018（3）.

——作者：张伟振　王黎超　任庆涛　李瑞芬　李伟强

（3）"乐趣科学"课程群。

"乐趣科学"课程群是基于科学学科的基础知识，以培养小学生科学素养为宗旨，根据《义务教育小学科学课程标准（2017年版）》将科学学科教学内容划分的物质科学、生命科学、工程与技术、地球与宇宙四个部分及小学科学学科核心素养、小学学生的发展特点、学校学生的特质及国家课程开设现状，确定了拓展课程，内容包含四个板块，分别是多彩物质、奇妙生命、炫彩科技、浩瀚宇宙。积极倡导在观察、实验、制作、创新中亲身经历，以培养学生的好奇心和探究欲，发展他们对科学本质的理解，并尝试用于解决身边的实际问题，从而提升学生科学素养。除基础课程之外，"乐趣科学"课程设置见表4-5。

表 4-5 "乐趣科学"课程设置

年段	第一版块	第二版块
1~2 年级段	奇妙生命	多彩物质
3~4 年级段	炫彩科技	多彩物质
5~6 年级段	浩瀚宇宙	多彩物质

科学学科:"乐趣科学"课程群实施案例

随着我国基础教育改革整体推进,改革的重点逐步聚焦在人才培养、育人方式的创新与发展上。面对当前课堂教学中普遍存在"浅层学习"的现象,培养学生深度学习能力成为提高课堂有效性教学的关键。基于此,构建深度学习课堂有效形态对课堂改革来说显得尤为重要。

一、问题的提出

(一)研究的背景

从 2001 年起,小学科学教育在课程改革的背景下经历了由表及里的深层次变革。新科学教育经过 20 余年的摸索前行,取得了十分显著的进步。其中引人关注的变化之一是在课程目标中增加了"科学、技术、社会与环境"目标,这一目标的增设反映了科学教育从"科学理论"到"科学实践"的转变,意味着我们的科学课同国际科学教育发展的趋势一致:在经历了"关注活动过程—关注科学探究—关注科学概念"三个渐次之后,正在步入一个新的时期——作为实践的科学。

(二)研究的意义

以往,我们的科学教学实践普遍比较重视学生的探究活动,并认识到发展学生的探究能力的重要性,但对学生认知能力关注度不足。而学生的证据与理论的协调能力、建模能力和语言能力的发展与认知能力的发展紧密相关,只有这些能力得到发展,学生才能更好地进行科学学习,才能更好地理解科学家提出的理论及这些理论是如何产生的。因此,"作为实践的科学"理念对我国科学教育改革将起到非常重要的借鉴意义。从教育实践的视角展望，科学教学将更加强调"建模、建构科学解释、参与评论与评价"等之前的科学课中很少被重视的重要科学实践行为。

（三）研究的内容

当我们的观念发生了转变，并试图将新观念落实到日常教学实践中去的时候，当我们基于"教—学—评"的一致性思想去设计教学的时候，问题便出现了：在开展上述着眼于认知能力发展的活动时，传统的纸笔测试方式或主观判断很难作出及时、立体的信息反馈。于是，一种测量工具出现在我们的视野当中——评价量规。所谓量规，是对学生学业绩效，包括学习过程中的行为、认知、态度和各种学习结果进行评价的一套标准。它通常与学习目标相关的多个维度规定评价准则和划分等级，并且融定性评价与定量评价于一体。

二、研究方法

本研究主要采用了两种研究方法，分别是准实验研究法和调查研究法。

（一）准实验研究法

当研究者无法随心所欲地在教育情境中采用随机取样方法分派研究对象并控制实验情境时，较为理想的实验设计便是使用准实验设计。本研究采用准实验中的方法设计评价小组同伴评价。评价内容为学生提交的科学与工程实践活动记录或工程作品。

（二）调查研究法

本研究主要采用问卷调查法和访谈法。研究者依据研究涉及的核心概念编制了"核心概念认知问卷"，问卷包含4道选择题和1道开放性试题，目的是了解学生对"科学与工程实践"和"评价量规"的主观认识。通过调查研究法获得的资料是对评价量规效果的有力验证。

三、研究中核心概念界定

（一）科学与工程实践

特别需要强调的是"实践"有特定所指，专指"8种科学与工程实践"。

"8种科学与工程实践"的提出，是为了通过科学实践发展学生研究自然世界的能力，通过工程实践发展学生解决实际问题的能力。

（二）评价量规

所谓量规，是用于评价、指导、管控和改善学习行为而设计的一套标准。量规通常由若干重要元素组成，每个重要的元素都有一个等级指标系用于描述绩效的不同水平。

四、基于"科学与工程实践"的评价量规的开发与应用

（一）评价量规应用于"科学与工程实践"活动的现状

基于"科学与工程实践"的科学教育活动是与国际科学教育接轨的主题，虽然已经提出了一段时间，但在国内小学科学教育领域"听说过"的较多，"研究过"的较少，将"科学与工程实践"作为关键词在中国知网上进行搜索，一般采用准实验的方法设计评价量规中的小组同伴评价。而如果将两个核心概念——"科学与工程实践"与"评价量规"同时键入，未获得一篇相关研究。

（二）评价量规应用于"科学与工程实践"活动的必要性和可行性

1.评价量规应用于"科学与工程实践"活动的必要性

中国学生核心素养中有两个方面与本课题的研究内容有关。其一是科学精神，在"科学与工程实践"的内涵中，正是指向理性思维、批判质疑、勇于探究等基本要素。其二是学会学习，评价量规这种工具的介入会使学习目标具体化、可视化，从而促进学习过程变得更加有针对性。由此可见，以评价量规促科学实践活动的深入开展是十分必要的。

2.评价量规应用于"科学与工程实践"活动的可行性

"科学与工程实践"这一理念的提出使得儿童的科学教育聚焦于核心概念、整合科学与工程、整体化设计与"知行合一"的实践四大特点，这为评价量规的应用提供了信息来源与基础。所以，我们认为评价量规应用于"科学与工程实践"活动推动及开展与优化具有可行性。

（三）基于"科学与实践活动"的评价量规的应用策略

1.师生共同设计，深悟量规内涵

对于评价量规内涵的理解是应用评价量规的前提。所以，在开展"科学与工程实践"活动的过程中，教师基于对教学内容、目标的理解，可以通过组织班级讨论，与学生一起设计评价量规。如此，学生对评价量规的来龙去脉有清晰的认知，才能为后续的使用奠定扎实的基础。

2.评价量规伴行，导航实践学程

在开展"科学用工程实践"活动的过程中，我们引导学生将活动之初设计的评价量规作为"工作手册"与"导航方案"使用，随时评估学生的学习状况，以获得有益的反馈信息指导教学。学生作为学习主体，量规的目标"导航"作用，使其成为学习者不断调整学习策略、改进学习方法、提高学习效率的有效手段。

3.高频量规评价，促进高位发展

评价量规不仅可用过程性评价，亦可作为终结性评价工具，用于盘点"科学与工程实践"活动的成效。而评价主体可以是学习者本体。由于"评价"属于认知金字塔的高阶维度，学习者在评价过程中对于标准达成情况的反复甄别亦加深了对设计（实践）活动的深层次理解。而"设计"正是"科学探究"与"工程实践"的核心交集。

五、基于"科学与工程实践"活动评价量规的开发与应用

（一）"科学与工程实践"活动和评价量规紧密联系

"科学与工程实践"活动如果离开评价量规就不够完整，影响学生有效学习。单单进行表现性活动是不能触发真正的有效学习的，因为没有评价的任务就不能成为一个完整的学习任务；我们要确立一个简单科学的评价标准来评价学生的表现，检验学生的学习结果。因此，开展"科学与工程实践"活动的过程中，应该确立与评价内容、评价目标相匹配的评价标准、评分规则等。

（二）"科学与工程实践"活动的具体内容体现于评价标准中

"科学与工程实践"活动通常由多个子任务组成，每个子任务又有多个维

度，评价标准正是根据这些维度来拟定的。因此，在评价标准中我们可以清楚地看到科学与工程实践活动的具体内容。

（三）量规的匹配设计促进课堂教学评价的实质性变革

在设计任务时同步设计评价量规，并在任务开始前就把这些评价标准公布于众，促进学生持续不断地评价自己的学习过程，引导学生成为自我导向的学习表现性评价的量规设计与评价者，而不是仅仅完成任务。

（四）需要完善之处与今后的研究方向

由于主持人理论水平的局限，特别是对教育统计学、教育评价理论方面的欠缺，在评价量规的信度与效度方面的评价都有待完善，要在今后继续开展研究。

参考文献

[1] 丁亚红. 科学与工程在小学科学教学实践中的整合 [D]. 桂林：广西师范大学，2017.

[2] 唐小为，丁邦平. "科学探究"缘何变身"科学实践"？——解读美国科学教育框架理念的首位关键词之变 [J]. 教育研究，2012（11）：141-145.

[3] 刘纳. 从教育技术革命视角看教育评价技术发展 [J]. 中国教育信息化，2011（4）：20-23.

[4] 占小红. 工程实践融入基础科学教育：内涵、目标与路径 [J]. 基础教育，2017（3）：45-49，59.

——作者：鲁桂红

（4）"乐活体育"课程群。

"乐活体育"课程群是基于体育学科的基础知识，遵循学生年龄特点，按照"我快乐、我运动、我健康"细化分层、梯度设计的学习方式，积极倡导在参与、实践、提高、创新中亲身经历，以培养学生的锻炼习惯，从而提升学生的体育学科素养。除基础课程之外，"乐活体育"课程设置见表4-6。

表4-6 "乐活体育"课程设置

水平段	课程板块	年级/学期		课程名称	活动设计
水平一	雏鹰田径	一年级	上学期	趣味走与跑	模仿练习与游戏竞赛
			下学期	直线跑	沿直线跑
		二年级	上学期	单双足跳	原地与行进间练习
			下学期	趣味掷远	掷准掷远
水平二	飞鹰田径	三年级	上学期	障碍往返跳	多种形式障碍练习
			下学期	往返跑	绕标志物往返跑
		四年级	上学期	快速跑	速度阶梯练习
			下学期	定向跑	校园定向
水平三	雄鹰田径	五年级	上学期	耐久跑	有氧运动练习
			下学期	接力跑	迎面接力、往返接力、障碍接力
		六年级	上学期	快速跑	速度阶梯练习
			下学期	往返跑	不同距离往返跑

（5）"乐艺音乐"课程群。

"乐艺音乐"课程群围绕音乐教材的基础知识，依据校情和学生本位的需求，延展出四类课程群内容，分别是陶笛（小乐器）、戏剧（地方教材）、舞蹈（律动）和合唱（声乐）课程。梯级构建课程群内容，由学校音乐学科教师系统地在音乐课中实施。除基础课程之外，"乐艺音乐"课程设置见表4-7。

表4-7 "乐艺音乐"课程设置

年级	课程名称	课程内容
一年级	陶笛：笛声芽芽（上）	认识陶笛，聆听陶笛音色，学习演奏知识
	戏剧：梨园新韵（上）	了解豫剧，学习豫剧表演
	舞蹈：快乐奥尔夫（上）	节奏游戏，肢体律动
	合唱：乐之初享（上）	听音模唱

续表

年级	课程名称	课程内容
二年级	陶笛：笛声芽芽（下）	演奏音阶，演奏小乐曲
	戏剧：梨园新韵（下）	学唱豫剧，学习豫剧的相关知识
	舞蹈：快乐奥尔夫（下）	肢体节奏律动表演，用打击乐器给歌曲伴奏
	合唱：乐之初享（下）	学唱音阶，听音训练
三年级	陶笛：笛声悠悠（上）	进行长音和吐音演奏乐曲演奏
	戏剧：梨园雅韵（上）	合作演唱一至二句地方戏，学习多剧种角色相关知识
	舞蹈：少儿舞动（上）	少儿舞的基本动作，进行舞蹈表演
	合唱：乐之欢畅（上）	两个声部和声练习，听辨歌曲中的和声
四年级	陶笛：笛声悠悠（下）	熟练演奏技巧，演奏四首乐曲
	戏剧：梨园雅韵（下）	学习唱腔流派及行当装扮，进行基本表演
	舞蹈：少儿舞动（上）	学习根据歌曲进行舞蹈表演
	合唱：乐之欢畅（上）	熟练合唱基本的演唱技能
五年级	陶笛：笛赋绵绵（上）	学习听辨不同民族的和西洋管乐的音色，学习独奏教材中单声部歌曲，学习同伴合奏曲目
	戏剧：梨园风韵（上）	欣赏经典舞台剧，课本剧进行角色表演
	舞蹈：民族舞趣（上）	学习蒙古族和藏族舞蹈基本动作
	合唱：乐之灵动（上）	视唱 8 小节以上旋律演唱合唱歌曲
六年级	陶笛：笛赋绵绵（下）	学习固定节奏的旋律创编和吹奏，学习一定的演奏表演技能，学习对自己和他人的演奏进行评价
	戏剧：梨园风韵（下）	创编表演微型舞台剧
	舞蹈：民族舞趣（下）	学习维吾尔族舞蹈基本动作与同伴合作进行舞蹈小品创编表演
	合唱：乐之灵动（下）	学习在不同歌曲中运用正确的技巧演唱，课本中合唱曲目

（6）"享艺美术"课程群。

"享艺美术"课程群基于美术学科学习，以培养小学生综合美术素养为宗旨，了解美术语言及其表达方式和方法，学习美术欣赏和评述的方法，提高学生审美能力,丰富视觉、触觉和审美经验,使学生获得对美术学习的持久兴趣,形成基本的美术素养。除基础课程之外,"享艺美术"课程设置见表4-8。

表4-8 "享艺美术"课程设置

课程板块	年级	课程内容
享艺造型	一年级	轻松涂鸦,动感线条
	二年级	绘画游戏,欣赏游戏
享艺创造	三年级	多彩民艺,快乐造型
	四年级	畅游色彩,大师欣赏
享艺创作	五年级	趣味设计,探秘雕塑
	六年级	传统纹样,美术策展

(7)"快乐英语"课程群。

"快乐英语"课程群是基于英语学科的基础知识,以培养小学生英语综合语言的运用能力为宗旨,以"语言技能、语言知识、情感态度、学习策略、文化意识"五个方面进行学科学习和拓展,以贴近学生生活实际,让学生能够快乐地读英语、说英语,在生活中用简单的英语进行交流,培养学生良好的语音、语感及较强的阅读能力和表达能力。"快乐英语"课程群遵循学生年龄特点,按照各年级学生所学英语知识和培养技能层层递进。通过听、看、读、唱、演等提升学生英语学科素养。除基础课程之外,"快乐英语"课程设置见表4-9。

表4-9 "快乐英语"课程设置

学期	课程名称	课程内容
一年级上学期	English chants（英语歌谣）	视听欣赏,学唱一首简单的英语童谣
一年级下学期		

学期	课程名称	课程内容
二年级 上学期	English chants （英语歌谣）	学唱高一级的歌曲
二年级 下学期		
三年级 上学期	Phonics （自然拼读）	学习 26 个英文字母在单词发音中的普遍规律
三年级 下学期		
四年级 上学期	Picture Books （英语绘本）	绘本赏析，绘本听读，绘本表演
四年级 下学期		
五年级 上学期	Fun dubbing （英语趣配音）	对英文电影片段进行配音
五年级 下学期		
六年级 上学期	Story acting （故事表演）	进行角色合作表演
六年级 下学期		

2. "乐享学科"课程评价要求

"乐享学科"是有效实施课程的主要途径，也是学校课程评价的主要靶点，学校通过以下方式对"乐享学科"的实施效果进行评价。

一是对学科课程方案的制订进行评价。学校课程中心通过对各学科"1+X"课程群建设方案的整体科学性进行评价和审议，具备清晰的课程理念、有逻辑的课程体系、有丰富的课程内容、有高效的实施路径等方案才能通过评价审议，经过审议通过的课程方案方可进入实施阶段。

二是对课程实施过程进行质量监控。学校课程中心通过对课程实施过程中的课程纲要、教学设计、作业情况等静态成果的检查和对学科课堂的观摩进行过程性评价。

三是对课程团队进行评价。学校课程中心通过对各课程团队提供的静态资料的检查和团队的课程实施情况汇报进行综合的考评,评选出优秀课程团队。

四是对学生学习效果的评价。有过程性评价,主要依据授课教师对学生出勤情况、学生参与热情、团队合作意识、能力锻炼、学习体会及测试等的数据记录实施评价。还有阶段性评价,采用学期末的测试或过程性学习成果的综合评定进行学期阶段性的学业水平评价。

(三)做活"乐享之旅",推进研学旅行课程

"乐享之旅"课程是以培养学生的综合实践能力和创新能力为核心,助推人与自然、人与社会和谐发展,全面提升学生综合素养的实践体验类课程。

1. "乐享之旅"课程建设

学校借助社区优势资源,根据学生心理特质、知识层次、学科要求,量身打造"走进博物院"课程,作为学校乐享课程体系中的必修课程,将该课程梯度规划学习主题为"参观博物院""探秘博物院""导览博物院""建言博物院"。每个年级各有 8 个课时。该课程已经成为学校研学旅行课程的一张名片。

在"走进博物院"课程的基础上,学校根据研学旅行课程的两个核心特征"研究性"和"体验性",在原有课程基础上,架构了"乐享体验之旅""乐享探究之旅""乐享游学之旅""乐享安全之旅"四大主题。"乐享之旅"课程设置见表4-10。

表4-10　"乐享之旅"课程设置表

主题	课程名称	年级	课程内容	课程目标
乐享体验之旅	知行苑的故事	一年级	撒欢知行苑	依托"知行苑"实践基地，按季节设置课程内容，按学期规划课程梯度，科学分层实施。课程采用"知—行—创"立体学习模式，利用基地、社区、家长资源，通过感官体验、对比试验、小课题研究等方式，在亲近自然过程中感知中原农耕文化，在手脑并用的实践中体验劳动的快乐及生活的乐趣
		二年级	劳作知行苑	
		三年级	知行苑的小住户	
		四年级	稻生知行苑	
		五年级	畅想未来知行苑	
		六年级	知行苑里的毕业嘉年华	
	齐乐空间	一年级	书包的整理 课桌的整理 个人卫生整理 教室的整理 服饰的整理 家庭卫生的整理 教室的美化	通过一系列直观、简洁、有趣的教育实践活动来激发学生自主管理，自觉参与简单的家务管理的积极性。通过课程学习，让学生体验整理家务的快乐，并养成热爱劳动、自觉参与家务劳动，自己的事情自己处理的良好习惯和生活能力，提高生活技能
	筷子课程	二年级	筷子的起源 筷子的演变 筷子的种类 筷子的特点 筷子的使用	通过对筷子的起源、演变、种类、使用等方面的了解，丰富学生的知识，感受中华文化的博大，增强民族自豪感；通过自制筷子、筷子游戏等体验活动，培养学生创造力、动手实践能力、左右手协调能力，增强学生团队合作意识，提高团队凝聚力
乐享探究之旅	走进博物院	三年级	参观博物院	依托河南博物院教育基地，从学生的兴趣和认知规律出发；走进河南博物院，通过参观浏览、角色体验、课题研究等方式探究文物相关知识，感知中原文化的厚重与灿烂，激发爱祖国、爱家乡的情感
		四年级	探秘博物院	
		五年级	导览博物院	
		六年级	建言博物院	
乐享游学之旅	踏春行	低年级	郑州植物园	依托春季游学活动，以走进自然为主题，将"游""学"结合，以游促学，让学生在与大自然的亲密接触中，拓宽视野，增长见识，寻找春天的足迹，激发学生探究自然的好奇心和求知欲
		中年级	郑州绿博园	
		高年级	郑州园博园	
	享秋实	低年级	郑州自然博物馆	依托秋季游学课程，以走进场馆为主题，给学生提供更为广阔的学习天地，感受灿烂文化，丰富学习经历，丰厚课外知识，还学生自我体验、学习和发现的空间
		中年级	郑州科技馆	
		高年级	河南地质博物馆	

续表

主题	课程名称	年级	课程内容	课程目标
乐享安全之旅	安全教育	全年级	校园安全	学习校园安全知识，在校园生活中掌握正确游戏、生活的方法，不做危险的事
			防震演练	学习防震逃生知识，开展全校师生防震疏散演练，明确逃生路线和集合地点，掌握正确逃生方法
			交通安全	学习相关交通安全知识，了解遵守交通安全的重要性，并在外出活动中了解交通标志，遵守交通规则，学会安全出行
			消防安全	学习相关消防安全知识，开展全校师生防火疏散演练，明确逃生路线和集合地点，掌握正确逃生方法

2."乐享之旅"课程评价

"乐享之旅"课程评价项目主要包括对学生研学效果的评价和对教师指导效果的评价。一是依照"乐享之旅"学习单评估学生在研学旅行过程中的表现，是否做到乐思乐创，乐知乐行；二是评估学生学习成果展示，是否做到精彩共享；展示形式可以通过实践操作、作品展示等方式呈现。教师评价包括课程实施过程中基本品质和基本能力。"乐享之旅"课程评价量表见表4-11。

表 4-11 "乐享之旅"课程评价量表

内容项目	课前 有备而来	课中 快乐学习	课后 共享精彩
学生"乐享之旅"评价	根据"乐享之旅"学习单，明确课程目标，成立活动小组、明确小组分工	在研学旅行过程中是否做到积极参与、乐于探究、知有所然、行之有效	"乐享之旅"学习单的完成情况、研学成果精彩展示、研学体会共享成长三方面
教师指导评价	围绕课程目标，研制"乐享之旅"学习单选择资源，确定研学旅行课程目标和具体实施步骤	教师在研学过程中，指导学生养成良好学习习惯，掌握一定的研学旅行学习方式，组织学生有效开展探究活动	教师通过观察、学习过程中的情况记录，以及多种形式的成果展示对学生进行评价

通过"乐享之旅"的评价，一方面，促使学生兴趣爱好和潜能得到进一步开发和发展、实践体验能力提高、自我创新能力提升，快乐成长共享精彩的意识得到培养，从而实现知行合一育人目标的达成；另一方面，通过评价，促进研学旅行质量不断提升，做活"乐享之旅"，提升乐享课程品质。

（四）开设"乐享社团"，发展学生个性特长

"乐享社团"是为发展学生的个性特长而建设的由教师参与辅导、学生自主管理的课程。

1. "乐享社团"课程设计与实施

"乐享社团"课程设计与实施流程为：学生需求分析—课程预设—师生进行社团课程论证、提出申请—学校课程中心审议通过—师生进行课程设计（课程纲要）—课程中心二次审议—学生选课—实施课程。"乐享社团"课程以年级和校级课程为单位采用周五集中课时和课后社团活动相结合的方式，校级课程根据课程特点在全校范围内召集学员，年级课程只在本年级召集学员。学校的校级社团和年级社团情况（见表4-12、表4-13）。

表 4-12　校级社团一览表

校级社团	课程地点	实施年级	课程目标
乐之灵合唱	合唱排练厅	三至五年级	通过不同的发声练习来规范学生的声音，进一步提高演唱水平和演唱技巧，通过练唱中外少儿合唱歌曲，提高学生的音乐修养和自身素质
新星管乐	管乐厅	三至五年级	提高演奏技巧、各声部间和谐能力的培养，学习音乐知识技能，了解各种乐器的特性，充分领略了音乐的魅力
玉笛飞声	音乐教室	三至五年级	通过对竹笛的起源、历史文化底蕴、乐器结构、演奏方式、技巧等方面的学习，来丰富学生对中国传统音乐艺术形式的认识与了解

❶ 张建科．中学篮球教学的思考与分析 [J]．群文天地，2011（16）．

续表

校级社团	课程地点	实施年级	课程目标
陶韵笛声	音乐教室	三至五年级	通过对陶笛的起源、历史文化底蕴、乐器结构、演奏方式、技巧等方面的学习，来丰富学生对传统音乐艺术形式的认识与了解
旗舞	操场绿色草坪	三至五年级	以"旗"为舞蹈工具，训练中融入芭蕾、艺术体操、儿童舞等多种动作种类，学生在舞旗的过程中，体验艺术情感、提升艺术气质
爱舞	舞蹈教室	三至五年级	启发学生用心跳舞，培养学生用舞蹈的肢体语言、丰富的情感表现舞蹈内涵，充分挖掘学生的潜能，使学生初步形成舞蹈特长，展示学生良好的精神风貌和艺术修养
七彩戏剧	合唱教室	三至五年级	掌握一定的表演技巧，在表演艺术中，体验表演的乐趣，感知生活，乐享童年
雏鹰田径	田径场	三至五年级	发展柔韧、协调、灵敏、速度、耐力、弹跳等素质，学习和掌握田径各项运动所需的基本运动技能❶
飞人篮球	篮球场	三至五年级	发展学生力量、速度、耐力和灵敏等素质；提高分析能力和应变能力；磨炼意志，发展个性；培养团队精神和集体主义品质；培养审美情趣，丰富课余文化生活❷，达到体育锻炼的目的
青扬跳绳	田径场	三至五年级	学会单脚跳、双脚跳、简单花式跳绳，每一个成员都热爱跳绳，并把跳绳作为自己锻炼身体的一种手段
炫风轮滑	小广场	三至五年级	通过原地站立与踏步、单脚支撑平衡、模仿滑行姿势的蹲起练习、"八"字行走练习、交叉步行走、直道滑行、弯道滑行等，增强灵活性、大脑与身体各部位之间的协调性，培养学生互助合作能力
启励排球	田径场	三至五年级	学习发球、传球、扣球技术动作，了解排球比赛规则，学习比赛战术，培养学生团结一致的精神
"智北星"定向越野	操场	三至五年级	了解定向的概况、基本技术，激发学生学习定向越野的兴趣，初步体会校园定向带来的乐趣，掌握指北针的使用方法，增强学生合作意识，培养学生团队精神
炫风啦啦操	田径场、舞蹈室	三至五年级	融合跑、跳、走、基本体操、健美操、现代舞、体育舞蹈等一系列动作，通过律动、腰胯动作、各种翻腾、抛接和托举等造型❸，帮助学生塑造优美体态、锻炼身体、增强体质

---

❶ 孙莹莹.关于小学业余田径训练的研究 [J].现代营销（学苑版），2012（6）.

❷ 张建科.中学篮球教学的思考与分析 [J].群文天地，2011（16）.

❸ 高银华.中小学开展啦啦操的可行性 [J].经济研究导刊，2012（18）.

续表

校级社团	课程地点	实施年级	课程目标
击剑	操场	三至五年级	课程主要学习击剑的技术动作,提升学生身体的柔韧性、平衡感和协调性,增强肌肉力量,提高心肺功能和身体的耐力。同时,培养学生吃苦耐劳的精神、抗挫折能力及果断应变的能力
陶艺	陶乐吧	三至五年级	融绘画、雕刻、工艺美术于一体尝试各种陶艺材料、工具和制作方法,体验陶艺活动的乐趣;个性地表达自己的情感和思想,激发创造意识,提高观察及审美能力
墨迹溯源	文宝轩	三至五年级	通过对中国传统书法历史、几大书体演变、书法名人传记等的溯源,丰富学生对我国传统书法文化的认识,提高书法表现能力,提升人文、艺术素养
航模	实验室	三至五年级	在制作的基础上学会操控飞机飞行,体会精心制作的重要性,提高学生们的手脑协调能力,培养学生动手实践能力和创新精神
模拟飞行	模拟飞行室	三至五年级	普及航空科技知识,使学生认识到现代航空技术需要物理、数学、气象等多种学科知识的综合运用,同时培养他们对航空飞行的浓厚兴趣
纸飞机	微机室	三至五年级	掌握基础的航空航天科技知识和技能,提高综合实践能力和创新精神,培养对航空航天科技长期的兴趣和爱好
炫彩科技	炫彩科技教室	三至五年级	通过拼插现实生活和未来生活中各式各样的具象模型的方式,使学生们发挥创造性,在无限创意过程中体验乐趣,提高学生动手动脑能力,促进综合素质和创新能力的发展,激发学生创新意识
百变魔方	微机室	三至五年级	通过魔方学会用科学的方法分析问题、解决问题,同时在愉悦的气氛中受到情感的熏陶
针针绣	四八	三至五年级	了解十字绣的有关历史,通过小组合作、团体比赛等活动培养学生动手操作的实践能力,提高学生的审美素质

表 4-13　年级社团一览表

年级社团	课程地点	实施年级	课程目标
指尖上的课堂	三七班	三年级	利用各种材料制作手工作品,装点生活、美化生活,丰富学习生活,在活动中体验乐趣,个性表达自己的情感,激发创造意识,提高观察及审美能力
超轻彩泥DIY	三八班	三年级	培养兴趣、动手实践、优秀作品集中展示等课程从体验、态度、综合能力、作品等几方面对学生进行评价
一日为师	三四班	三年级	提高学生的语言表达能力,感受亲子之爱、师生之爱、民族之爱、国家之爱,培养社会意识和民族情感

年级社团	课程地点	实施年级	课程目标
舌尖上的课堂（一）	四七班	四年级	了解特色美食，进行实践制作，提高学生的创新意识、合作能力、实践操作能力，品味中国灿烂的饮食文化
指尖上的艺术	四二班	四年级	通过合作，充分体验相互学习、互相帮助，把探索到的新技法运用到生活和学习中
变废为宝	四三班	四年级	培养观察能力、想象能力和动手操作能力；培养创新意识，能根据废旧物品和自己的生活需要进行创作，了解废旧物品利用的意义
植物标本制作	四五班	四年级	以树叶、干花为素材，将植物标本制作和绘画、创意设计相结合，引导学生制作记录自然之美与母校时光的个性书签、创意卡片，学会植物标本的制作方法，体验科学探索、艺术加工的乐趣
乐在棋中	五五班	五年级	对象棋的起源、构成、对弈方法的了解等来丰富学生对棋文化的认识，培养思考问题的能力
人与自然	五六班	五年级	认识世界上稀有的植物和动物，了解动植物生长规律及同人类和生态平衡的关系，增强环境保护意识
巧手工坊	五一班	五年级	以毛线、毛衣针、棒针为素材，在排列组合的过程中，锻炼学生手部肌肉的操作能力，通过造型的思考活动，提高动手实践能力
舌尖上的课堂（二）	五七班	五年级	了解各地特色美食会合理搭配设计菜品进行实践制作给学生健康饮食的观念，提高学生的创新意识与合作、实践操作能力

2. "乐享社团"课程评价要求

"乐享社团"主要从教师活动组织效果和学生学习效果两个方面进行评价。

一是对教师活动组织效果的评价，从内容和方法两个维度进行。

评价内容包括发展学生兴趣特长的合理性，活动内容的科学性、时代性和综合性，活动组织的有效性，社团活动目标的达成度等方面。

评价方法从学校、教师、学生三方面进行。学校成立评价小组，通过听课、听取学生的反馈意见、检查课程开发与建设的情况、教学目标的达成程度和教学安排等手段给教师作出一定的评价。教师在课程开发与建设及教学活动的过程中，进行自我评价。学生评价是通过问卷调查、座谈、个别调查等方法了解学生对教师的评价，并以此了解学生的需求，使之更加适合学生发展的需要。

二是对学生学习效果的评价，从内容、目标和形式三个维度进行。

评价内容主要为学生出勤情况、学习小组的记录、学生参与热情、团队合作意识、能力锻炼、学习体会及测试等方面。

评价目标主要有：在知识或技能的某些方面获得进一步的拓展或提高；兴趣爱好和潜能得到进一步开发和发展；在综合实践能力方面得到提高；在合作能力、发现问题、分析问题和解决问题的能力等方面得到增强；勇于探索、积极创新、自觉钻研、进取向上的精神得到培养。

评价形式主要为师评和生评。每个社团根据学习活动的特点设计包含师评和生评两个维度的评价量表，借助评价量表实施评价。

（五）创设"乐享节日"，实施校园节日课程

节日课程是学校德育课程实施的重要途径。学校基于"乐享教育"理念，开发实施了"乐享节日"课程。

1. "乐享节日"课程设置

学校的节日课程内容包含中国的传统节日和特设的校园节日。通过这些课程的开设让学生了解中国传统节日，感受传统文化的精神内涵，增强学生民族自豪感，丰盈学生的知识积累，增强人文素养、提高创新意识、提升归属感，激发学生对祖国的热爱之情。学校的"乐享节日"课程设置见表4-14。

表4-14　"乐享节日"课程设置表

课程名称	课程内容	课程目标	实施年级
艺术节	班级合唱、课堂小乐器、绘画展演展评	提高学生的艺术修养，培养学生的艺术兴趣，激发学生的艺术潜能，提高学生的欣赏美、创造美、表现美和评价美的能力	1~6年级

课程名称	课程内容	课程目标	实施年级
端午节	开展端午节班级主题中队会 说说端午、绘画端午、 体会端午	知道农历五月初五是端午节，了解端午节的 由来、各种庆祝活动和含义 增强学生对端午节及中华民族传统节日的 认识	1~6年级
春节	剪窗花、写对联 制作立体贺卡、亲友拜年 制订压岁钱使用计划 制作创意迎新手抄报	了解中国的传统节日——春节的日期 丰富学生的文化生活，走进春节，了解习俗 养成正确的消费观和良好的价值观 尝试采用多种方式表达，体现春节喜庆氛围	1~6年级
游戏节	设计游戏海报， 进行游戏宣传 规范游戏规则， 开展校园游戏	促进校园课间游戏的健康发展，丰富校园文 化活动 激发学生热爱生活、热爱校园的情感，为学 生提供表现自我的舞台，让学生积极参与课 间文明游戏	1~6年级
读书节	多维度阅读活动 师生经典诵读活动 亲子阅读论坛 学生现场作文大赛 评选"阅读榜样星" 评选"最美阅读教师" 评选"最浓书韵班级" 评选"最佳书香家庭"	通过阅读类课程建设，增强师生阅读能力 通过读书节和丰富多彩的阅读活动，激发师 生的阅读兴趣 提升学校文化品位，培育崇尚读书的优良校 风，创建"书香校园"	1~6年级
国庆节	阅读英雄故事图书 国庆观影 观看升旗仪式视频 国庆节主题手抄报 国庆歌唱比赛	了解国庆节的由来，增强民族自豪感 增强学生爱国情感	1~6年级
创客节	创客参观体验 创客参与实践 创客成果展评	丰富校园文化生活，培养学生的科技创新 精神 激发学生对科技的兴趣和爱好	1~6年级

续表

课程名称	课程内容	课程目标	实施年级
清明节	清明主题中队会 祭先祖 祭英烈	了解清明节的文化习俗，从中感受中华民族文化的魅力与丰富内涵，弘扬传统文化 了解革命烈士的感人事迹，懂得幸福来之不易，增强珍惜今天幸福生活的情感❶ 激发学生热爱祖国、热爱家乡的思想感情	1~6年级
中秋节	主题中队会 说中秋 诵中秋 绘中秋	了解中秋节的起源及节日风俗习惯 激发学生热爱家乡、热爱祖国的情感，体会家庭欢乐、生活甜美的幸福 感受中华民族文化的特点	1~6年级

2. "乐享节日" 课程评价要求

"乐享节日" 课程通过对学生的过程性学习表现和阶段性学习成果进行评价，评价主体为教师、学生、家长。并对评价内容、评价目标、评价方式进行了设计。

一是评价内容。主要有参与节日课程的过程性资料。在节日过程中表现出的积极态度和参与精神，对传统节日的认同与了解，在学校特色节日课程中的作品表现。

二是评价目标。通过评价促进学生对我国传统节日的了解，增进学生民族自豪感，提高对中国传统文化的传承意识、对美的欣赏和创造能力以及增强创新意识和实践能力。

三是评价方式。自我评价：由教师给学生提供多种评价项目和方法，供学生选择，或完全由学生自己确立评价的项目和评价的方法，由学生进行自我评价。教师评价：由教师通过对学生参与活动的观察，对学习过程中的情况记录，对作业、作品等的评定进行定量评价。学生互评：借助评价量表进行生生互评。

---

❶ 王艳娟. 以节气课程树文化自信 [J]. 中国德育，2017（1）.

四是家长评价。学生家长对学生的作品完成情况、参与课程表现等情况进行评价。

（六）开展"乐享仪式"，实施校园仪式课程

仪式是含有教育意义的活动，仪式本身就是一种教育，一种课程。学校把"仪式课程"作为实施德育的重要途径。

1. "乐享仪式"课程设置

仪式课程以学生的生活为起点，把生活中学生喜欢的、有意义的活动或者特别的日子，通过庄重和雅致的仪式呈现出来，既满足学生的兴趣，也让每个学生找到自己的成长点，体验成长的幸福。学校的"乐享仪式"课程设置见表4-15。

表4-15 "乐享仪式"课程设置

课程名称	课程主题	课程内容	课程目标	实施年级
入学课程	报到篇	领取《入学攻略》和《入学通知书》 与家长一起参观校园 在入学纪念墙前合影留念	迎接一年级新生，认识学校、同学、老师，激发小朋友热爱学校、热爱学习、热爱生活的美好情感。通过军训学会站立行走的正确姿势，言行文明，注意安全，明确学校言行的规范性和重要性。初步养成良好的学习、行为、卫生习惯，懂得培养良好习惯的重要意义	一年级
	入校篇	举行"大手拉小手"欢迎仪式 举行"佩戴好孩子红花"入班仪式 举行新生入学仪式典礼		
	成长篇	认识美丽的校园 小军训 养成教育系列		
	入队准备篇	学习少先队知识 参观少先队活动室		
	入队申请篇	填报入队申请书		

续表

课程 名称	课程主题	课程内容	课程目标	实施 年级
开学 典礼	准备篇	收集学生展示资料	明确新学期的奋斗目标，激励全体师生振奋精神、锐意进取，营造浓厚的开学气氛	1~6 年级
	仪式篇	升旗仪式 开学各项工作安排		
升旗 课程	训练篇	旗手训练 演讲	培养学生对国旗的认知和尊敬，热爱国旗的情感，养成升国旗奏国歌时要肃立、敬队礼的行为习惯	1~6 年级
	仪式篇	迎国旗 升国旗 奏唱国歌 国旗下演讲 辅导员讲话 呼号		
入队 课程	入队仪式篇	出队旗 唱队歌 宣布新队员名单 授予队员标志 颁发新队员证书 宣誓 新、老队员代表讲话 辅导员讲话 退旗	学习少先队知识，懂得红领巾是国旗的一角，是革命先烈用鲜血染成的，树立新队员的光荣感、责任感，激励他们为集体增光添彩。培养队员的主人翁意识，培养新队员的爱队意识，掌握少先队仪、队礼，感受作为一名光荣的少先队员的神圣使命	一年级
成长 课程	祝福篇	校长祝福	回味成长故事，体会父母养育的辛劳，学习感恩；展示自己的才能，体验成长的喜悦，对自己的人生有所设计，学习承担责任	四年级
	分享篇	分享成长记录册		
	仪式篇	教师、学生、家长代表、校领导参与典礼流程		
毕业 课程	感恩篇	感恩父母、感恩同学、感恩教师、感恩母校课程	通过感恩教育，展示小学阶段学习生活成果，表达毕业生对母校和教师的感激之情，追忆昨天，憧憬明天，畅谈理想，展望更美好的未来，激发学生为母校增光添彩的决心	六年级
	仪式篇	走进毕业门 感恩课程成果汇报 颁发毕业纪念卡		
	理想篇	各中队分享感悟，畅谈理想		

续表

课程名称	课程主题	课程内容	课程目标	实施年级
散学典礼	准备篇	各项工作准备	总结一学期学生在校的学习和生活情况，通过颁奖肯定学生的成长收获，引导学生全面发展自我，以培养良好的自信心和积极向上的精神面貌	1~6年级
	仪式篇	升旗仪式 学期工作总结 颁奖		

2. "乐享仪式"课程评价要求

"乐享仪式"课程主要采用过程性评价，对学生的参与过程进行定量的评价。以课程总目标为指导结合时政制订学期课程实施计划，在各年级开展德育特色活动，助力学生形成自主、自信、自强、自律的品质。通过对学生参与仪式的过程性资料的整理分析，对学生在学习过程中表现出的积极主动性、创造性和独特的个性发挥，及所表现出的积极态度和参与精神等内容进行评价。评价采用自评、师评、互评三种形式。一是自评，使用评价量规开展自我评价。二是教师评价，教师通过观察学生的参与情况和多种形式的作业、作品等对学生进行评价。三是互评，借助评价量表进行生生互评。

（七）推进 PBL（项目学习），开展主题综合学习

项目学习是教与学的模式。它从国家课程标准出发，目标指向学生发展核心素养，以学生为中心，在跨学科的真实学习中，提高学生自主学习的能力、实践能力与创新精神，培养明辨性思维、解决问题的能力及与人合作、沟通交流的能力。它以问题和挑战作为开始，以展示和自省作为结束，项目的最终成果是学生创造和展示他们对内容和技能的理解与掌握情况。我们提炼出项目学习的设计八要素、实施七步骤、评价六原则。

1. PBL 设计的八个要素

根据 PBL 的理念和学校开展项目学习的实践探索经验，我们总结出项目学习的八个关键要素。

一是学习目标的设定。一个项目的学习目标涉及相关学科的关键知识、21 世纪核心素养等，这些是项目设计的起点与目标。

二是驱动性问题的确定。一个挑战性的任务和真实问题驱动学生在项目中不断探究、反复完善作品的动力，使学生的学习更主动、有意义。

三是学生的意见和选择。在基于项目学习的过程中，学生是学习的发起者、主人翁，学生通过项目评价量规的制订，明白自己所承担的任务、角色及将要完成的作品或任务。

四是持续性的学习探究过程。一个项目单元，学生完成的进度快则几天，慢则持续几个星期。在与同伴积极、深入学习中，学生往往会提出新的、更多的问题，不断地寻求更多资源调整自己的解决方案，学习过程甚至根据学生的学习情况不断生成与迭代。

五是作品制作与展示。在项目设计时，要考虑学习成果是什么？阶段性的作品是什么？成果的评价量规是什么？明确而清晰的成果标准，不仅引领学生朝着这个目标迈进，也给家长、社区等专业人士参与学生的学习过程提供明确的目标和机会。

六是评价量规的设计。在学习开始之前，我们会设计大量的评价量规，如学生团队学习、成果评价量规等，这些评价量规是在学生开始学习之前予以明晰。它不仅起到评价引导的作用，同时为学生的各阶段学习锚定目标，不断地推进项目学习的学习过程。

七是自我反思的能力。自我反思的过程，可以不断地贯穿在项目学习的过程中，还可以在学生作品完成的关键时间节点作为清晰的评价方式给出明确的指导，为学生知识和技能的学习搭好脚手架。

八是资源和专业支持。在项目学习中，社会资源和专业人士参与，决定项目学习的真实性和开放性，对学生学习动力也起着助推作用。

2. PBL 实施的七个步骤

项目学习在实施时应遵循以下七个步骤。

第一步，细化分解课程标准；

第二步，确定项目导入事件；

第三步，进行学生已知和须知的分析；

第四步，制订项目的驱动性问题；

第五步，提供项目脚手架支持；

第六步，设计项目评价量规；

第七步，项目成果展示和反思。

3. "项目学习" 的评价要求

"项目学习"的评价分别由专家、学者、教师、同学及学生本人共同来完成。在项目实施过程中制订系列科学的评价量规，涵盖过程和结果的评价。采用定量评价和定性评价、形成性评价和终结性评价、自我评价和他人评价相结合的形式。❶评价的内容有课题的选择、学生在小组学习中的表现、计划、时间安排、结果表达和成果展示等方面。对结果的评价强调学生的知识和技能的掌握程度，对过程的评价强调对实验记录、各种原始数据、活动记录表、调查表、访谈表、学习体会等的评价。评价时坚持以下六个原则。一是评价实施一体化原则，二是评价内容多要素原则，三是评价等级多层次原则，四是评价主体多元化原则，五是评价任务更聚焦原则，六是评价量化易操作原则。

表 4-16 是评价量表之一的"小组学习效果评价量表"。

---

❶ 林伟强.基于高职院校《计算机应用基础》项目化教学模式的探讨 [J].科技创新导报，2013（14）.

表 4-16　小组学习效果评价量表

第__小组　　姓名：_____

类别	评价内容	初级标准（C）	中级标准（B）	高级标准（A）	组别	等级	评论
小组评价	参与态度 沟通交流 大胆质疑 同伴合作 互相帮助	参与小组活动，同伴交流时能回应；按照要求，配合同伴完成任务	参与小组活动，能完成自己的分工，能与同伴交流，表述自己的想法；在同伴合作时，积极完成自己的任务	积极参与小组活动，在与同伴交流中，表达自己的想法，质疑别人的观点；能帮助同伴共同完成任务	1		
					2		
					3		
					4		
					5		
					6		
个人评价	学习兴趣 自我反思 重组信息 形成见解 自我表述 积极思考	有一定的学习兴趣，根据安排的任务去查找资料	有一定的学习兴趣，会搜集相关信息，有一定的想法，能思考与之相关的问题，会表达自己的观点，并能在同伴的指导下进行自我反思	学习兴趣浓厚，学习热情高涨，能根据教师、同伴提供的资料，重组信息形成见解，并清晰地表述自己的观点；积极思考，任务完成后能进行自我反思	自评		
					小组评		
					师评		

此评价量表在各小组之间进行展示和回到组内进行总结、交流的时候使用，通过多维度、多层面的评价和反馈，能够增强学生的自信心，激发学习的兴趣和动力。

三、乐享课程实施的效果

"文一"自 2011 年开始进行课程的体系化建设，在长期的实践过程中，经历了从 1.0 到 3.0 版的完善过程，也实现了课程体系的迭代。对课程体系进行了"学校整体课程"的规划与实施，根据育人目标进行了课程结构划分，把国家课程和校本课程进行了统整，构建了学科课程群，实现了课程与学校

型和学术型方向发展的内驱力更加充沛。学校师生代表在 2016 年第五届中小学教育国际会议上进行现场课和成果展示,承办了 2017 秋第六届中小学教育国际会议;2018 年,在"致敬改革开放四十年"媒体看郑州的活动中,《今日头条》《河南商报》《郑州日报》等对我校课程改革进行了相关报道,在这次成果展示中,各项目负责人和学生代表进行了学习成果的展示;2019 年 11 月,在第四届全国课程品质大会进行经验分享交流;《"基于项目的学习"构建教师协同共同体》发表于《人民教育》2017 年第 20 期;《建设家长课程 提升家庭教育胜任力》发表于《中小学管理》2019 年第 5 期;《从 1.0 到 3.0 的进阶:走向深度的项目学习》发表于《中小学管理》2020 年第 8 期。多篇文章在《教育时报》《中国教育报》《德育报》等报刊发表。

第五章　乐享课程实施案例

第一节　基于项目学习的课程实施案例

河南省郑州市金水区文化路第一小学在深化课程改革的过程中，开展项目学习的实践探索。伴随课程体系从单一到多元、从广度到深度的发展，项目学习经历了从 1.0 到 3.0 版的完善，即从学科微项目学习到跨学科项目学习，再到与育人目标深度联结，探索走向深度的项目学习，形成了独具学校办学特色的项目学习新样态。

从 2016 年开始，在郑州市金水区教体局的支持下，学校与北京师范大学教育管理学院签订合作协议，成立了"北京师范大学'基于项目的学习'项目研究基地"，与北京师范大学开展"'基于项目的学习'课堂教学改革"的实践研究，为学校转变学生学习方式、推动教师专业发展带来了意想不到的收获。

在对学习文化、学习关系的深入理解中促使我们对学校育人目标、课程标准、学生核心素养和关键能力的培养、不同学科之间关系进行深度联结，进而使得课程实施中的"项目学习"发展到"项目式的、和谐的深度学习"。我们确立了新课程改革背景下教学的一种新形态——"深度学习"（简称 Ph.D），以期寻找课程结构和课程实施上的平衡支点，撬动教与学的本质变革，引起课程资源的不断优化，帮助学生发现自我，主动、积极地投入学习中，使学校成为更有吸引力的未来学校。

一、"文一"项目学习的发展历程

近年来，项目学习作为培养学生核心素养的重要途径，在中小学得到较广泛的实践探索，同时也出现了项目学习实施零散化、浅表化、忽略学校育人目标、为项目而项目等问题。近年来，"文一"在深化课程改革的过程中，基于"乐享教育"的课程目标，开始探索实施"'项目学习'的课程改革研究与实践"。

（一）走向学习深处的变革：学科的微项目学习

长期以来，学科教学受课程内容编排及学习方式的影响，学生的学习过程出现了重知识轻素养、重线性轻整合的倾向，难以使学习走向学科深处。为了打破这一现状，2016—2017年，"文一"在项目学习开展初期，从关注学生学科素养的提升开始，进行了"学科微项目学习"的实践探索。

1. "学科微项目学习"的三个阶段

所谓"学科微项目学习"，是指将学科教学内容项目化，通过情境化的微型主题，让学生获得较为完整和具体的知识与技能的学习方法。它具有学习内容聚焦、学习时间跨度小、师生便于操作实施、适合常态课堂的特征。

"文一"的"学科微项目学习"经历了三个阶段。

第一阶段，将项目学习的元素嵌入课堂教学之中。例如，让学生以真实的社会角色提出驱动性问题进入项目；在进行团队合作时，运用思维导图进行共同学习、思辨交流；在成果展示时，运用"乐享式"游学活动等。

第二阶段，以学习单元的形式实施微项目学习。即对照课程标准，针对学科大概念整合部分学科教学内容开展的项目学习。例如，北师大版小学《数学》三年级上册"周长"单元,学习内容分别是"什么是周长""长方形的周长"，教师根据学生提出的问题重构单元学习，设计了"边框""起跑线的秘密"学科项目学习。以"作为一名设计师,如何利用周长的知识给照片、作品设计边框,并进行作品展示""作为一名体育教师的小助手,如何利用测量的知识和技能,确定校园操场起跑线的位置"为驱动性问题,学生在解决实际问题的过程中理解周长的含义,掌握长方形、正方形周长的计算方法,积累数学活动的经验,提升解决问题的能力,发展应用意识。

第三阶段,以"学科核心素养"和"学科关键能力"为靶向的综合性项目学习。学生围绕学科中的核心概念、关键能力,进行同一主题、不同目标维度的项目学习。例如,数学学科根据压岁钱这一真实情境,在各年级开展了以"压岁钱升值记"为主题的项目学习(表5-1)。

表5-1 数学学科"压岁钱升值记"各年级项目学习设计情况

年级	主题	驱动性问题	相关学科知识	涉及学科素养
一年级	压岁钱升值记——人民币的认识	作为一年级的"小豆包",如何介绍一张20元以下面额的人民币,并用这张纸币给你最爱的人买一份新年礼物	20以内加减法 人民币的认识 人民币的兑换	
二年级	压岁钱升值记——100元的妙用	作为一名小小理财规划师,如何利用100元压岁钱为家人、朋友购买新年礼物。请你将支出情况制成手账分享给大家吧	100以内加减法混合运算 人民币的认识 用表格统计数据	发现问题 解决问题 应用意识
三年级	压岁钱升值记——小营销大学问	作为一名小小营销师,如何利用100元压岁钱进行合理规划投资使其升值。请制订一份合理的营销计划书,并把获得的利润用于公益活动	调查、收集整理数据 统计、分析数据 混合运算 小数加减法	
四年级	压岁钱升值记——旅行中的学问	作为一名小小旅行家,如何合理支配压岁钱,设计一份具体可行的旅游攻略	收集整理数据 对比分析数据 表格、统计图	计算能力 数据调查与统计 数据分析 创新意识
五年级	压岁钱升值记——汇率中的学问	作为一名小学生,如何从人民币与外币的兑换中,了解汇率中的学问,设计一份学习报告(或使自己的压岁钱升值的理财报告)	汇率 人民币与外币的兑换 小数混合运算	

年级	主题	驱动性问题	相关学科知识	涉及学科素养
六年级	压岁钱升值记——利率中的学问	作为一名小小理财师，如何从多种理财方式中了解利率中的学问，设计一份使自己的压岁钱升值的理财报告	利率 百分数的应用 混合运算	

2. 项目学习的"本土化"要素提炼

经过"学科微项目学习"的实践，学校提炼出了项目学习的八个"本土化"要素。

（1）关于学习目标的设定。一个项目的学习目标涉及相关学科的关键知识、21世纪核心素养等，这些是项目设计的起点与目标。

（2）关于驱动性问题的确定。一个挑战性的任务和现实生活中的真实问题驱动学生在项目中不断探究、反复完善作品的动力，使学生的学习更主动、有意义。

（3）关于学生的意见和选择。在实施项目学习的过程中，尊重学生的意见和选择。学生是学习的主人，要对照项目评价量规的内容，明白自己所承担的任务、角色及即将完成的作品。

（4）关于持续性的学习探究过程。一个项目单元，学生完成的进度快则几天，慢的可能会持续几个星期。在与同伴积极、深入的学习中，学生往往会提出新的、更多的问题，不断地寻求更多资源调整自己的解决方案，学习过程甚至根据学生的学习情况不断生成与迭代。

（5）关于学习作品的制作与展示。在项目设计时，要考虑学习成果是什么？阶段性的作品是什么？成果的评价量规是什么？明确而清晰的成果标准，不仅引领学生朝着这个目标奋斗，也给家长、社区等专业人士参与学生的学习过程提供明确的目标和机会。

（6）关于评价量规的设计与使用。在学习开始之前，师生商定评价量规，指向学生团队学习、成果评价等各个方面，学生会在开始学习之前明晰学习目标。评价量规不仅起到评价的作用，同时帮助学生锚定学习进阶的目标，不断地推进项目学习进程。

（7）关于自我反思能力的培养。学生的自我反思贯穿项目学习的整个过程，在学生作品制作的关键时间节点，教师会提出实质性问题和给出清晰的评价，促使团队成员进行自我反思，进而寻找解决问题的策略。

（8）关于资源的利用和获取专业支持。在项目学习中，社会资源和专业人士的参与，决定项目学习的真实性和开放性，对学生学习动力也起着助推作用。

（二）打破学科边界的实践：跨学科项目学习

在学科微项目学习实施过程中，学生的学习不断触及其他学科的知识和能力，学科本位的藩篱愈加限制了学习走向深入。于是在 2017 年，学校的项目学习升级为跨学科项目学习，即打破学科壁垒，根据不同的主题，通过师生组成跨学科、跨年级的学习团队开展项目学习。

1.完善项目学习的基本流程

在开展跨学科项目学习的过程中，学校逐步完善了项目学习的基本流程（图 5-1）。即由两门或以上学科的教师在研读本学科国家课程标准的基础上合作讨论、整合、制订共同的知识目标和能力目标，进而探究、确定融合这些目标的驱动性问题并设计评价量规，接着学生开始开展项目研究。

以"文一未来 3D 校园设计"项目为例，六年级学生在毕业之际，本着"我为母校献礼，母校为我自豪"的理念，在"作为一名即将毕业的'文一'学子，如何利用所学立体图形和比例的知识，依托'文一'校园原貌，设计未来校园 3D 模型"这一任务驱动下，结合教材中绘制校园平面图、比例尺、图形的展开与折叠等相关知识，学生根据项目需求，自主招募组成团队，最终确定并开展了以"文一未来校园 3D 模型制作"为主题的项目学习。

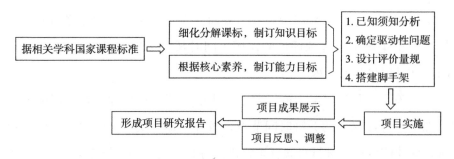

图 5-1　项目学习设计流程

在经过前期的调查研究后，学生首先设计了项目实施方案；然后经过测量记录、团队组建、合作分工、平面图绘制、立体模型制作、反思修正等一系列学习过程，在这一过程中不断发现问题并解决问题，最终呈现出各组的学习成果。学生在调查、收集、整理信息和撰写研究报告的过程中以及在成果展示表述时，都需要语文学科素养能力的支撑；在成果制作和美化过程中，就会主动调用美术学科的素养解决问题。这种无形的学科融通贯穿于学生解决问题的过程中，有助于学生进行知识体系的建构。

2. 设计项目学习的评价量规

项目学习的效果如何主要由评价量规来进行测量。我们设计的评价量规、评价维度和标准涵盖了从学习开始到结束的全过程，包括学生合作团队的组建与分工、知识的积累与问题的呈现、资料的收集与分析、项目成果、团队学习、项目的展示，表 5-2 呈现了项目学习中"团队学习"的评价量规。在设计评价量规时，我们遵循定性与定量、形成性和终结性、自我和他人评价相结合的原则，坚持评价实施一体化、评价内容多要素、评价等级多层次、评价主体多元化、评价任务更聚焦、评价量化易操作六个原则。评价主体分别由领域专家、专业学者、学校教师和学习同伴组成。

表 5-2 项目学习中"团队学习"的评价量规

评价维度	评价等级			评价方式
	初级（C）	中级（B）	高级（A）	
团队学习	团队成员分工不明确，参与度不高，表达创意的形式单一，方式不合理。在交流讨论时，积极性不高，对同伴的倾听没有耐心，不会包容别人	团队成员分工合理、积极参与、协调合作，利用摄影、录像、文字与图案、绘图或实物，表达团队的创意与构想，将简单的创意转化为模型；在交流时，乐于参与讨论，敢于发表自己的意见，能尊重和理解对方；听人说话认真、耐心，能抓住要点，并能简要转述	团队成员分工合理、积极参与、协调合作，利用摄影、录像、文字与图案、绘图或实物，表达团队的创意与构想，将简单的创意转化为模型；在交流时，乐于参与讨论，敢于发表自己的意见，能在尊重和理解对方的基础上，质疑思辨；听人说话认真、耐心，能抓住要点；能根据自己的所长帮助同学，共同学习	自评＋互评＋师评

（三）与育人目标深度联结：走向深度的项目学习

2019 年，随着学校课程建设的进一步深化，学校再次对项目学习的结构进行了整体规划，包括对项目学习的实施进行学术化管理，对项目学习的内容进行梯级设置，使项目学习与学校教育思想和育人目标更加契合，项目学习开始走向 3.0 时代，即"项目式的、和谐的深度学习"，也就是 Ph.D 方式。

1. Ph.D 方式：走向深度的项目学习

Ph.D 方式是"文一"在新课程改革背景下提出的一种教学新形态。这里的 Ph.D 有两种内涵。单从字母所代表的内涵理解，P 是指 PBL，即"项目学习"；H 指 Harmonious，蕴含"和谐的学习关系"；D 指 Deep learning，意涵"深度学习的过程和效果"。三者联合起来，意指学校的课程实施已经从单纯的"项目学习"走向"基于项目学习，强调和谐共享的、强调学习过程和效果"的"深度学习"课程实施方式。从 Ph.D 这个缩写的另一层意义来理解，它是 Doctor of Philosophy 的缩写，意思是"学术型博士"，也是"文一"育人目标"仁、礼、智、和、艺"的具象呈现。我们要求学生在小学六年的时间里，每学期至少参加一次项目学习，任务完成并通过答辩，累计获得"项目小达人"，在毕业时会被授予"小博士"称号。学生在获得"小博士"称号的过程中，形成关键能力和必备品格。

Ph.D 这一学习形态由聚焦问题、系统研究、学术答辩、授予学位四大要素构成，具备四个方面的表征，概括为 4D 的深度学习：Design（基于真实问题的设计）；Discussion（基于合作学习的交流、讨论、思辨）；Defense（基于研究的论述、学术演讲、答辩）；Development（基于研究的发展和新问题的迭代）。

2. Ph.D 的实施：在学术研究中提升综合素养

以综合实践活动课程项目化实施的创意设计案例"走进博物院"为例，这是在保留综合实践活动课程的综合性、研究性学习的优势基础上，把项目学习的理念和方式应用在学科整合的过程中，尝试培养学生的综合学科素养，从而形成与学校育人目标深度契合的 Ph.D 课程实施案例。

"走进博物院"是在 3~6 年级实施的长周期项目学习（表 5-3），进行梯级主题设计，涉及多个领域，有明确的学习目标，最终以真实项目学习成果呈现出学生的综合素养。在各子项目学习实施过程中，尤其以四年级学生开展的"探宝博物院"最受师生喜欢。四年级学生在观看"国宝档案"的一期节目后，对河南博物院参展的三项代表性文物产生了浓厚兴趣，"为什么单馆长要推荐贾湖骨笛、妇好鸮尊、云纹铜禁这三项国宝参展？""这些文物有什么研究价值？""作为河南的小学生，如何为它们代言？"学生们提出很多问题，带着真实的社会角色——"作为一名河南博物院义务讲解员"，以"如何向参观者讲解最具中原文化特色的文物，让大家爱上河南"为挑战性任务驱动，开始了实践探索之旅。师生组成学习共同体，在各学科教师指导下的系统研究后，各组形成了研究性学习结论，撰写了研究报告，设计了讲解词，并且走进河南博物院进行义务讲解，真实地呈现学习成果。整个学习过程中，师生不断根据评价量规的要求进行反思和完善，在团队协作过程中，提升学生解决问题的能力，增强学生学术研究的意识，培养学生的审辩式思维，使学生形成质疑思辨和勇于创新的能力。

表 5-3 走进河南博物院

年级	主题	领域	目标	内容	成果
三年级	参观河南博物院	空间与图形 方向与位置	1. 了解河南博物院的布局结构，认识院内常见设施、基本功能及其作用。能借助游览图有序参观，养成使用游览图的习惯 2. 学会运用已学过的方位知识设计出科学合理的参观路线 3. 培养沟通合作的能力，初步学会收集、整理、提炼信息；养成文明、有序参观的习惯，强化公德意识	根据学过的方位知识及自主设计的路线图进行有序参观，养成使用游览图的习惯	参观路线图
四年级	探宝河南博物院	人文历史 艺术价值 工艺材料	1. 了解文物的出土时间、地点、朝代等基本信息 2. 多途径收集资料，初步学会分析整理资料，培养探究意识和合作习惯 3. 基于事实和有说服力的资料撰写研究报告并进行学术答辩和成果展示 4. 在学习中了解文物知识，感知中原地区历史的悠久和文化的灿烂，增强文化自信	针对喜爱的文物从研究价值、艺术价值、历史价值等方面进行研究；撰写出规范的研究报告并进行现场答辩；作为讲解员，介绍镇馆之宝，呈现真实的学习成果	研究报告文物讲解
五年级	导览河南博物院	社会实践职业体验	1. 通过社会实践，了解河南博物院的整体概况、建筑特点、各展厅特点及代表性文物等 2. 撰写生动、全面、准确的导览词 3. 在导览河南博物院的过程中进行角色体验，体会文物讲解员的工作，感受中原文化的厚重	通过对河南博物院的概括介绍及有针对性的重点讲解，帮助学生在学习相关知识的同时加深对文物讲解员这一职业的了解	职业体验

续表

年级	主题	领域	目标	内容	成果
六年级	建言河南博物院	语言习得社会调查	1.通过多角度对比分析著名博物馆的特点，从中发现河南博物院的不同，提出研究问题 2.通过调查研究，运用批判性思维大胆质疑，进行建言献策，完成建言报告 3.通过活动，初步培养逻辑思维、团结协作、反思调整的能力，培养创新精神	学生主动地参与河南博物院的建设中，从博物院的现状、展馆布局、管理体制、社会文化服务等多方面进行对比分析，通过调查研究，运用批判性思维进行大胆建言献策，全面提升博物院的质量，传承中原文化，坚定文化自信	建言报告

在下一步"深度的项目学习（Ph.D）"的实施中，我们还将探索重组学习时间，创造 4+1 的学习模式，即每周 4 天的学科课程和 1 天的 Ph.D 深度学习；拓宽学习场域，把无界限的空间作为学习资源；构建梯级主题，按年级进行主题的层次设计；完善评价体系，创设更细化的"小博士"评价链，从而使学生在跨学科的深度学习中，提升学习素养，点燃成长梦想！

参考文献

[1] 夏雪梅.项目化学习设计：学习素养视角下的国际与本土实践 [M].北京：教育科学出版社，2018.

[2] 汤姆·马卡姆.PBL 项目学习：项目设计及辅导指南 [M].董艳，译.北京：光明日报出版社，2015.

[3] 刘景福，钟志贤.基于项目的学习（PBL）模式研究 [J].外国教育研究，2002（11）：18-22.

[4] 祝俊风，闻虹，裴新宁.PBL 教学设计与实施的案例研究——以小学自然《噪声的危害与控制》[J].江苏教育学院学报（社会科学版），2008（1）：22-25.

[5] 毛璟春.校本课程开发的实践与探索——以大连世纪学校的校本课程开发实践为例 [D].

大连：辽宁师范大学，2011.

[6] 侯清珺 . 基于 PBL 理念的教学实践与思考——以小学数学学科为例 [J]. 基础教育参考，2018（7）：50-51.

[7] 侯清珺，郝少毅 . "基于项目的学习"：构建教师协同学习共同体 [J]. 人民教育，2017（20）：61-65.

[8] 侯清珺，王黎超 . 基于项目学习的学习力培养实践探索 [J]. 今日教育，2018（3）：22-25.

——作者：侯清珺　王黎超　窦立涛　朱志勇　郝少毅

二、"'戏剧社'空间设计"项目学习案例

21 世纪，在学生核心素养的培养中，对学生学会学习、实践创新的能力提出了具体要求。学习力，已成为当下与未来人所应具备的最核心竞争力。学习力的研究与实践也是教育领域关注的热点，我们通过基于项目的学习（PBL）尝试寻求培养学生学习力的实践路径。

学习力最初起源于"学习型组织"的管理学研究，由美国麻省理工学院的福里斯特（Forrester）于 1965 年在《一种新型的公司设计》一文中提出。20 世纪 90 年代中期，学习力作为管理理论，被用于企业管理或企业文化中，随之进入教育领域。❶

（一）学习力的内涵和构成要素

英国 ELLI 项目以克拉克斯顿（Claxton）教授的开拓性研究为基础，经过深入研究，提出了构成学习力的七个要素，分别为变化和学习、关键好奇心、意义形成、创造性、学习互惠、策略意识、顺应力。作为人们从不同学习情境中评价和量化学生学习力的基本框架，构成学习力的七个要素之间存在相

---

❶ 吴太胜 . 大学生学科学习力及其生成和发展的教育范式 [J]. 辽宁教育研究，2007（8）.

互依赖、相互促进的关系。❶

美国哈佛大学卡比教授（Kirby）认为，学习力是包括学习动力、学习态度、学习方法、学习效率、创新思维和创造力的综合体，还包括兴趣、好奇心和创造等非智力因素。❷

黄珊在《中小学生学习力的培养——基于自主学习、合作学习、探究性学习的探讨》中，对学习力的构成要素和结构进行了分析，提出了学习力包括学习动力、学习毅力、学习能力、学习创新力四个要素。❸

蒋志辉、赵呈领等在《STEM教育背景下中小学生学习力培养策略研究》中，构建了基于STEM教育背景下中小学生学习力培养的模型，并给出了具体的实例。❹

国内外学者目前的研究中对学习力的主要构成已进行了深入分析，学习力是指一个人或组织学习的动力、毅力和能力的综合体现。从教育理论研究的角度看，学习力的主要构成要素有学习能力、学习动力、学习毅力、学习创造力四个方面。

也有学者对学习力提升的途径进行了探索，尚未见基于项目的学习中学习力培养的案例。本文以"戏剧社"教育空间设计为例，着重研究基于项目的学习如何有效促进学生学习力的提升等问题。

（二）基于项目的学习（PBL）要素与学习力构成的关系

基于项目的学习是教与学的模式，与传统教学方式对比，具有鲜明的特

---

❶ DEAKIN CRICK. Learning Power in Practice : A Guide for Teachers [M]. London : Paul Chapman, 2006.

❷ 柯伟林.学习力 [M].金粒，译.海口：南方出版社，2005：1.

❸ 蒋志辉，赵呈领，周凤伶，等.STEM教育背景下中小学生学习力培养策略研究 [J].中国电化教育，2017（02）：25-32, 41.

❹ 黄珊.中小学生学习力的培养——基于自主学习、探究性学习、合作学习的探讨 [J].现代企业教育，2012（22）：61.

质和要素。在跨学科的真实学习中，提高学生自主学习的能力、实践能力与创新精神，培养明辨性思维、解决问题的能力及与人合作及沟通交流的能力。它以一个问题和挑战作为开始，以一个展示和自省作为结束，项目的最终成果是学生创造和展示他们对内容和技能的理解和掌握情况。❶

PBL 设计的八个要素：

（1）学习目标的设定：一个项目的学习目标涉及相关学科的关键知识、21 世纪核心素养等，这些是项目设计的起点与目标。

（2）驱动性问题的确定：一个挑战性的任务和真实问题驱动学生在项目中不断探究、反复完善作品的动力，使学生的学习更主动、更有意义。

（3）学生的意见和选择：在基于项目学习的过程中，学生是学习的发起者、主人翁，学生通过项目评价量规的制订，明白自己所承担的任务、角色及即将完成的作品或者任务。

（4）持续性的学习探究过程：一个项目单元，学生完成的进度快则几天，慢的可能会持续几个星期。在与同伴积极、深入学习中，学生往往会提出新的、更多的问题，不断地寻求更多资源调整自己的解决方案，学习过程甚至根据学生的学习情况不断生成与迭代。

（5）学习作品制作与展示：在项目设计时，要考虑学习成果是什么？阶段性的作品是什么？成果的评价量规是什么？明确而清晰的成果标准，不仅引领着学生朝着这个目标奋斗，也给家长、社区等专业人士参与学生的学习过程，提供了明确的目标和机会。

（6）评价量规的设计：在学习开始之前，我们会设计大量的评价量规，有学生团队学习的、有成果评价量规等，这些评价量规是在学生开始学习之前应该明晰的。它不仅起到评价引导的作用，同时为学生的各阶段学习锚定目标，不断地推进项目学习的学习过程。

---

❶ 王晓波 . 项目式学习：知行合一的创新教育模式 [J]. 中小学信息技术教育，2017（4）：8.

（7）自我反思的能力：自我反思的过程，既可以贯穿在项目学习的进行中，还可以在学生作品完成的关键时间节点作为清晰的评价方式给出明确的指导，为学生知识和技能的学习搭好脚手架。

（8）资源和专业支持：在项目学习中，社会资源和专业人士参与，决定项目学习的真实性和开放性，对学生学习动力也起着助推作用。

从真实的情境中提炼驱动性问题，自主选择真实的学习任务，对应着学习动力；调查和研究需要了解的信息，寻求专业支持和资源的支撑，团队进行学习，对应着学习能力；在面对新的挑战和更多问题时持续进行探究的意志品质，对应的是学习毅力；作品的制作与展示的过程对应的是学习创造力；能够在真实的学习情境中发现问题，进行新的项目学习的能力对应的是学习转化力。

在评价量规的使用中，贯穿项目学习中的评价与反思不断促使学生学习力得以提升。同时，学生学习力的提升将有助于项目学习走向更深入。

学习力的构成与 PBL 要素之间的对应关系如图 5-2 所示。

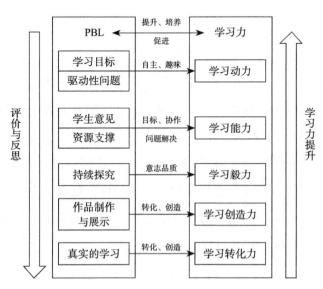

图 5-2 学习力的构成与 PBL 要素的对应关系

（三）基于项目学习的学习力培养课例设计分析

为进一步说明基于项目的学习与学习力提升之间的关系，我们以"戏剧社"教育空间设计项目为例，按照基于项目学习的要素分别进行阐述（表5-4）。

表5-4　"戏剧社"教育空间设计课时内容

第一课时	导入事件
第二课时	脚手架 1：调查与主题相关的已知、须知情况
第三课时	脚手架 2：资料收集与信息提取
第四课时	脚手架 3：设计风格与色彩
第五课时	脚手架 4：绘制功能区平面图
第六课时	脚手架 5：3D 软件 sketch up 的学习
第七课时	功能区任务划分和统筹
第八课时	脚手架 6：设计方案的实施
第九课时	脚手架 7：工程中的预算和采购
第十课时	成果（设计方案、功能区平面图、3D 模型）展示和汇报

1. 明确任务，激发学习动力

（1）项目学习产生的导入事件。

在近百年文化传承的积淀中，学校有了新的发展契机，成立了新校区，教育空间资源更充分了，在学校设计时，部分空间留白，为学生的项目学习提供了可能。学生在戏剧社教室看了一场课本剧演出后，发现戏剧社还有可以改进的地方。例如，演员更衣后需要从后门出去，再从教室的走廊进入舞台表演，很不方便。如果在演出时有音响设备和灯光效果，演出可能更精彩。

由 4~6 年级的学生组成的设计师团队，根据演员、观众对戏剧厅的需求与实际空间功能之间的矛盾，把戏剧厅的功能定位为既能兼顾平时训练又能进行小剧场演出的空间,并把"戏剧厅"更名为"戏剧社"。进行真实的学习,为"戏剧社"教育空间提供设计方案。

（2）驱动性问题的确定。

驱动性问题的设计决定着项目学习的质量,我们从提炼驱动性问题开始:作为一名设计师,如何从材料、功能、结构、经济的角度出发,为学校提供"戏剧社"教育空间的改造设计方案。

2. 自主探索、团队合作,培养学习能力

（1）尊重学生的意见和选择（子问题确定）。

在与学生进行充分的讨论、头脑风暴后,把驱动性问题分为 5 个功能区的子问题。学生建议从各组抽调一名成员,成立统筹组,以便统一设计方案的风格和比例。

（2）团队组建。

通过"征集名片""我最感兴趣的设计"等破冰活动,学生进行了分组,结合主题"聘请"了相关特长和兴趣的教师作为小组学习的导师,共分成"舞台设计组""灯光设计组""观众区及音效设计组""更衣室设计组""背景设计组"5 个小组。在学生的讨论和建议下,我们的整个空间设计还需要风格、色彩、功能区空间、公共区域的统筹合作,所以每组各推荐 1 名沟通能力强的组员代表,成立了"艺术总监组",在需要统筹各项内容时,进行讨论（表5-5）。

表5-5 "戏剧社"教育空间的改造设计方案任务分解

项目	内容
舞台组	设计舞台,为演出提供合理的场地设计方案
灯光音效组	设计灯光、音效,为演出、观众的欣赏提供空间设计方案
后台组	设计更衣室候场、道具间,为后台准备的空间提供设计方案
观众区	设计观众区,为观众区座位设计方案
统筹组	统筹协调各功能区的风格和大小,运用 3D 软件作出"戏剧社"整体设计

（3）专业支持和资源运用。

本次学习中所涉及的知识和技能的相关内容如表5-6，跨学科教师，集中研讨，对学生进行学科专业知识的指导。同时，邀请专业设计公司的模型制作专家进行模型制作指导，学生到车间进行模型切割；我们还邀请大学教授对3D Sketch up软件的使用进行实操指导。

表5-6　知识内容

科目	内容
信息技术	使用3D Sketch up软件制作模型
美术	设计风格与色彩、模型制作
科学	工程设计方案的实施和预算
语文	调查与主题相关的资料、信息的提取
数学	绘制功能区平台图、按比例制作模型

不同的学生在资料收集、提出问题、成果设计、展示与评价等各个环节都存在分工、协作的双重任务。教师向学生提供包括资源获取、利用、发现问题与解决问题等方面的指导。以项目小组作为学习共同体，学科可以在多种形式、多种层次的协商与辩论中，不断质疑、改进，进行更深度的学习，这种"乐享式"学习也为学生思维交流、智慧生成提供了机会。在这样的交流过程中，进行学习成果的共享，加深对学习内容的理解完成，对知识的整体性建构，提升了学习能力。

3. 持续探究，形成学习毅力

在为"戏剧社"教育空间提供设计方案和模型过程中，混龄儿童与教师、专业人士共学，经历实地参观、采访、测量、调查、软件学习、设计、建模等一系列学习过程。持续不断地探索中会遇到各种问题和挑战，特别是涉及经济方面的内容，如工程预算、学校采购、设计成本等问题。学生持续不断地探究、实践，努力完成对教育空间设计的挑战，最终呈现出"戏剧社"教育空间的设计方案，逐步形成学习毅力。

4. 成果制作与展示，呈现学习创新力

学生经过自己的努力和学习，形成了学习成果，通过角色扮演，进行室内设计的沟通、交流。通过软件，他们虚拟"戏剧社"教育空间三维设计图，制作短片进行过程性展示。还通过使用模型、彩泥、陶土、旧物等多种媒介的制作，设计戏剧社教育空间的整体（或部分）实体模型。

学生按比例制作的模型，色彩搭配、空间利用的考虑、人文性的设计等为他们的学习提供了实证，项目成果在"第六届中小学生国际会议"中进行现场展示，得到了设计师的高度评价，获得"BIM 成学设计奖"。

5. 依据评价量规，不断反思、提升学习转化力

在项目学习的过程中，我们设计了大量的评价量规。评价量规既可以帮助学生客观分析、自我评价，还可以帮助学生锚定学习进阶的目标。成果评价量规和团队学习评价量规见表 5-7。

表 5-7　成果评价量规和团队学习评价量规

评价维度	评价等级			评价方式
	初级（C）	中级（B）	高级（A）	
项目成果	1. 为戏剧社提供了部分功能区的设计方案 2. 手绘或文字表述了设计想法，存在一定局限性	1. 为戏剧社提供的设计方案合理可行，能综合考虑一项工程是由建筑结构、采光、通风、供水等多个系统组成 2. 运用对比与和谐、对称与均衡等原理，用手绘草图或立体制作的方法表现设计构想 3. 得到的测量数据合理可信，能按照 1：20 的比例制作出功能区正确的模型	1. 为戏剧社提供的设计方案合理可行，有人性化考虑，综合考虑声、光、电和各功能区协调统筹 2. 通过对比与和谐、对称与均衡等原理及各种材料、制作方法，用手绘草图或立体制作的方法表现设计构想，能阐述 1~2 个专业设计的亮点 3. 得到的测量数据合理可信，能按照 1：20 的比例制作出功能区正确的模型	互评＋师评＋专业人士评价

续表

评价维度	评价等级			评价方式
	初级（C）	中级（B）	高级（A）	
项目成果	3. 按照 1：20 的比例，因测量数据不准确，或者计算不正确，制作出不准确的功能区模型	4. 能利用图书馆、网络等信息渠道有目的地收集、获取资料，写出简单报告，有理有据 5. 简单评估完成一个产品或系统的可行性（提出 1~2 条证据材料），预想使用效果	4. 能利用图书馆、网络等信息渠道有目的地收集、获取资料；写出简单报告，有理有据 5. 能评估完成一个产品或系统的可行性（提出 1~2 条证据材料），预想使用效果	互评+师评+专业人士评价
团队学习	1. 团队成员分工不明确，参与度不高，表达创意的形式单一，方式不合理 2. 在交流讨论时，积极性不高，对同伴的倾听没有耐心，不会包容别人	1. 团队成员分工合理、积极参与、协调合作，利用摄影、录像、文字与图案、绘图或实物，表达团队的创意与构想，将简单的创意转化为模型 2. 在交流时，乐于参与讨论，敢于发表自己的意见，能尊重和理解对方 3. 认真、耐心听人说话，能抓住要点，并能简要转述	1. 团队成员分工合理、积极参与、协调合作，利用摄影、录像、文字与图案、绘图或实物，表达团队的创意与构想，将简单的创意转化为模型 2. 在交流时，乐于参与讨论，敢于发表自己的意见，能在尊重和理解对方的基础上，质疑思辨 3. 认真、耐心听人说话，能抓住要点 4. 能根据自己的所长帮助同学，共同学习	自评+互评+师评

　　学生在每次阶段性的评价之后，会有项目学习的记录和反思，学生最喜欢记录有："最开心的一刻""最糟糕的一刻""最想重新来过的一刻"等，与一起学习的教师和同学进行分享。

　　评价促进学生反思，学生在反思中不断地提升学习转化力，助力新的项目学习的展开。

（四）结束语

通过"戏剧社"教育空间设计的案例，不仅能激活学生的参与热情，增进学生对科学与工程、数学建模、计算思维、视觉艺术的认知理解，提升学生的团队合作、质疑思辨、勇于创新等核心素养，同时培养和提升了学习力。

基于项目的学习是依据国家课程标准，为学生提供开放、真实的学习情境，以小组合作的形式开展研究，并将真实的成果运用在实际生活中。基于项目的学习是多学科融合、在真实情景中的学习、混龄儿童与教师共学、以评价量规规范和评价项目实施的各个环节。

基于项目的"驱动性问题的提出""评价量规的制订""学生参与和投入""项目的评估方式""跨课程教师团队的构建"等，不仅需要培养学生的学习动力、学习毅力、学习创新力、学习转化力，以应对真实情景与教师教育课程内容的融合带来的空间与时间上的挑战，提升学习力，更全面、更深度地审视和把握学习内容、学习方式、学习关系。

——作者：侯清珺　王黎超

三、《"文一"未来校园 3D 模型制作》项目学习案例

项目学习是当下比较热门的学习方式，如何将项目学习的方式应用在小学数学学科课堂教学中，以期提升学生核心素养，是我们的研究问题。

郑州市金水区文化路第一小学在深化教育教学改革的道路上从未停止探索的脚步，从学科微项目实践到跨学科项目学习，再到走向深度的项目学习，形成了独具特色的学习新样态。我们尝试将项目学习任务驱动与小学数学课堂教学相结合，培养小学生的合作能力、创新能力、应用意识，在基于学生发展核心素养的学习过程中，更强调学生的团队协作、批判性思维、自主探

究与知识建构，形成具有项目学习特色的学科教学模式。

我们从小学数学学科素养提升的角度，进行案例的分析与反思。

（一）真实的问题情境，激发应用意识

近几年，学校"地理位置特殊""空间不足""班级数量增多"等现实问题愈发凸显，特别是每年新生入学后，学校教室、功能室等资源利用越来越紧张。这个现实的问题引发了毕业班同学的关注，他们在这个校园中学习生活了六年，决定为母校和学弟学妹们做些什么。本着"我为母校献礼，母校为我自豪"的理念，在北师大版小学《数学》六年级下册"比例尺""校园中的测量"这两节课的启发下，学生决定依托"文一"校园原貌，结合所学知识与技能，为母校的未来发展设计一份未来校园的模型作品，作为礼物送给学校。

基于此，六年级毕业课程遵从学生所愿，以学科项目学习为依托，满足发展学生的应用意识、综合能力，提升学生团队合作、质疑思辨、勇于创新等核心素养的需要，最终确定学习主题。

"作为一名即将毕业的'文一'学子，如何利用所学立体图形和比例的知识，依托校园原貌，设计'文一'未来校园 3D 模型？"我们设计了富有挑战性的驱动问题，以真实的问题激发学生积极投入和主动思考，刺激学生不断调动已有知识、经验储备，综合运用六年所学，通过解决实际生活中的问题，发展应用意识。

（二）真实的探究过程，培养应用意识

"'文一'未来校园 3D 模型制作"的设计来源是基于教材中"数学好玩"部分"绘制校园平面图"的内容。《义务教育数学课程标准（2011 年版）》指出"综合与实践是一类以问题为载体、以学生自主参与为主的活动"，这类活

动往往无法直接简单地运用已知信息解决问题，需要经历发现和提出问题、分析和解决问题的全过程，需要对信息进行加工，需要小组合作交流、讨论，从而促使学生不断积累从头到尾完整地思考和解决问题的经验，在完整"做事"的过程中，培养应用意识。

1. 基于教材、学情，重构学习内容

平面图在生活中应用非常广泛，对于这批六年级学生来讲并不陌生，他们在五年级的时候已经进行过"乐享中心教育空间设计"和"戏剧社空间改造设计"的项目学习过程，他们经历过实地调查、采访、讨论、测量、软件学习、设计、建模等一系列学习活动，所以在这次"绘制校园平面图"的活动时，他们进行了挑战性任务的设计，对学习内容进行重构，综合了"图形与位置""比例尺""测量""计算""3D 建模"等知识和能力，按比例制作绘制校园平面图，并制作出立体模型。学生在学习过程中，要去解决"如何测量、如何选择测量工具、如何进行团队合作、怎么进行合理分工、如何进行按比例的平面图绘制、怎么进行立体模型制作、遇到问题和困难如何解决"等一系列学习过程，提高学生综合运用知识的能力，激发学生学习的兴趣，体会数学与生活之间的密切联系。根据项目学习的实施元素，我们重构学习内容，按照 10 个课时，在每个下午的校本课程时间进行学习和实践，做好离校课程的实施，同时，为毕业项目答辩做好准备（表 5-8）。

在以学生为主体、学生自我探索研究的过程中，学生发现问题、解决问题、空间观念、运算能力、应用意识、创新意识等方面的能力得到提高，以高阶思维包裹低阶学习的过程中促进学生对数学知识的理解，提高了应用意识，提升了参与者的团队合作、质疑思辨、勇于创新等核心素养能力。

表 5-8　课时内容安排

课时 1	入项、明确挑战任务、凝练驱动问题
课时 2	设计方案、组建团队、任务划分
课时 3、4	实地测量、识图获取数据、数据资料梳理与核对
课时 5	按比例绘制校园平面图
课时 6	阶段性成果展示和汇报、交流与反思
课时 7、8	按比例制作立体模型
课时 9	项目成果展示发布、学习答辩
课时 10	修正学习成果、完善过程资料

2. 基于课标，梳理学习目标

本次项目学习的内容涉及课程标准中多个领域的要求，例如："了解调查测量等收集数据的简单方法，并能用自己的方式呈现数据处理的结果""了解比例尺，在具体情境中，会按给定的比例尺进行图上距离与实际距离的换算""在给定目标下，感受针对具体问题提出设计思路、制订简单方案解决问题的过程""从事与他人合作解决问题的活动，尝试解释自己的思考过程。在运用数学解决问题的过程中，认识数学的价值。初步养成乐于思考、勇于质疑、实事求是等良好品质"。

根据项目所涉及的各学段及学习领域的课程标准，我们进行细化分解，基于学生真实问题和学习能力，确定本次学习的目标（表 5-9）。

表 5-9　学习目标内容

- 了解校园所处的位置和环境，以小组合作的形式进行调查、测量、识图、数据记录等实际操作活动，在学习过程中，积累问题解决的经验
- 理解比例尺的意义，正确计算比例尺，并能将其应用于绘制校园平面图和 3D 模型设计中
- 经历设计方案、动手操作、交流反思的过程，发展统筹规划的能力，经历可能出现的各种问题的过程，体验团队合作获得成功的快乐
- 经历使用数学语言、符号和工具有效交流沟通、完成任务的团队学习过程
- 体会数学与生活的密切联系、运用知识和技能解决问题的过程，促进学生学科知识的学习和应用，增进对数学与生活、数学与工程之间的认识

这些学习目标中，对实物进行度量是比较有难度的，但这也是学生在学习中触及数学本质的过程，学生需要去体验人类认识世界的工具和过程。就像史宁中教授所说："结合教学实践，我认为度量应该是学生选择一定的工具、适合的长度单位，用一定方式对物体的长度进行感知的过程。"

学生在此之前，已经有一定的估算能力。但是对生活中实际建筑物的测量，仅仅停留在初步感知阶段。在教师的引导下，学生在已有的知识和生活经验的基础上会合理选择常用的测量工具和测量办法，解决简单的测量问题，积累数学活动的经验，发展学生的空间观念。学生通过一次又一次的实践活动，感受数学在日常生活中的运用，体验运用所学的知识和方法解决简单问题的过程，获得初步的数学活动经验，提高核心素养。

3. 基于实践，优化学习方法

在设计方案和动手操作的过程中，学生不断根据实际情况调整学习策略，优化学习方法，积极调动学习经验的正向迁移。首先，在测量学校主要建筑物、活动场所时，任务比较重，学生遇到了困难，师生共同商量，把全班同学分为八个小组，分区测量操场和小广场、文德楼、报告厅、文润楼、逸夫科艺楼、文馨楼、文苑楼、文汇楼、文德楼。其次，在"如何收集数据，收集哪些数据"时，学生除了采用皮尺、估测的实际测量方法，还采用了红外测量仪器的工具，有的同学还想到采访办公室主任，获取学校建筑面积数据的方法，这些学习方法的不断优化，正体现了学生在面对"不良结构"的实际问题时，灵活运用不同方法解决问题的应用意识、积极解决问题的良好学习品质。

测量校园是学生在项目过程中遇到理论照进现实的第一个"拦路虎"，学生切实体会到了"纸上得来终觉浅，绝知此事要躬行"。从工具的选择、方法的优化，到长宽的测量、教学楼高度的估测以及误差带来的数据对不上等问题，都是亟须解决而在书本上又无法完全获得的真实情况。对学生来说，这不仅仅是一次测量活动，更是数学学习在生活中的实际应用，加深了学生对数学知识的理解和感悟，体会了数学的应用价值。

本项目实施的过程，注重学生为本、家长配合、教师全程跟踪指导的方式。教师向学生提供了包括资源获取、利用、发现问题与解决问题等各方面的指导，同时以项目小组作为学习共同体，可以在多形式、多层次的协商与辩论中，不断质疑、改进，进行更深度的学习，加深对学习内容的理解，完成对知识的整体性建构，对所学知识进行再次加工、融合、应用，提升了学生的学习能力，培养了学生的应用意识。

4.基于评价，完善学习成果

评价量规不仅可以帮助学生进行客观分析、自我评价、调整学习方案和进度，还可以帮助学生锚定学习进阶的目标，最终指导学生创建成果蓝图。学生在每次阶段性的评价之后，以"1+1"的形式，分享"最开心的一刻""最糟糕的一刻"，以"最想重新来过的"方式进行学习反思和修正。

从最终成果和学习过程这两个维度，我们设计了本节课中方便学生操作、具有针对性的评价量表（表5-10）。

表 5-10 评价量表

评价内容	学生互评	教师评
汇报语言清晰流畅，有条理，实践过程清楚，可实施	☆☆☆	☆☆☆
平面图和立体图中用数学知识计算图上距离、绘图，数据清楚、比例尺绘制准确	☆☆☆	☆☆☆
平面图及模型制作美观，能表现设计构想，能阐述 1~2 个专业设计的亮点	☆☆☆	☆☆☆
团队成员凝聚力强，分工合理、合作高效	☆☆☆	☆☆☆
能认真反思，不断修改、完善方案	☆☆☆	☆☆☆

在"成果发布会"的环节，各小组进行成果发布，阐述学习过程和设计理念。特别是有的小组几易其稿，针对如何减少测量校园的数据误差，不断调整修改，绘制出从初稿到多稿，不断进阶的校园平面图。

确定比例尺，结合实际确定各教学楼现实布局及尺寸大小，并根据比例尺计算图上距离，进行三次修改才确定最终稿，按照终稿的数据进行模型的设计。在模型设计时还要融合科学、美术学科关于工程与建筑领域的内容，进行设计理念的确定，进行 3D 建模或实物模型。这种无形的学科融通贯穿于学生解决问题的过程中，有助于学生进行知识体系的建构和应用。

在成果发布时，学生侃侃而谈，在向同伴交流、回应评委答辩问题的过程中，提高了语言表达的能力、质疑批判的能力和与人沟通交流的能力。

项目学习过程是不断进行迭代的螺旋上升式学习，在目前各种各样的学习方式中，以某一学科大概念引发的系列项目群，需要多学科的知识和能力。本课题中提到的跨学科项目，是在以数学学科大概念进行项目学习过程中，嵌入不同学科的概念和能力为载体，指向真实的问题解决的学习。这样的学习方式需要整合不同学科的知识和能力，共同指向具有挑战性的问题探索与解决，体现出不同学科领域知识的整体建构和全面理解。

（三）真实地成长，提升素养能力

基于项目的"驱动性问题的设计""评价量规的制订""学生参与和投入""项目的评估方式""跨课程教师团队的构建"等，改变着教师的教和学生的学，课题教师团队正以新的学习理念应对真实情境与教师教育课程内容的融合带来的空间与时间上的挑战，基于项目的学习实践教师将更全面、更深度地审视和把握学习内容、学习方式、学习关系。

1. 关注真实问题的解决，作为提升素养的生长点

基于项目的学习形式，以真实的问题为始，自主、探究、合作、展示，将学与用融为一体，在用中学，以用促学，培养学生知行合一的品质特性。这种学以致用的思维习惯能调动学习者学习的积极性与主动性，注重让学生

体会"数学知识来源于生活，又回归生活"，主要途径有两方面：一是让学生应用生活经验理解或验证所学的知识；二是应用数学知识、概念及思维、方法解决生活中的实际问题。

只有在真实问题的解决过程中，学习者才能够不断受到解决真实问题的任务驱动，获得真正的学习内在动机，才能够将已有的知识经验、技能，在将来的实际情境中真正迁移应用。

2. 关注学习中的体验，作为提升素养的关键点

在问题解决的过程中并不是一帆风顺的，学习者不断地调整应用的策略，回顾反思学习的过程，形成积极的学习态度和坚毅的学习品格，是发展学生素养能力的关键点。

数学的创造性智慧，源于它是一种创造性的活动，这种创造性不是推翻已有的大厦重建，而是在原有的基础上添砖加瓦，即便是另建高楼，那也会在新楼与旧楼之间构造回廊。

以学生为主体的自我探索研究的过程中，学生发现问题、解决问题、空间观念、运算能力、应用意识、创新意识等方面的能力得到提高，以高阶思维包裹低阶学习的过程促进学生对数学知识的理解，提高了应用意识，提升了参与者的团队合作、质疑思辨、勇于创新等核心素养能力。

3. 关注方法形成后再应用，作为提升素养的延伸点

在经过前期的调查研究后，学生按照项目需求，设计项目实施方案；经历了测量记录、团队组建、合作分工、平面图绘制、立体模型制作、反思修正等一系列学习过程，过程中不断发现并解决问题，最终呈现出平面图、3D模型和项目报告等学习成果。

项目学习"'文一'未来校园3D模型制作"，与小学数学课堂教学相结合，在以数学学科大概念"如何按比例制作模型"进行项目学习过程中，

指向真实的问题解决的学习，聚焦提升学生学科素养，在自主获取知识的过程中促进能力的提升，积累活动经验，形成数学基本思想。

今日所谓教育的成功，不再是文本知识的再生产，而是运用既有知识准确地迁移，进而把知识运用到新的情境之中。教育家纽曼（Newman）等人把这种能动的学力，界定为真实性学力。在真实情境中，人们将获得真正的学习动机，关注的不再是浅层学习；人们面对的不再是良构问题，而是劣构问题；人们将不再只是获得零碎知识，而是实现真实的知识迁移。

具有项目学习特色的学科教学模式，能有效促进学生对数学知识的理解，提高应用意识，提升参与者的团队合作、质疑思辨、勇于创新等核心素养能力，将视角扩展到真实世界中，将学校教育与真实世界紧密联系起来，让学生在真实而有挑战性的任务驱动下获得成长。走向学科深处的项目学习可以丰富当前核心素养背景下小学数学课堂教学的方式和范例，为提升学生思维水平和核心素养发挥重要影响。

参考文献

[1] 夏雪梅 . 项目化学习：学习素养视角下的国际与本土实践 [M]. 上海：教育科学出版社，2018.

[2] 中华人民共和国教育部 . 义务教育数学课程标准（2011 年版）[M]. 北京：北京师范大学出版社，2011.

[3] 刘兼，孙晓天 . 数学课程标准解读 [M]. 北京：北京师范大学出版社，2002.

——作者：张伟振　王黎超　夏滢萍　闫芳

四、"小学生 DIY 智能风速仪"项目学习案例

（一）项目背景

郑州市金水区文化路第一小学在深化课程改革的过程中，自 2016 年开始

探索实施"项目学习的课程改革研究与实践"。学校实施的项目学习经历了从1.0到3.0版的完善，即从学科微项目学习到跨学科项目学习，再到与育人目标深度联结，探索走向深度的项目学习，形成了独具学校办学特色的项目学习新样态。在郑州市金水区教育局大力推广编程教育下，我们强调跨学科研究性学习，利用信息科技与科学课程深度融合，开展小学生DIY智能风速仪项目学习。

（二）项目基本信息

1.问题提出

2021年，河南郑州"7·20"特大暴雨对城市建设、人们的生活、行车安全等造成巨大影响。项目组成员亲身经历了这场特大暴雨，发现与台风"烟花"有着密切联系。面对这样的极端天气，五年级编程社团的同学们决定为未来校园风力监测站出把力，设计一款创意独特的风速仪。

2.驱动问题

将问题作为项目学习的出发点，引导学生分析问题、解决问题及反思问题，以此促进学生问题解决能力的提高。例如，项目中驱动性问题："作为一名小小设计师，利用编程技术，如何设计出未来校园版风速仪模型？"根据驱动性问题，学生经历一系列活动，如了解风的相关知识、学习编程软件知识、勾勒出未来校园监测站的蓝图等。

3.项目目标

（1）通过网络查询、问卷调查等多种途径，了解风的形成原理、风的危害，以及风的利用价值。

（2）利用现有材料，设计制作创意独特的风速计，提高动手能力和实践创新能力。

（3）通过实验从风速计的稳定性、可行性、精准性等维度进行测评，在观察、对比、分析的过程中，直观感受风对我们生活的影响。

（4）通过本次探究，为未来校园风力监测站出把力，倡议大家要有安全防范和自我保护的意识，养成关注天气的好习惯。

4. 核心任务

项目学习过程中涉及信息技术、数学、科学学科知识，我们组成跨学科团队进行项目设计、实施与评价。依据各学科新版课程标准，细化分解、整合梳理成这次项目学习的学习目标和评价量规，把核心任务分解为 9 个课时的内容（表 5-11）。

表 5-11　DIY 智能风速仪核心任务分解

课时	课时名称	具体任务
1	制订计划	发现真实性问题、聚焦问题、制订计划
2	设计图纸	制订图纸评价量规，设计、迭代图纸，选出最优方案
3	参观学习	观看风速仪实物，掌握 WeeeMake 工作原理
4	创建 3D 模型	利用 Autodesk 123D Design 创建风速仪模型
5	打印模型	通过 Flash Print 转换 GX 文件，借助 Inventor2 打印
6	选择硬件	从 WeeeMake 中选择合适的硬件搭建平台
7	编写程序	根据风速仪运行原理，编写程序，并进行调试
8	调试风速仪	选择合适的工具对风速仪进行组装调试
9	成果展示	成果展示与汇报，迭代作品，完善过程性资料

（三）项目实施过程

1. 调查研究

学生通过上网查资料、询问教师和家长等途径，对风的形成原理、风造成的危害、风的利用价值等有一个初步的了解和认识。编写关于"探究风的影响"调查问卷，结合小学数学知识进行调查数据的计算、统计与分析。

2.制订计划

学生以科学家的思维方式，依据所选择的构思方案，制订出"利用 DIY 风速仪探究风对生活的影响"的计划，教师对学生的计划提出疑问，小组协商优化。在后期的执行过程中，小组积极召开钉钉视频会议，讨论制订项目计划，根据组员的特长，结合大家的时间明确任务、合理分工、动态调整，形成项目设计流程（图 5-3）。

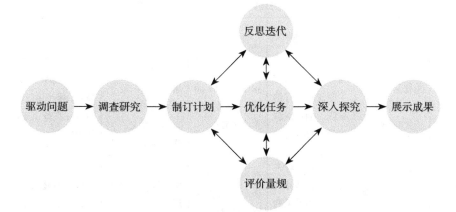

图 5-3　项目设计流程

3.深入探究

学校五年级编程社团的同学，招募团队，把 3D 打印技术融入成果制作过程中，同学们根据自己设计的图纸打印出所需模型，结合图形化编程和传感器，并设计风速仪模型与传感器模块的连接，深入学习相关编程知识，借助 WeeeMake 测距传感器获取风力数据，以编程猫为平台，利用编程算法处理原始数据，通过测试并获得最终风速。根据不同类型风速仪模型对同一数据的处理进行展示评比，最终基于评价量规，选出最优数据的风速仪模型，让大家更全面地了解风对我们生活的影响，增强安全意识，提高自我保护能力，拥有防范和自救能力，养成关注天气的好习惯。

4. 评价量规

教师引导学生围绕"DIY 智能风速仪"的创新创造，设计思路、用户体验、艺术审美、程序技术等方面来制订评价量规（表 5-12），及时反思、完善作品。坚持评价量规前置，从而有效地达成学习目标，逐渐形成较为完整的评价体系。

表 5-12 DIY 智能风速仪评价量规

评价维度	创新创造	设计思想	用户体验	艺术审美	程序技术
三颗星	主题鲜明，创意独特，表达形式新颖	构思完整，内容主题清晰，有始有终；创意来源于学习与生活	操作流程简易，无复杂、多余步骤	模型给人以审美愉悦和审美享受；运用的模型有实际意义，充分表现主题	合理正确地使用编程技术，程序运行稳定、流畅、高效，无明显错误
两颗星	作品中有令人眼前一亮的创新点	创意比较贴近生活，存在部分内容与主题无关的情况	存在小部分多余、不易直接察觉的操作	模型选择有助表现主题	程序无明显错误，主流程可正常运行
一颗星	主题、表达形式均常见，没有任何创新点	内容表达明显不完整，作品未集中表现一个主题	依赖操作说明，存在较多多余步骤	广泛运用于主题无关的模型	程序有明显错误，代码可读性较差，多见多余、无效代码
总数					

5. 成果检验

学生运用科学知识，控制变量，制订了可行性方案。学生使用风扇来模拟风，风力计、蜡烛、树叶、玩具汽车分别摆在距离风扇 1 米距离处，经多次实验，得出结论（见表 5-13）。

表 5-13　探究风对物体的影响实验

探究问题	探究风对物体的影响实验				
实验材料	风扇、DIY 智能风速仪、蜡烛、树叶、玩具汽车				
	风力大小	风力计	蜡烛	树叶	玩具汽车
实验过程	1.5m/s				
	3.4m/s				
	5.5m/s				
实验结果	风力越小对物体的影响越小，风力越大对物体的影响就越大；风速越大，风的破坏性越大				

6. 成果发布与评价

成果展示以师生提问、小组解答等形式进行，在全面感知小组创意成果的基础上，通过组内自我评价、组间相互评价和教师评价等多主体参与成果展示与评价，并畅想能为未来校园建立理想的风力监测站出把力，更好地为校园师生服务。

（四）项目成果

1. 自主领导，学生习惯主动学习

通过"利用 DIY 风速仪探究风对生活的影响"项目研究，学生自主学习，主动管理课堂，主动学习的习惯有明显提升。学生主动承担教的责任，提升领导力。改变应试课堂的讲授、机械记忆为主的方式，利用趣味课题引领学生主动学习。

2. 践行真实性学习，探究真问题

真实性学习的发生源于仔细观察、发现问题、持续解决。为学生创设情境，使学生在这种真实的情境中提出问题或必须解决的问题，根据教师提供的材料和资源，提出假设，利用理论或实践检验问题，最后在仔细分析的基础上得出结论。我们在"利用 DIY 风速仪探究风对生活的影响"项目研究中，重视观察，倡导思想碰撞，鼓励跨越学科壁垒，提升学生对整个项目的认知，发现真实问题，而不仅仅使学生停留在问题表层。

3. 学生榜样引领，提高综合应用能力

"新一轮基础教育课程改革"提倡自主学习、合作学习和探究学习。师生角色互换是落实新课改以学生为主体的一种有效形式，通过让学生走上讲台，极大地调动了学生的积极性。讲课的学生会提前对自己讲授内容认真备课，他们更渴望借助网络、书籍、教师等身边资源来细化自己的案例，对课堂中

可能出现的问题进行预案，能够深化他们对相关知识和方法的理解，培养学生团队协作、沟通交流及解决问题的能力。

——作者：张延鹏　熊继娟　王黎超

第二节　基于单元整体课程的实施案例

《基础教育课程教学改革深化行动方案》中的重点任务是：坚持因地制宜"一地一计"、因校制宜"一校一策"，我们要把国家统一制定的育人"蓝图"细化为学校的育人"施工图"。我们坚持循证决策，变革学习方式，持续优化改进课程实施方案，引导学生走向深度学习。

近年来，在"双减"背景下，"文一"持续深入探索基于项目学习的单元教学，进一步围绕"学科核心素养落地"展开课堂实践探索。我们建构了基于"Ph.D"的单元教学模式（表5-14），推动教师直面单元大观念背景下学生思维品质、文化意识、学习能力的融合发展，促进学科育人价值落地。

表5-14　基于"Ph.D"的单元教学模式

三个特征	情境化、结构化、可视化	
七个要素	1. 项目基本分析	研读课标、研读教材、分析学情
	2. 项目核心目标	事实性目标、理解性目标、迁移性目标
	3. 项目导入事件	真实问题、真实事件
	4. 驱动性问题	作为（社会角色），如何（　），产出（　）作品，解决问题，发展能力？
	5. 项目学习内容	结构化的学习内容
	6. 项目实施	任务分解、活动设计、成果展示
	7. 项目评价	评价量规、学习评价、成果评价、反思迭代

基于"Ph.D"的单元教学模式具有七个要素，分别是项目基本分析、核

心目标确定、导入事件、驱动性问题、项目学习内容、项目实施、项目评价。还具有以下三个特征：

一是设计的情境化。基于问题或真实事件，学生带着一定的社会角色，在真实的情境中，完成一项成果或作品，经历完整的深度学习过程。

二是内容的结构化。在单元大概念的统领下，我们以真实情景中的"任务线索"，引导学生进行结构化学习，满足学科核心素养的落地。

一种途径是基于自然单元，开展对单元学习内容序列化、结构化的整合、优化，凝练出大概念，通过一个个大概念的形成，落实核心素养，形成"自下而上"的行动自觉。

另一种途径是教师基于课程标准"自上而下"，聚焦学科核心素养，细化教学目标，重构知识结构，建立学科内、跨学科、学科与生活的联系。

三是成果的可视化。以项目成果为核心的综合性评价是大概念发展的重要保障，可以反馈学生在单元教学中大概念的发展情况。同时，我们还探索出信息技术支持下的项目学习"三段五环模型"，通过技术赋能小组学习、交流、成果展示，实现学习成果的数据化与可视化，精准反馈，帮助学生进行个性化学习的迭代，提高自主学习的能力。

一、数学学科单元整体课程设计

"数据的表示和分析"单元整体课程设计

（一）单元课程理念

1. 学科育人价值

数学具有高度的抽象性、严密的逻辑性、应用的广泛性，在人类文明的发展中发挥了重要作用。数学的应用渗透到了现代社会的各个方面，作为一门国家基础课程，数学学科必然具有不可替代的育人价值。《义务教育数学课程标准（2022年版）》指出："数学在形成人的理性思维，科学精神和促进个人智力发展中发挥着不可替代的作用。数学素养是现代社会每一个公民应当具备的基本素养。"❶ 义务教育数学课程要落实立德树人根本任务，使得人人都能获得良好的数学教育，不同的人在数学上得到不同的发展，逐步形成适应终身发展需要的核心素养。由此可以看出，数学课程的育人价值集中体现在帮助学生形成数学素养上，即让学生通过学科学习逐步形成正确的价值观念、必备品格和关键能力，主要包括三个方面："会用数学的眼光观察现实世界，会用数学的思维思考现实世界，会用数学的语言表达现实世界。"为了实现数学学科的育人价值，不仅要关注学生知识的掌握，更要关注学生能力的提升和素养的发展。

2. 单元育人价值

"数据的表示和分析"是北师大版小学《数学》四年级下册第六单元的内容，属于"统计与概率"领域，是义务教育阶段数学学习的重要内容之一，是培养学生的数据意识、应用意识和发展学生数学思维的重要阵地。

随着大数据时代的来临，生活已先于数学课程将数据统计推到了学生面前，具备与统计相关的知识与能力已成为每个现代公民必备的素养。本单元数学核心素养主要为数据意识和应用意识，引导学生经历完整的收集数据、整理数据和分析数据的过程，逐步学会用数据表达问题，通过收集、组织、展示数据及选择和运用适当的方法分析数据，进而回答问题、作出判断、进行预测。在这个过程中，理解和感悟数据的意义与价值，有意识的使用数据，选择合适的方法表达、解释与分析现实世界，逐步养成用数学语言表达与交流的习惯。

因此，本单元从生活中的真实情境出发，设计学科项目学习，让学生经

---

❶ 中华人民共和国教育部. 义务教育数学课程标准（2022年版）[M]. 北京：北京师范大学出版社，2022：1.

历实际劳动情境中数据的收集与整理，学会用条形统计图和折线统计图表示数据，发展几何直观，培养学生用数学的眼光观察现实世界。通过对数据简单的分析，感受数据中蕴含的信息，能够合理应用统计图表和平均数，用数学的思维思考现实世界。知道在现实生活中，有许多问题应当先做调查研究，收集数据、分析数据，体会运用数据进行表达与交流的作用，形成数据意识和应用意识，培养学生用数学的语言表达现实世界。在发展数学核心素养的同时，培养学生的劳动观念、劳动能力、劳动习惯和品质及劳动精神。

3. 单元学习价值

史宁中教授说过："数据是信息的载体，这个载体包括数，也包括言语、信号、图像，凡是能够承载事物信息的东西都构成数据，而统计学就是通过这些载体来提取信息进行分析的科学和艺术。"❶ 由此可见，数据分析是统计学的核心。这部分内容是义务教育阶段数学学习的重要领域之一，在小学阶段包括"数据分类""数据的收集、整理与表达"和"随机现象发生的可能性"三个主题。这些内容分布在三个学段，由浅入深，相互联系。

本单元的学习使学生在真实情境中，经历简单的数据收集和整理过程，了解调查、测量等收集数据的简单方法，并运用自己的方式（文字、图画、表格等）呈现整理数据的结果；通过对数据的简单分析，感受数据所蕴含的信息，体会运用数据进行表达与交流的作用。学生在实际情境下体验数据的收集、整理、描述和分析的过程，了解统计的意义，会用简单的方法收集和整理数据；使学生初步认识统计图和简单的统计表，能根据统计图表中的数据提出并回答简单的问题，并能够进行简单的分析；让学生学会从不同角度整理分析数据、选择合适的方法表示数据，感悟数据的意义与价值；通过简单的生活情境，使学生掌握求平均数的方法；进一步培养学生的收集、分析、整理数据的能力，培养学生的数据意识，逐步形成用数据说话的习惯。

---

❶ 史宁中. 数学思想概论 [M]. 长春：东北师范大学出版社，2009.

（二）单元课程情境

1. 单元学习前的学情分析

基于数学课程整体推进，通过课前测试了解学生学前认知水平并进行分析。

调研样本：四年级某班 50 名学生。

调研方式：访谈和执笔测试相结合。

调研内容：

表 5-15　A 市 2021 年 8 月的天气情况

日	一	二	三	四	五	六
1 阴	2 多云	3 阴	4 阴	5 多云	6 多云	7 雷阵雨
8 阴	9 晴	10 多云	11 阵雨	12 多云	13 多云	14 阵雨
15 晴	16 多云	17 阵雨	18 阴	19 多云	20 阵雨	21 晴
22 晴	23 晴	24 晴	25 晴	26 阵雨	27 雷阵雨	28 晴
29 晴	30 多云	31 阴				

这个月的每种天气各有多少天？你能把它们清楚地表示出来吗？用你喜欢的方式写一写、画一画。

表 5-16　第 4 小组男生队和女生队踢毽子比赛的成绩

男生队		女生队	
姓名	踢毽个数	姓名	踢毽个数
王小飞	19	杨羽	18
刘东	15	曾诗涵	20
李雷	16	李玲	19
谢明明	20	张倩	19
孙奇	15		

哪个队的成绩好？把你的理由写下来。

学生学习状况分析：

第一题主要是考查学生表示数据的能力，前测数据如表 5-17 所示。

大部分同学都能够尝试用统计表、图形、文字等方式来表示数据，但可以看出学生对统计图的经验不足，虽然能够使用自己创造的"图"来表达数据，但是 72% 的学生表达不够清晰、直观，极少数学生画出了条形统计图，但画得也不规范。基于学习轨迹分析，我们思考：在教学中，教师要让学生经历"统计表—象形统计图—条形统计图"的过程，感受统计图与统计表之间的联系、过渡与变化。

表 5-17　第一题数据分析

等级	学生表现	人数	比例
0 分 —— 没有完全理解	未能尝试去整理数据，把数据重新描述了一遍	4	8%
1 分 —— 较弱	对数据进行归类整理，尝试用文字、符号呈现数据，但未呈现天气种类，数字、画图不规范，表示不够清晰、直观	24	48%
2 分 —— 一般	能够使用文字、符号呈现数据结果，画图排列整齐，种类标识清楚，较为清晰、直观	13	26%
3 分 —— 较好	能够使用表格或象形统计图整理数据并标上数据，能一眼就看出数据的多少	7	14%
4 分 —— 非常好	能够使用条形统计图整理数据	2	4%

第二题是想观察学生在对数据分析时有没有产生对平均数的需求，数据如表 5-18 所示。

表 5-18　第二题数据分析

等级	学生表现	人数	比例
0 分 —— 没有完全理解	没有对数据进行任何分析，直接得出结论	4	8%
1 分 —— 较弱	没有产生平均数的需求，直接计算两队总成绩或者直接比较最高成绩，得出错误结论	27	54%

等级	学生表现	人数	比例
2分——一般	能够发现两边人数不相等，求总成绩或直接比较是不公平，但没有产生平均数的需求	1	2%
3分——较好	能够列式计算出平均数	16	32%
4分——非常好	能够求平均数比较两队成绩，并分析用平均数的原因	2	4%

　　学生之前学习过平均分，对平均数有一定的基础，但是平均数对于学生来说是一个全新的概念。本题利用双方人数不均等，所以直接把数据相加或者比最大或最小的数据都是不合适的，让学生产生对平均数的需求，但是从数据可以看出，62% 的学生都没有分析出来，所以在实际教学的过程中，要注重对平均数意义的理解。

　　基于前测学情分析，建议本单元学习，要结合实际生活，设计有效的统计活动，积累开展统计活动的经验，培养学生对数据进行整理分析的能力。在统计过程中学习表示数据的方法，能根据统计图表的数据进行简单的分析和预测，注重平均数意义的学习。

2. 单元学习内容的分析

　　确定单元学习资源是单元整体课程设计的重要部分，主要从两个部分进行分析。

　　（1）义务教育小学《数学》教科书学习素材的分析与把握。

　　从小学阶段"统计与概率"课程学习来看，本单元学习所处的位置与前后联系如图 5-4 所示。

　　小学四年级的学生在以前的学习中，已经对数据的统计过程有所体验，也学会了一些简单的收集、整理和描述数据的方法，还能根据统计结果回答一些简单的问题，具有初步的统计意识和能力。本单元学习内容如图 5-5 所示，主要包括认识条形和简单的折线统计图；用统计图直观、有效地表示数据；

认识平均数能用自己的语言解释其实际意义。学习本章的内容可使学生体会到统计知识在现实生活中的应用，激发学生的学习热情，培养学生的数据意识和应用意识。同时也为后面学习复式条形统计图、复式折线统计图和平均数的再认识作准备。

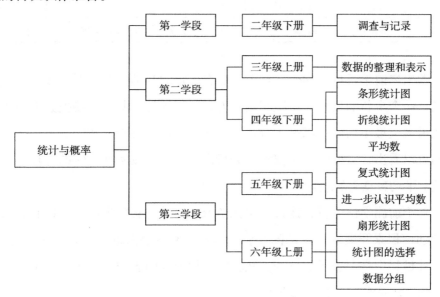

图5-4　单元学习内容前后联系

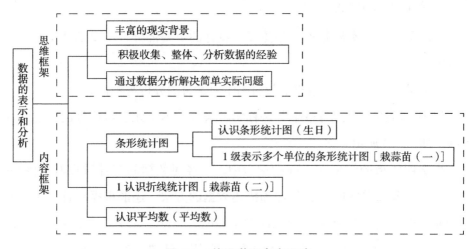

图5-5　单元学习内容思路

横向对比教材：对比北师大、人教版及苏教版三本教材，可以看出，在教材的编排上，三本教材有些许的不同。北师大将简单条形统计图、简单折线统计图及平均数放在了一个单元内学习，而人教版和苏教版划分比较细致，单元比较多，且人教版和苏教版都将折线统计图归入第三学段学习的内容。虽然编排有所差别，但是三本教材总体都符合学生的认知发展规律和特点，按照由简到繁、由浅入深、由易到难的程度逐步扩展，螺旋上升；重视对统计实际意义的体验，借助日常生活中各种各样的真实情境，在收集、整理、描述简单的数据过程中发展数据意识。

（2）义务教育小学《数学》创编资源分析与确定。

基于对课标、教材的分析，就以下问题进行思考：①如何提供真实的情境，让学生经历统计的全过程；②如何让学生在收集、整理、表达数据中，培养学生初步的数据意识和应用意识。课题组在尊重原本教材内容编排的基础上，结合我校劳动教育课程，确定了以"蒜苗生长知多少"为主题的项目学习活动，以"如何利用植物观察、长度测量、统计图的绘制等知识，经历选种育苗、测量统计的过程，制作一份科学的蒜苗生长报告"为驱动任务，将项目拆分为七个步骤，层层剖析，让学生成为推动项目实施的第一人，注重让学生经历发现和提出问题、分析和解决问题的全过程，积累从头到尾完整思考和解决问题的经验，真实地思考、分析、体验。让学生在完整做事的过程中，弘扬劳动精神，培养数据意识。

确定了单元学习主题后，同学们一起实地调查、采访、讨论了挑战性任务的设计，学生要去思考"知行苑班级种植田里种什么？如何统计班级学生最喜欢的农作物？如何栽种？蒜苗的生长高度如何测量？测量的实验数据如何整理绘制成统计图？各阶段生长情况的快慢？蒜苗的平均生长速度是多少？遇到问题和困难如何解决？"等一系列问题，提高数据分析和综合运用知识的能力。

根据项目学习的实施元素，对学习内容进行重构，确定了项目推进流程，

流程安排如下：

项目流程 1：入项、明确挑战任务、凝练驱动性问题。

项目流程 2：设计方案、组建团队、任务划分。

项目流程 3：获取种植数据、对数据进行整理统计。

项目流程 4：蒜苗栽种养护、测量记录、绘制统计图。

项目流程 5：分析数据、统计图的选择。

项目流程 6：修改完善、制作蒜苗生长报告。

项目流程 7：成果展示、汇报、反思。

3. 单元课时安排

对应知识内容课时安排如图 5-6 所示。

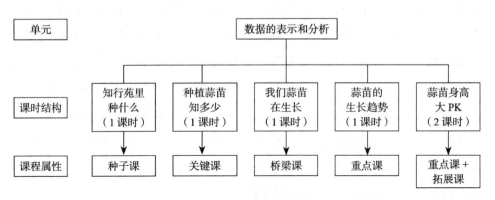

图 5-6　课时安排

（三）单元课程目标

单元课程目标是教学的出发点和归宿，是教师对学生达到的学习成果或最终行为的明确阐述，是对教学活动的引领和导向。数学单元教学目标的制订，要结合学情，依据课程标准和教材，基于学生核心素养的发展，制订本单元课程目标具体包括。

1. 单元课程的课程标准要求

《义务教育数学课程标准（2022 年版）》中与本单元相关的具体表述是：

（1）学段目标。

经历简单的数据收集的过程，了解数据收集、整理和呈现的简单方法；理解平均数的意义，会用平均数解决问题；形成初步的数据意识。❶

（2）内容要求。

①通过对数据的简单分析，感受数据蕴含的信息，体会运用数据进行表达与交流的作用。

②认识条形统计图，会用条形统计图合理表示和分析数据。

③能读懂报纸、电视、互联网等媒介中的简单统计图表。

④探索平均数的意义，能解决有关的简单实际问题。

⑤能在简单的实际情境中，合理应用统计图表和平均数，形成初步的数据意识和应用意识。❷

（3）学业要求。

能收集、整理具体实例中的数据，并用合适的方式描述数据，分析与表达数据中蕴含的信息。能用条形统计图合理表示数据，说明数据的现实意义。

知道用平均数可以刻画一组数据的集中趋势，知道平均数的统计意义；知道平均数是介于最大数和最小数之间的数，能描述平均数的含义；能用平均数解决有关的简单实际问题，形成初步的数据意识和应用意识。❸

（4）教学提示。

数据的收集、整理与表达的教学。创设真实情境，引导学生经历简单的

---

❶ 中华人民共和国教育部．义务教育数学课程标准（2022 年版）[M]．北京：北京师范大学出版社，2022：37.

❷ 中华人民共和国教育部．义务教育数学课程标准（2022 年版）[M]．北京：北京师范大学出版社，2022：38.

❸ 中华人民共和国教育部．义务教育数学课程标准（2022 年版）[M]．北京：北京师范大学出版社，2022：38.

数据收集和整理，感悟收集数据的意义和方法，用数学语言表达数据所蕴含的信息，形成初步的数据意识。

条形统计图教学要通过现实背景，让学生理解条形统计图中横轴和纵轴的意义及二者之间的关联，知道条形统计图的主要功能是表达数量的多少，借助条形统计图可以直观比较不同类别事物的数量。

平均数教学要引导学生在熟悉的情境中理解平均数所具有的代表性，通过刻画一组数据的集中程度表达总体的集中状况，理解平均数的意义，也可以让学生经历收集体现社会发展或科技进步数据的过程，初步体会平均数的统计意义，形成初步的数据意识。❶

2. 单元大概念提炼

分析单元学习内容前后数学知识的关联，如图 5-7 所示。

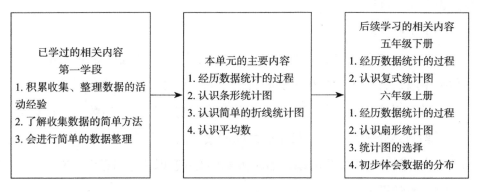

图 5-7　单元内容前后联系

分析学习内容与要发展的学生核心素养主要表现"数据意识""几何直观""应用意识""运算能力""模型意识"的关联，在本单元的具体表现为：意识到数学与现实世界有着密切的联系。感受现实生活中存在大量数据，其

---

❶ 中华人民共和国教育部.义务教育数学课程标准（2022 年版）[M].北京：北京师范大学出版社，2022：39.

中蕴含着有价值的信息，利用统计图表可以呈现和刻画这些信息，形成初步的数据意识；能够运用图表描述和分析问题，建立形与数的联系；能够主动发现、提出、分析和解决现实生活中的数学问题，感悟数学思想方法的简约性、条理性与严谨性（表 5-19）。

表 5-19　核心素养表现

内容	核心素养主要表现
数据分类	数据意识、应用意识
数据的收集、整理与表达	数据意识、应用意识、模型意识、运算能力、几何直观
随机现象发生的可能性	数据意识、应用意识、推理意识
抽样与数据分析	数据观念、模型观念、应用意识、创新意识、抽象能力、运算能力、几何直观、推理能力
随机事件的概率	数据观念、模型观念、应用意识、创新意识、运算能力、抽象能力、推理能力

通过对课程标准进行分析，依托核心素养，对照本单元的学习内容，结合学生的认知发展特点，在单元视域下，确定本单元的大概念为："在对大量数据的分布情况或变化趋势进行描述与分析的过程中，积累统计经验，发展学生的数据意识、几何直观、运算能力、模型意识、应用意识。"学生在学习过程中，通过真实的学习情境，在一系列活动中感悟数据分析的过程，感受数据蕴含的信息，形成初步的数据意识。

3. 单元学习目标

基于前述分析，立足核心素养，围绕单元大概念，制订可操作、可评价的单元学习目标，即：

（1）以小组合作的形式，引导学生真实体验，调查统计学生喜爱的植物类别，经历收集、表示和分析数据的过程，能进行简单的数据统计。

（2）通过栽种蒜苗，观察蒜苗的生长过程，经历测量记录处理实验数据的过程；了解统计表（图）的特点，学会绘制统计表（图），并能进行简单的数据分析。

（3）在蒜苗成果展示和评价中，了解平均数的意义，会求简单的平均数，能解决简单的实际问题。

（4）经历收集数据、整理数据、分析数据的过程，体会统计在日常生活中的应用，积累统计活动的相关经验，发展数据意识、应用意识和推理意识。

（5）经历项目的计划和实施、可能出现的各种问题的过程，在解决简单的实际问题中，体会数学与生活的密切联系。

（6）经历使用数学语言和工具有效交流沟通、完成任务的团队学习过程，发展动手实践能力、应用意识和创新意识，积累数学活动经验。

细化单元学习目标到课时学习目标，具体联系见表 5-20。

表 5-20　单元学习目标和课时学习目标联系

课时	课题	学习目标 1	学习目标 2	学习目标 3	学习目标 4	学习目标 5	学习目标 6
课时 1	知行苑里种什么	√			√	√	√
课时 2	种植蒜苗知多少		√		√	√	
课时 3	我们蒜苗在生长		√		√	√	√
课时 4	蒜苗的生长趋势		√		√	√	√
课时 5、6	蒜苗身高大 PK			√	√	√	√

（四）单元课程内容

本单元属于"统计与概率"领域的"数据的收集、整理与表达"。课程标准指出，"数据的收集、整理与表达"包括数据的收集，用统计表、平均数、百分数表达数据。在学习过程中，让学生初步感受现实生活中存在大量数据，其中蕴含着有价值的信息，利用统计图表可以呈现和刻画这些信息，形成初步的数据意识。

1. 课程内容结构

本设计以核心素养中的数据意识为重点，结合课程标准和教材，整合单元知识，阅读相关文献进行项目化单元教学设计，以项目学习的形式开展"统计与概率"单元教学实践。在教师的引导下，结合案例教材文本内容和生活实践，确定驱动型问题，进行探究，通过分组分工、制订计划、协作探究、汇报结果、监督评价，学习教材相关知识，培养学生数据分析的意识，提升综合能力。

基于本单元课程内容结构，确定单元课程推进结构图（图 5-8）。

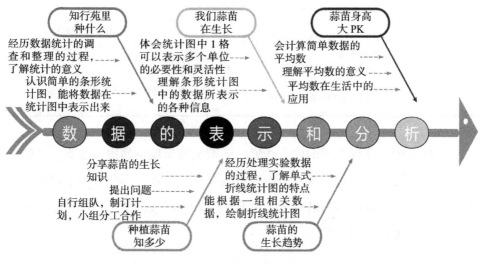

图 5-8　单元推进结构

2. 课程内容要点

本单元课程内容包括基础内容和拓展内容，基础课程内容要点着重发展学生的基础知识和基本技能，拓展课程主要侧重学生数学核心素养的培育及高阶思维的发展（表 5-21）。

表 5-21 单元课程内容要点

任务	基础课程内容要点	拓展课程内容要点	课时
认识条形统计图	1. 认识条形统计图 2. 能根据统计图回答简单的问题	感受象形统计图到条形统计图的过渡、联系与变化	1
1 格表示多个单位的条形统计图	1. 认识 1 格表示多个单位的条形统计图 2. 能够根据数据绘制条形统计图 3. 理解条形统计图所表示的各种信息，并对数据进行简单分析	1. 经历提出问题、分析问题、解决问题的过程，提高学生的实践应用能力 2. 感受统计在生活中的应用，体会数学和生活的联系 3. 了解条形统计图和折线统计图的区别和联系 4. 培养种植蒜苗的劳动技能	3
认识折线统计图	1. 认识折线统计图，了解简单折线统计图的特点 2. 能够根据一组相关的数据，绘制折线统计图 3. 能从折线统计图上获取数据信息，并能简单预测		
认识平均数	1. 结合解决问题的过程，了解平均数的意义 2. 会用"移多补少""求和均分"计算简单的平均数 3. 感受平均数在生活中的应用	1. 感受平均数的代表性、虚拟性、敏感性、区间性、公平性等特点，深入理解平均数的意义 2. 结合统计图表进行数据分析 3. 会用平均数的知识解决生活中的问题	2

根据本单元课程学习的内在线索，清晰呈现出层层递进、螺旋上升的知识学习、认知发展、核心素养循序渐进地提升的过程，本单元的学习进阶图应景而生，该图可以清晰地看出本单元学生在学习过程中，知识技能与素养均得到进阶式发展（图 5-9）。

（五）单元课程实施

本单元围绕单元大概念"在对大量数据的分布情况或变化趋势进行描述与分析的过程中，积累统计经验，发展学生的数据意识、几何直观、运算能力、模型意识、应用意识"。设计有效的统计活动，积累开展统计活动的经验，注重在统计过程中学习表示数据的方法，注重从统计图表中获取信息，通过分析数据培养学生数据分析意识。

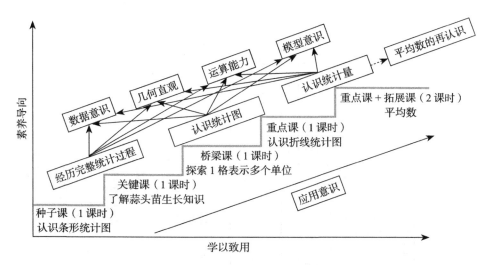

图 5-9　单元学习进阶

单元情境任务结构见图 5-10 所示。

1. 情境任务一：知行苑里种什么

本节课为项目学习的启动课，通过启动"知行苑里种什么"，让学生经历收集、整理、表示、分析数据的全过程，经历"统计表—象形统计图—条形统计图"的过渡，认识条形统计图。

核心问题：除了统计表，你还能用其他方式来表示全班同学最喜爱蔬菜的情况吗？

学习活动：

活动一：调查统计学生喜爱的植物类别，说一说准备如何调查。

活动二：以小组为单位展开调查并进行数据的收集和整理。

活动三：以小组为单位尝试用不同方式表示数据，全班交流表示数据的方式。

活动四：认识条形统计图，引导学生读懂统计图上表达的信息，明晰条形统计图的名称。

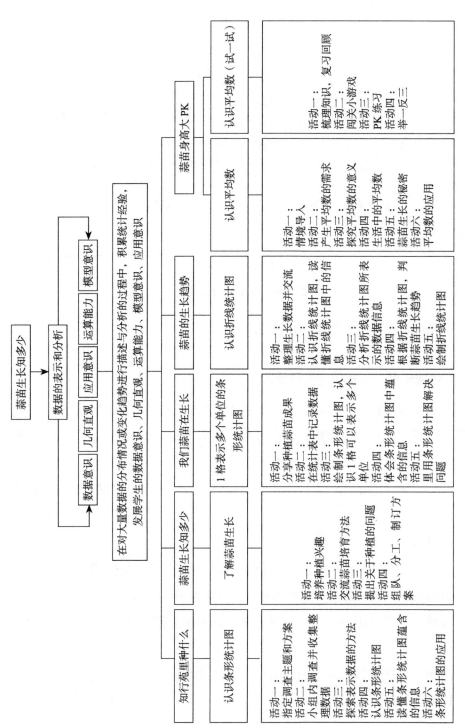

图 5-10 单元情境任务结构

活动五：说一说，从统计图中发现了什么，并根据统计图确定种植蔬菜种类。

活动六：体会条形统计图的应用。

2. 情境任务二：种植蒜苗知多少

本节课科普蒜苗知识，学生自行组队，开启蒜苗种植，是一节结合科学课和劳动课的跨学科学习。学生通过本节课将了解蒜苗培育方法，制订蒜苗种植方案。

核心问题：你对蒜苗种植有哪些了解？

学习活动：

活动一：介绍知行苑劳动基地，培养种植兴趣。

活动二：提出种植蒜苗的活动，分享学生知道的种植蒜苗知识，教师介绍蒜苗的培育方法。

活动三：让学生提出关于蒜苗的种植，有什么想要解决的问题。

活动四：自行组队，进行小组分工，制订实践方案。

3. 情境任务三：我们的蒜苗在生长

在记录蒜苗生长的过程中，探索条形统计图1格表示多个单位的必要性。

核心问题：请你用条形统计图整理本组数据，说一说你发现了什么问题，你是如何解决的？

学习活动：

活动一：展示蒜苗种植成果，交流得到了哪些数据，准备如何整理。

活动二：明确本节课的任务，记录蒜苗的生长高度，将蒜苗的高度在统计表中表示出来，对数据进行初步整理分析。

活动三：尝试用条形统计图整理数据，在整理过程中解决格子不够用的

问题，小组讨论解决，并在全班交流，发现条形统计图中 1 格可以表示多个单位，体会 1 格表示多个单位的灵活性。

活动四：结合统计图进行数据分析，鼓励学生从多角度发现数据中蕴含的信息。

活动五：用条形统计图解决生活中其他的问题，感受数学和生活的联系。

4. 情境任务四：蒜苗的生长趋势

借助蒜苗生长过程，认识折线统计图，并根据折线统计图简单分析数据，了解蒜苗的生长趋势。

核心问题：观察折线统计图，说一说这几天蒜苗的整体生长情况是怎样的？

学习活动：

活动一：引入课题，本节课要了解蒜苗的生长趋势，学生需要整理 14 天蒜苗生长数据，进行整理交流。

活动二：呈现折线统计图，将条形统计图和折线统计图建立联系，说一说折线统计图各部分的名称以及呈现的数据。

活动三：观察折线统计图，说一说这几天蒜苗的整体生长情况，体会折线统计图的特点。

活动四：想一想，哪段时间蒜苗生长得最快。

活动五：根据蒜苗生长情况，绘制折线统计图。

5. 情境任务五：蒜苗身高大 PK

第一课时：

本节课通过蒜苗身高 PK，让学生产生平均数的需求，认识平均数，理解平均数的意义。

核心问题：哪个数可以代表你们组蒜苗的高度水平呢？

活动一：回顾蒜苗生长视频，确定本节课探究的问题。

活动二：探索比较蒜苗身高的方法，产生平均数的需求。

活动三：平均数是怎么得到的，鼓励学生摆一摆，画一画，理解平均数的意义。

活动四：了解平均数的历史和生活中的平均数。

活动五：揭示蒜苗生长的秘密。

活动六：平均数的应用。

第二课时：

活动一：梳理知识，巩固新知。

活动二：闯关游戏，通过智慧树总结本单元知识从而获得智慧星。

活动三：PK练习，通过情境，解决生活中的问题，使学生充分感受数学的价值。

活动四：举一反三，拓展探究并说一说自己的收获是什么？（分享成果）

（六）单元课程评价

依据《义务教育数学课程标准（2022年版）》评价建议，发挥评价的育人导向作用，坚持以评促学、以评促教，采取丰富多样的评价方式，关注学生"四基""四能"及核心素养表现，架构本单元的评价体系。

1. 评价标准

（1）评价目标。

①能收集、整理、表示和分析数据，进行简单的数据统计。

②能利用统计图表示数据，并对数据进行简单分析。

③了解平均数的意义，会求简单数据的平均数。

④能利用统计知识解决生活中的实际问题。

⑤能发现、提出、分析、解决问题，能认真反思，修改完善方案。

⑥能在学习过程中善于思考、质疑，初步形成积极的探索精神和态度。

2. 评价框架

根据单元的学习目标、课程内容与实施、评价目标，设计评价实施结构及框架，从"评价维度""评价要点""评价内容"和"评价方式及建议"四个方面建立本单元实施的评价框架，详见表5-22。

表 5-22 "数据的表示和分析"单元评价框架

评价维度	评价要点	评价内容	评价方式及建议
学业发展	数据的收集、整理	积累收集、整理数据的活动经验，会进行简单的数据整理	书面测验 作业分析 课堂观察
	数据的表示	认识条形统计图和折线统计图，能根据数据画出统计图	
	数据的分析	能根据条形统计图和折线统计图进行简单的分析、判断和预测，了解平均数的意义，会求简单的平均数	
学业发展	统计的应用	体会统计在生活中的应用，会利用学习的统计知识解决生活中的问题	活动报告
情感态度价值观	学习兴趣	学习参与及作业完成情况	课堂观察 口语表达
	学习习惯	学习过程中倾听、表达、合作、实践等情况	
活动经验	操作能力	独立思考、观察、动手操作等情况	过程记录 操作活动
	合作能力	乐于并善于与他人合作的情况	

3. 评价量规

为评价学生"四基""四能"达成情况，针对"单元评价框架"的"学业发展"维度，设计单元评价量规（表5-23），以指导教师进行单元、课时评价以及作业设计。

表 5-23　"数据的表示和分析"单元学习评价量规

课程内容	合格水平	良好水平	优秀水平
数据的收集、整理	了解收集数据的方法，能够初步地收集、整理数据	有收集、整理数据的自觉，能够用合适的方式收集、整理数据	知道现实生活中存在大量数据，要想解决问题，需要先调查研究，能够用合适的方式收集、整理数据
数据的表示	认识条形统计图和折线统计图，能够绘制条形统计图和折线统计图	认识条形统计图和折线统计图，能够绘制条形统计图和折线统计图，了解两种统计图的区别和联系	认识条形统计图和折线统计图，能够绘制条形统计图和折线统计图，了解两种统计图的区别和联系，可以选择合适的统计图解决问题
数据的分析	能感受到数据蕴含的信息，能够对统计图中的信息进行简单分析	能感受到数据蕴含着信息，能够对统计图中的信息进行简单分析，能够利用平均数来表达数据	能够利用数据作出判断和决策，从而解决实际问题
统计的应用	能在帮助下运用统计的知识解决生活中的问题	能运用统计的知识解决生活中的问题	能灵活地运用统计的知识解决生活中的问题

4. 评价工具

新课标要求落实学生思维能力和核心素养的培养，基于单元整体教学，实现"教—学—评"一体化。于是我们开发单元评价工具，设计了单元过程性评价和阶段性评价，全面检测和评估学生核心素养的落实情况（表 5-24）。

（1）单元过程性评价。

①学前评价：依据课前前测情况，对学生的认知层级进行评价，如在学习"知行苑里种什么"，课前前测对 A 市天气的数据进行整理表示，以及学习"蒜苗生长大 PK"前测哪个队的成绩好，采取定性评价。

②课堂评价：此项评价主要基于学生上课时的活动表现进行评价，以教师课堂观察为主，根据学生课堂是否能认真倾听、积极发言，有条理表达自己的想法、小组合作探究、独立思考进行积分奖励，再根据积分兑换"文一榜样星"。

③作业评价：基础性作业。此项评价注重对学生基础知识的掌握进行评价，主要根据学生作业完成的情况，此项评价采取星级制，考查学生是否按时完成、是否书写规范整洁及正确率等方面进行定量＋定性评价。

表 5-24 "数据的表示和分析"单元课程评价与单元课程目标匹配说明

单元课程目标	单元课程评价							
	过程性评价						阶段性评价	
	课时 1	课时 2	课时 3	课时 4	课时 5	课时 6	主题一	主题二
能收集、整理、表示和分析数据,进行简单的数据统计	◆		◆	◆			◆	◆
能利用统计图表示数据,并对数据进行简单分析			◆	◆			◆	◆
了解平均数的意义,会求简单数据的平均数					◆	◆	◆	◆
能利用统计知识解决生活中的实际问题	◆	◆	◆	◆		◆	◆	◆
能发现、提出、分析、解决问题,能认真反思,修改完善方案	◆				◆		◆	◆
能在学习过程中善于思考、质疑,初步形成积极的探索精神和态度	◆	◆	◆	◆		◆		

④实践性作业:此项评价注重实践和应用,采取自评 + 师评的主体多样性评价方式。如从"蒜苗生长知多少"到"蒜苗的生长趋势",学生进行一系列项目学习过程,经历蒜苗培育,并设计评价量表(表 5-25)。

表 5-25 "蒜苗生长知多少"成果评价量规

评价内容	学生互评	教师评
汇报语言清晰流畅有条理,实践过程清楚,可实施	☆☆☆	☆☆☆
能科学栽种养护蒜苗,并能清楚记录蒜苗生长周期及各时期的生长特点	☆☆☆	☆☆☆
能进行简单的数据处理分析,会用统计表或统计图,记录数据	☆☆☆	☆☆☆
团队成员凝聚力强,分工合理、合作高效	☆☆☆	☆☆☆
能认真反思,不断修改、完善方案	☆☆☆	☆☆☆

（2）单元阶段性评价。

①思维导图：此项评价主要是针对学生单元知识点的梳理和总结，采取师评＋生评形式，推选出优秀作品进行班级展评。

②阶段性评价练习题，采取星级评价的方式，检测学生知识技能的掌握和应用能力。

（七）单元课程反思

"数据的表示和分析"单元整体课程设计以学生核心素养发展为导向，从整体上建构了本单元的课程内容、课程评价与课程实施。下面从成效预期、回顾与反思两方面进行。

1. 成效预期

本单元围绕"蒜苗生长知多少"这一主题，以五个小主题引领 6 课时的内容，课程设计以核心素养为导向，整体设计科学、全面、成体系，突出的特点有：

（1）融合项目学习，拓展内容资源。

本单元依托我校"知行苑"劳动课程，融合项目学习，实行跨学科学习，整合学习内容资源，实现单元建构有梯度、有逻辑。项目式学习的设计以解决现实问题为重点，综合应用数学和其他学科知识解决问题，使学生体会数学知识的价值，以及数学与其他学科的关联。

（2）基于真实情境，创设主题活动。

通过现实世界的真实问题，引导学生探究，确定驱动性问题，设置了"蒜苗生长知多少"的项目学习，让学生在真实的情境中进行栽蒜苗、记录数据、比较身高、PK 厨艺的一系列活动，将课堂学习与实践相结合，让学生切实感受学习过程的情境代入感，深切体会数学活动的实际意义，深刻领悟数学知识的应用价值。

（3）以学生为学习主体，发展学生核心素养。

注重对基础知识和基本技能的掌握，在此基础上发展学生核心素养和高阶思维，注重以学生为主体，让学生经历自主探究的过程。在原本知识结构的基础上，增加拓展资源，建构数学模型，提升应用意识，学生获得了收集数据、整理数据、分析数据的能力，促进学生"数据意识"和"应用意识"的发展，在真实的情境中感受到统计与概率在生活中的广泛应用，数学和生活紧密相关，产生对数学的兴趣。

2. 回顾反思

"大单元教学"站在更高的角度，用更开阔的视野，对知识进行有效的迁移整合，重新构建了符合学生认知水平的知识体系。在这个过程中，教师对于新课标有了新的理解，更加全面地分析、挖掘教材，整体把握单元的教学内容和形式，探索符合学生认知规律、有助于学生理解、发展学生核心素养的学习路径，并通过本单元的设计与整合，帮助学生厘清知识点之间的关系，形成体系更加完整、结构更加坚固的知识结构。

在设计本单元时，依据学情分析，摸清学生认知基础和困难点，给予相应的学习支持，对单元学习内容进行整合。本单元进行的数学知识教学主要是培养学生的数据意识和应用意识。通过关注身边的数据，让学生经历从数据的收集与整理到运用合适的统计图表示数据，再到通过分析数据解决实际问题的过程。注重学生的自主探究，以学生为中心，提高学生解决问题的能力。如认识条形统计图，通过引导学生经历从"统计表—象形统计图—条形统计图"的形成过程，借助学生作品，引导学生在交流与质疑中逐步生成、完善条形统计图，进一步体会条形统计图的特点优势，培养学生数据意识。在学习平均数时，放手让学生自主探索平均数的算法，在交流辨析中深入理解平均数的意义。

总之，在以后的工作中，我们会继续开展核心素养导向的单元整体课程设计与实施，结构化地设计与实施，来提高自己的专业能力和教学水平。

"蒜苗身高大 PK" 教学设计

教材来源：小学四年级《数学》教科书 / 北师大出版社 2014 版

内容来源：小学四年级《数学》（下册）第六单元

主题：平均数（蒜苗身高大 PK）

课时：1 课时

授课对象：四年级学生

（一）课程标准相关要求

1. 内容要求

（1）探索平均数的意义，能解决有关的简单实际问题。

（2）能在简单的实际情境中，合理应用统计图表和平均数，形成初步的数据意识和应用意识。

2. 学业要求

知道用平均数可以刻画一组数据的集中趋势，知道平均数的统计意义；知道平均数是介于最大数和最小数之间的数，能描述平均数的含义；能用平均数解决有关的简单实际问题，形成初步的数据意识和应用意识。

3. 教学提示

平均数教学要引导学生在熟悉的情境中理解平均数所具有的代表性，通过刻画一组数据的集中程度表达总体的集中状况，理解平均数的意义，也可以让学生经历收集体现社会发展或科技进步数据的过程，初步体会平均数的统计意义，形成初步的数据意识。

（二）教材分析

"平均数"一课属于"统计与概率"领域。在本单元处于重要地位，是在学习了简单的单式统计图、统计表及平均分的基础上进行学习的，是学习选择统计量描述数据特征知识的开始，是进一步学习统计知识的基础。

在设计本课时，结合学校项目学习及"知行苑"劳动教育课程，以"蒜苗身高大 PK"这一真实情境引入，吸引学生积极参与到解决实际问题的活动中，在探索求平均数的基本方法过程中逐步理解求平均数的意义和价值。

（三）学情分析

日常生活中经常用到平均数，如平均速度、平均体重等，用平均数分析一组数据，具有直观、简明的特点，对学生进行学情调研后发现，只有近40%的学生知道平均数的计算方法，但是对于平均数真正含义、在统计中的作用等方面知之甚少。所以在实际教学的过程中，将重点放在平均数的意义、内涵及数学文化价值上，学生充分交流，产生平均数的需求，加深对平均数意义的理解，能够根据结果作出简单判断和预测。

（四）学习目标

（1）借助真实的情境，理解平均数的意义和统计学价值。

（2）在探究蒜苗高度水平的活动中，理解并掌握求平均数的方法，增强学生解决问题的能力，提高学生的统计与分析能力，进一步积累数据分析活动经验。

（3）经历培育蒜苗的全过程，分享项目所得，培养动手操作、质疑提问、有始有终的良好品质。

（五）评价任务

1. 针对目标 1

设计了交流式评价、表现性评价内容。通过活动二、活动三，学生借助学具摆一摆或算一算，探索平均数的算法，理解平均数的意义；通过活动三，在交流辨析中深入理解平均数的意义，促进目标 1 的达成；在教学中采取师生问答、小组活动、生生交流展示等方式，根据学生回答展示的结果，检测目标 1 的达成。

2. 针对目标 2

采用交流式评价、表现性评价方式。通过活动三、活动四、活动五，让学生在交流合作中，掌握求平均数的方法，解决实际问题，积累统计经验，促进目标 2 的达成。在教学中采用师生问答、全班交流的方式，根据学生展示的成果，检测目标 2 的达成。

3. 针对目标 3

采用了表现性评价。通过活动一、活动二、活动六，激发学生兴趣，分享劳动成果，体悟劳动价值，促进目标 3 的达成。

学习重难点：掌握求简单平均数的方法，理解平均数的意义。

（六）教学过程

1. 活动一：情境导入，提出真实问题

（1）观看视频。

师：两周之前同学自由组队，分别选取了不同的培育条件来种蒜苗，并利用条形统计图和折线统计图记录蒜苗的生长过程，经过大家的精心培育，蒜苗已经长高了，一起来回顾一下吧！

（2）提出关键问题。

师：看到各组种的蒜苗，你想知道什么？

预设1：我想知道哪组蒜苗长得最高。

预设2：我想知道水培长得高，还是土培长得高？

（3）激趣比赛。

这节课一起来PK一下各组蒜苗的身高，看看"种植小能手"花落哪组（板书课题：蒜苗身高大PK）。

【设计意图：以身边真实的学习情境导入，让学生了解本课的学习内容，激发学生的学习兴趣】

2. 活动二：激趣讨论，产生平均数的需求

（1）观察与思考。

观察各小组蒜苗第10天的高度数据统计表，思考：如果让你来制订比赛规则，你打算怎么比？

预设：比总数、比最高的、比平均数。

（2）小结。

通过刚才的讨论，我们达成一个共识，要想比较出哪组蒜苗长得最高，就需要找到一个公平的数来代表我们整个组的蒜苗高度的水平。

【设计意图：让学生畅所欲言，发表自己观点，在不断质疑中，产生平均数的需求】

（3）评价标准。

能够找到合适的比较方法，能够判断哪种方式不合适并说明理由。

3. 活动三：合作探究，理解平均数的意义

（1）小组合作，探究平均数的意义。

思考：哪个数可以代表你们组蒜苗高度的水平呢？

（2）小组汇报，理解平均数的意义。

全班分享，交流探寻平均数的不同方法。

预设1：摆小方片，移多补少。

预设2：在数字上抽象出移多补少。

预设3：用总数除以份数。

师：你们真厉害，能够用不同的方式探索出能代表本组蒜苗高度水平的数，数就是这组数据的平均数（板书主课题：平均数）。

【设计意图：通过摆一摆、画一画、算一算等方法，理解平均数的意义，明确平均数的计算方法】

（3）质疑问难，深入理解平均数的意义。

问题1：第一组蒜苗的平均高度是7厘米，可没有一棵蒜苗是7厘米，这是怎么回事？

全班交流，明晰平均数是虚拟数；移多补少，深入理解平均数意义。

问题2：观察平均数7的位置，你有什么发现？

问题3：辨析，平均高度10厘米跟某位同学种的蒜苗高度10厘米一样吗？

【设计意图：通过移多补少的方法，深入理解平均数的意义，并在交流和展示的活动中，明确求平均数的方法，会迁移应用帮助其他同学。结合图例，让学生描述7表示的是第一组蒜苗的平均高度，并不是每棵蒜苗的实际高度】

（4）评价标准。

能够探索求简单平均数的方法；在小组内交流分享并记录；能够清楚地描述自己的表示方法；能结合图例，深入理解平均数的意义。

4.活动四：文化渗透，拓展平均数的应用

（1）了解。

了解平均数的数学文化。

（2）寻找。

找生活中的平均数。

预设：平均身高。

（3）思考。

结合平均寿命，深入认识平均数。

【设计意图：了解平均数的数学文化，了解平均数的由来，激发学生民族自豪感，通过寻找生活中平均数的例子，让学生理解生活中的平均数无处不在，重在加深对平均数意义的理解】

（4）评价标准。

了解平均数的数学文化；能够用数学眼光观察生活，找到生活中的平均数。

5. 活动五：应用提升，感受平均数的价值

（1）评选与分享。

评选种植小能手小组，分享种植经验。

（2）预测。

预测蒜苗 5 天后的生长水平。

小结：看来，平均数不仅能帮助我们了解一组数据的平均水平，还能帮助我们进行判断和预测，这就是数据的力量。

（3）推断。

推断全班蒜苗的平均高度。

小结：平均数能反映一组数据的集中趋势，是一组数据平均水平的代表。

【设计意图：了解蒜苗生长的秘密，感受平均数的预测功能，进一步感受平均数意义】

（4）评价标准。

能够感受到劳动的快乐；能够根据数据进行判断、预测。

6. 活动六：巩固训练

1. 问题

四（3）班进行了蒜苗成果发布会，有一个小组用蒜苗做了美食"蒜苗炒鸡蛋"，5 位评委打分为 7 分、7 分、6 分、8 分。请问这个小组的平均得分是多少？

（2）课后练习。

能够利用所学知识完成练习。

7. 总结

师：这节课就要结束了，关于平均数，你还想了解什么？

——作者：杨依宁　王璐璐　任庆涛　王黎超　张伟振

二、科学学科单元整体课程设计

"大自然里的老师"单元整体课程设计

（一）单元课程理念

1. 学科育人价值

义务教育科学课程是一门体现科学本质的综合性基础课程，具有实践性。❶科学课程以培养学生的科学观念、科学思维、探究实践、态度责任等核心素养为重点，通过科学课程学习，让学生掌握基本的科学知识，形成初步的科学观念；掌握基本的思维方法，具有初步的科学思维能力；掌握基本的科学方法，具有初步的探究实践能力；树立基本的科学态度，具有正确的价值观和社会责任感。

---

❶ 中华人民共和国教育部 . 义务教育科学课程标准（2022 年版）[M]. 北京：北京师范大学出版社，2022：1.

2.单元育人价值

本单元"大自然里的老师"是五年级下册的第五个综合探究单元，属于"技术与工程"领域的范畴。围绕教学目标，本单元设计了五节课。"苍耳的启示"一课，从事物的表象展开研究，尝试使用各种材料、多种方法和思路，模仿苍耳子粘连动物皮毛的原理，制作尼龙搭扣模型，培养学生动手能力和探究兴趣。"鸟和飞机"一课，在探究、理解"机翼的升力"的过程中，让学生感受探究未知世界的乐趣，提高学生的学习兴趣。在学习"空投包的仿生原型"一课时，学生通过观察大自然中动植物的安全着陆方式，了解大自然里的仿生原型给人们带来的启示，培养学生热爱自然、敬畏自然的情操。"防震原理研究"一课，通过制作仿生模型，验证其仿生效果，探究仿生原型的防震原理，并总结模型的原型的优缺点，启发学生善于观察与发现、模仿与应用、对比与综合。在"我们的空投包"一课中，通过不断改进空投包的设计，让学生感受到科学的发展不是一蹴而就的，培养他们锲而不舍的科学精神。

3.单元学习价值

从小学学段"大自然里的老师"课程学习来看，本单元学习所处的位置如图 5-11 所示，是在学生已经学习了"小小游乐园"能制作简单的实物模型并改进后，尝试通过观察发现作品中存在的问题并提出改进方案，以及学习"小小建筑师"知道制作过程应遵循一定的顺序，制作简单的实物模型；尝试发现实物模型的不足，在改进并展示的基础上进行的学习。借助"大自然里的老师"课程的学习，学生能更好地利用工具制作简单的实物模型，根据实际反馈结果进行改进并展示，从而使学生的工程实践能力进一步得到提高。

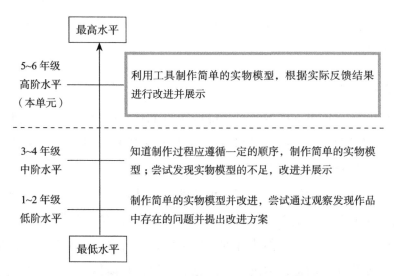

图 5-11 本单元学习内容在小学学段的位置与联系

（二）单元课程情境

《义务教育科学课程标准（2022 年版）》指出：科学教学要以促进学生核心素养发展为宗旨，以学生认知水平和已有经验为基础，加强教学内容整合，注重教学方法改革，精心设计教学活动。❶ 基于课程标准要求，对本单元学情、教材及课时进行如下分析。

1. 学情分析

五年级的学生对周围世界具有强烈的好奇心和求知欲，这种好奇心和求知欲是推动学生学习科学的内在动力。学生在好奇心的驱使下，对事物的外在特征、生活中的科学现象和自然现象表现出探究兴趣。本单元的教学内容既有像科学家那样对自然界客观规律的探索，又有对发明家改造世界方法过程的体验，还有像工程师一样实际制作活动的实践经历，为学生

---

❶ 中华人民共和国教育部 . 义务教育科学课程标准（2022 年版）[M]. 北京：北京师范大学出版社，
2022：118.

创造体验发明制造的一般过程，培养创新精神，形成正确的科学观和价值观打下基础。

2.教材分析

本单元是五年级下册的第五个综合探究单元，承担落实课程标准中关于"收集证据"探究要素的高学段目标：能基于所学的知识，通过观察、实验、查阅资料、调查、案例分析等方式获取事物的信息。根据单元内容的特点，本单元将重点引领学生基于已有认识基础，通过对自然现象和自然规律的观察、实验探究及对已有的探究历史进行案例分析等方式来获取事物的信息。引领学生了解人类以大自然为师的典型案例，分析研究人类从大自然中获得的启发，进行发明创造，解决实际问题的过程，并模仿发明家的探索过程进行探索和发明创造，体会"以大自然为师"来获取解决问题的思路，反复进行实验改进，最终体验解决问题的成功和快乐。

3.课时安排

围绕教学目标，本单元设计了 5 节课。课时安排如图 5-12 所示。

苍耳的启示	鸟和飞机	空投包的仿生原型	防震原理研究	我们的空投包
1 课时	1 课时	1 课时	1 课时	1 课时

图 5-12　本单元课时安排

（三）单元课程目标

《义务教育科学课程标准（2022 年版）》指出：课程目标应立足学生核心素养的发展，依据核心素养的内涵及学段特征，体现课程性质，反映课程理念，确定总目标和学段目标。❶

---

❶ 中华人民共和国教育部.义务教育科学课程标准（2022 年版）[M].北京：北京师范大学出版社，2022：4.

1. 课程标准的要求

关于本单元相关目标，《义务教育科学课程标准（2022 年版）》中的相关表述是：

（1）知道发明的常用方法，举例说出一些典型的发明，知道发明会用到一定的科学原理，很多发明可以在自然界找到原型。

（2）知道技术对提高生产效率或工作效率的影响，举例说明应用适当技术可以提高生产效率或工作效率，应用所学科学原理设计并制作出可以提高效率的作品。

（3）利用工具制作简单的实物模型，根据实际反馈结果进行改进并展示。

2. 单元学习目标

通过对课程标准、教材、学情的分析，确定以下学习目标：

（1）通过观察，知道苍耳子表面具有倒钩结构；乐于尝试，能模仿苍耳子粘连动物皮毛的原理制作尼龙搭扣模型，实现粘连。

（2）通过观察模型和视频，知道机翼上凸下平的结构是模仿了鸟类弧形的翅膀；通过实验，认识到机翼上凸下平的结构在气流中能够获得向上的升力；能根据模拟实验现象解释飞机飞行的原理。

（3）通过调查研究，了解动植物解决安全降落问题的方法；能够与小组成员共同讨论，一起完成项目分析表。

（4）能用简单易得的材料制作仿生模型，设计验证防震效果的对比实验。并根据观察到的实验现象分析防震的有效性。

（5）能够综合运用通过探究掌握的生物原型的防震原理设计空投包的制作方案；通过实验检测空投包的防震效果，不断改进并完善空投包的设计。

基于本单元的内容、情境、评价及作业建构出"大自然里的老师"单元课程逻辑图，如图 5-13 所示。

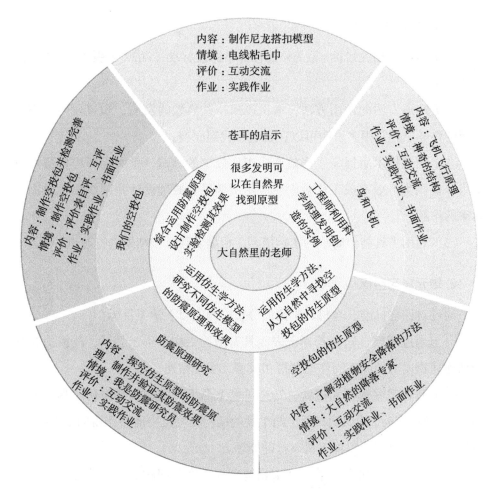

图 5-13 "大自然里的老师"单元课程逻辑

（四）单元课程内容

《义务教育科学课程标准（2022 年版）》指出：科学课程设置 13 个学科核心概念，是所有学生在义务教育阶段应该掌握的科学课程的核心内容。通过对学科核心概念的学习，理解物质与能量、结构与功能、系统与模型、稳定与变化 4 个跨学科概念。将科学观念、科学思维、探究实践、态度责任等核

心素养的培养有机融入学科核心概念的学习过程中。❶

本单元"大自然里的老师"属于"（十二）技术、工程与社会""（十三）工程设计与物化"核心概念的范畴，主要涉及以下学习内容：

12.1 技术与工程创造了人造物，技术的核心是发明，工程的核心是建造。

12.2 技术与工程改变了人们的生产和生活。

13.3 工程是设计方案物化的结果。

本单元课程内容要点（见表5-26）。

表 5-26　单元课程内容要点

内容模块	基础课程内容要点	拓展课程内容要点
苍耳的启示	1.通过观察，知道苍耳子表面具有倒钩结构，可以粘连在动物的皮毛上 2.知道很多发明可以在自然界找到原型，乐于尝试，能模仿苍耳子粘连动物皮毛的原理并制作尼龙搭扣模型，实现粘连	通过收集资料、观看视频等方式，了解仿生学的发展
鸟和飞机	1.通过观察模型和视频，知道机翼上凸下平的结构是模仿了鸟类弧形的翅膀 2.通过实验，认识到机翼上凸下平的结构在气流中能够获得向上的升力 3.能根据模拟实验现象解释飞机飞行的原理	通过查阅资料，了解科学家发明背后的故事
空投包的仿生原型	1.通过调查研究，了解动植物解决安全降落问题的方法 2.能够与小组成员共同讨论，一起完成项目分析表	了解更多空投包在生活中应用的实例
防震原理研究	1.能够观察、发现自然现象和仿生原型中的防震原理 2.能用简单易得的材料制作仿生模型，并设计验证防震效果的对比实验 3.会根据观察到的实验现象分析防震的有效性	通过观看视频，了解世界著名建筑中隐含的防震知识
我们的空投包	1.能够综合运用通过探究掌握的生物原型的防震原理设计空投包的制作方案 2.能够通过实验检测空投包的防震效果，不断改进并完善空投包的设计 3.能与他人分工合作，共同完成空投包的制作和实验	现实生活中常用的检测方法和仪器

❶ 中华人民共和国教育部. 义务教育科学课程标准（2022年版）[M]. 北京：北京师范大学出版社，2022：16.

　　基于本单元课程内容，确定单元课程推进结构图（见图5-14）。本单元内容包括基础课程内容和拓展课程内容，本单元基础课程内容要点着重让学生理解学科核心概念。知道发明的常用方法，举例说出一些典型的发明，知道发明会用到一定的科学原理，很多发明可以在自然界找到原型；知道技术对提高生产效率或工作效率的影响，能举例说明应用适当技术可以提高生产效率或工作效率，应用所学科学原理设计并制作出可以提高效率的作品；会利用工具制作简单的实物模型，根据实际反馈结果进行改进并展示。

①能综合运用掌握的防震原理设计空投包的制作方案；②能够通过实验检测空投包的防震效果，不断改进完善空投包的设计

我们的空投包（课时5）

①能用简单的材料制作仿生模型，并验证其防震效果；②会根据观察到的实验现象分析防震的有效性

防震原理研究（课时4）

①了解动植物解决安全降落问题的方法；②通过讨论与小组成员一起完成项目分析表

空投包的仿生原型（课时3）

①知道机翼上凸下平的结构是模仿了鸟类弧形的翅膀；②能解释飞机飞行的原理

鸟和飞机（课时2）

①通过观察，知道苍耳子表面具有倒钩结构；②乐于尝试，能模仿苍耳子粘连动物皮毛的原理制作尼龙搭扣模型

苍耳的启示（课时1）

大自然的老师

图5-14 "大自然里的老师"课程推进结构

拓展课程内容不仅兼顾基础性的学习内容，还应在基础要点上适度展开，同时拓展点也要关注一些对学生生活具有重要影响和具有时代特征的最新科技内容。例如，在学习"鸟和飞机"一课时，不仅拓展了飞机的发明史，还拓展了一些专业词汇。

（五）单元课程实施

《义务教育科学课程标准（2022年版）》指出：教师要创设真实问题情境，通过学生的体验、操作和制作，引导学生在解决问题的过程中感受技术与工程的基本特点，体会技术与工程对人们生产生活的影响、对社会进步的推动，以及科学、技术、工程之间的相互促进关系。❶ 创设真实任务情境，规划学习活动方案。学生对核心概念的理解和建构，需要在真实的任务情境下发生，因此创设一个好的单元任务至关重要。

本单元围绕"大自然里的老师"的情境展开教学。侧重培养学生工程实践的能力，因此设置了较多相关的教学活动，以达成科学概念的进阶及学生科学素养的培养。例如，第一课通过观察图片，知道很多发明可以在自然界找到原型；第二课通过阅读故事，能够说出工程师利用科学原理发明创造的实例；第三课运用仿生学方法从大自然中寻找空投包的仿生原型；第四课运用仿生学方法，研究不同仿生模型的防震原理和效果；第五课综合运用不同仿生模型的防震原理和效果设计制作空投包，实验并检测其效果。通过这些活动，让学生更好地领会"工程设计与物化"这一核心概念。

1. 课时1：苍耳的启示

驱动任务：电线粘毛巾。

给你一截电线，你能否把它粘在毛巾上？苍耳子非常容易粘在衣物上，

❶ 中华人民共和国教育部.义务教育科学课程标准（2022年版）[M].北京：北京师范大学出版社，2022：93.

我们能否从这位大自然里的"老师"身上得到启发？

活动1：观察苍耳子的结构，它和你画出的印象中的苍耳子有什么不同？

活动2：动手制作尼龙搭扣模型并改进，探索它与苍耳子结构之间的关联。

活动3：观看乔治发明尼龙搭扣的故事。

活动4：寻找身边的仿生学。

2. 课时2：鸟和飞机

驱动任务：神奇的结构。

什么样的结构能在吹风机的水平风向的助力下"漂浮"在空中？我们能否从大自然中得到启发？

活动1：驱动任务——利用吹风机等物品，让卡纸飞到空中，并且保持5秒。

活动2：寻找生活中上凸下平的结构，追溯仿生原型。

活动3：剖析结构，解释飞机飞行的原理。

活动4：阅读故事——从飞鸟到飞机。

3. 课时3：空投包的仿生原型

情境任务：大自然的降落专家。

自然界中有许多"降落专家"，它们都有什么看家本领呢？让我们一起来领略大自然的鬼斧神工。

活动1：分析空投包的项目需求，制订空投包设计、制作、测试计划。

活动2：运用仿生学方法，从大自然中寻找仿生原型，了解它们是如何安全着陆的。

活动3：交流大自然中的生物原型带来的启发。

4. 课时4：防震原理研究

情境任务：小小研究员。

见识了自然界中"降落专家"看家本领，它们身上都有哪些值得借鉴的地方呢？让我们化身小小研究员，一起来看看吧！

活动1：制订实验方案，验证不同仿生模型的防震原理和效果。

活动2：根据实验方案进行实验。

活动3：制作翅果模型，验证其防震效果。

活动4：比较不同仿生模型的优缺点，为设计制作空投包奠定基础。

5.课时5：我们的空投包

情境任务：制作空投包。

经过了模型实验，你想不想自己动手制作一个空投包呢？运用所学知识，动手试试吧！

活动1：综合运用不同仿生模型的防震原理和效果，设计空投包。

活动2：根据设计方案，小组合作完成空投包的制作，测量记录空投包的重量、体积等数据。

活动3：实验检测空投包能否顺利着陆、拆解时间及空投物资完好情况，进行改进和完善。

活动4：以发布会的形式，向全班同学展示自己小组的制作过程和成果。

（六）单元课程评价

《义务教育科学课程标准（2022年版）》中指出："以课程目标和学业质量标准为依据，构建素养导向的综合评价体系，发挥评价与考试的导向功能、诊断功能和教学改进功能。"[1] 评价的主体应多样，且评价结果的呈现应采用定性与定量相结合的方式，关注每一名学生的学习过程。

---

❶ 中华人民共和国教育部. 义务教育科学课程标准（2022年版）[M]. 北京：北京师范大学出版社，2022：121.

1. 评价准则

（1）评价目标。教师通过书面练习，判断学生能否匹配一些发明创造在自然界中的原型；通过课堂提问，诊断学生能否说出工程师利用科学原理发明创造的实例；教师通过作品展示，诊断学生能否运用所学知识设计、制造、检测并完善可以提高效率的作品，同时诊断学生在这些过程中能否善于分享自己观点并乐于倾听他人建议。

（2）评价标准。以评价量规的形式，检测空投包的各项性能；以纸笔测试的形式测评学生对单元内容的掌握程度。

2. 评价工具

在"双减"背景下且基于单元育人价值，目标与单元评价体系，彰显教学评一致性的理念，评价包括两部分：过程性评价和综合性评价。

（1）过程性评价。

①纸笔评价（以下为第一课时作业实例）

a. 下面属于模仿生物功能原理的设计是（　　　）。

A. 雷达　　　　　B. 飞机　　　　C. 锯子

b. 尼龙搭扣（魔术贴）是我们生活中常见的物品，它模仿（　　　）这类果实的倒钩结构制造出来的。

A. 猪笼草　　　　B. 茅草叶　　　C. 苍耳

c. 下列受竹子、水稻等植物茎的启发而发明的是（　　　）。

A. 空心钢管　　　B. 安全帽　　　C. 瓦楞纸箱

（2）表现性评价（表 5-27）。

表 5-27　表现性评价

评价内容	星级
积极参与讨论活动，并发表自己的观点	★★★
能与同学分工合作，共同完成一项任务	★★★

续表

评价内容	星级
能够利用工具制作简单的实物模型	★★★
能虚心听取别人的建议，制作并改进模型	★★★

（3）综合性评价。

①综合性作业。

a.探探制作了一个机翼模型，正在通过
实验观察它在气流中产生的现象。

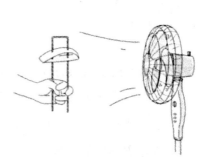

◎ 制作机翼模型所需要的材料不包括
（　　）。

A.铁丝　　　　B.卡纸

C.一次性杯子

◎ 该实验中，转动的电风扇模仿的是（　　）。

A.压强　　　　B.气流　　　　C.压力

◎ 实验过程中，探探观察到了什么现象？结合观察到的现象，说一说飞机飞行的原理。

b.知道椰子模型的防震效果，究究设计了下面的实验。

请你把表格补充完整。

实验材料	皱纹纸、瓦楞纸、胶带、一次性杯子……
生物原型	椰子
实验模型	椰子保护缓冲器
实验原理	a._____
验证方式	从高处落下，杯中物品是否完好
实验分析	从一定的高度落下，杯中的物品完好，说明椰子的防震原理b._____。（填"有效"或"无效"）

上述实验模型的优点是 _____，缺点是 _____。

c. 如左图是探究小组设计的空投包。

用硬纸板做成一个边长为 10 厘米的正方体，在上层面设计一个开箱器。

在正方体的其他五个面上加上小红花"🌸"的标志。

在正方体里面先设计一圈防水层"▬▬▬"，再垫上一圈海绵"▱▱▱▱▱"。

用四根长度相同的玻璃线吊着四个气球，作为降落伞。

◎ 在正方体外面加上小红花的目的不包括（　　）。

A. 作为标志　　　　B. 醒目，引起注意　　　C. 减小阻力

◎ 吊着气球的线采用玻璃线而不是棉线的主要原因是（　　）。

A. 玻璃线比棉线好看

B. 玻璃线不粗糙，阻力小

C. 玻璃线有弹性

◎ 探究小组用该空投包进行了实验。

实验时，发现空投包在下落时，一端高，一端低，原因可能有：_____。

空投包落地后，发出了啪的一声，箱子外面有了破损，原因可能是：_____。

◎ 请你针对以上问题，写出改进的措施。

②单元实践作业。

同学们，相信通过这个单元的学习，你一定有很多的收获。请你根据所学知识，制作一个空投包。制作完成后，先自己对照评价表（表5-28）自评并改进，再在全班范围内进行互评。

表 5-28　评价表

评价等级	★	★★	★★★
防震效果	防震效果较差，空投包内物品有明显损坏	防震效果一般，空投包内物品有轻微损坏	防震效果较好，空投包内物品完好无损坏
牢固程度	不牢固，空投包损坏严重	牢固程度一般，空投包有轻微损坏	比较牢固，空投包无损坏
美观度	制作粗糙，板材之间有缝隙，有较多胶印、线头	板材之间基本对齐，无明显线头	制作精美，板材之间严丝合缝，无线头且有装饰

获得 7~9 颗星，可以评为"高级设计师"；获得 4~6 颗星，可以评为"中级设计师"；获得 1~3 颗星，可以评为"初级设计师"，奖状如图 5-15 所示。

图 5-15　奖状

（七）单元课程反思

通过本单元课程的设计，加深了教师对课程标准的学习和理解，进一步提升课程内容研发的能力。同时也加深了学生对核心概念的理解与深化，借助"大自然里的老师"课程的学习，学生能更好地利用工具制作简单的实物模型，根据实际反馈结果进行改进并展示，从而使学生的工程实践能力进一步得到提高。

在本单元课程的实施过程中，教师要注重引导、点播，要让每一个学生都参与到所有的发现和汇报、展示的过程中，使学生获得更加真实的体验感。

此外，由于本单元涉及的知识面较广，可能会涉及一些专业的词汇，这就对教师的备课有更高的要求——要能深入浅出地解答学生的疑问。同时在时间允许的情况下，可以给学生提供一个答疑解惑的平台，让他们在生生、师生交流中解惑！

最后，过程比结果更加重要。学生由于知识、能力的个体差异，不可能所有的作品都千篇一律，对于不同学生的作品，我们要善于发现其闪光点，并给予肯定！

"鸟和飞机"课时设计

教材来源：选自大象版小学《科学》五年级下册第五单元

内容来源：小学五年级《科学》（下册）第五单元

主题：鸟和飞机

课时：1课时

授课对象：五年级学生

（一）核心概念

技术、工程与社会。

（二）学习内容与要求

技术与工程创造了人造物，技术的核心是发明，工程的核心是建造。

5~6年级：知道发明的常用方法，举例说出一些典型的发明，知道发明用到一定的科学原理，很多发明可以在自然界找到原型。

（三）学习目标

具体的学习目标见表 5-29。

表 5-29　学习目标

科学观念	知道技术与工程对科学发展有促进作用，能提高生产效率和工作效率
科学思维	通过对鸟和飞机的比较，抓住事物的本质特征，展示对事物的结构、原理的理解，能使用模型，解释有关的科学现象和过程
探究实践	应用所学科学原理设计并制作简单的装置，能进行模拟演示并简要解释
态度责任	在好奇心的驱使下，表现出对现象发生原因的因果兴趣

（1）知道鸟类弧形的翅膀对飞行十分重要。

（2）通过观察鸟的翅膀和飞机的机翼，比较它们之间的相似之处，知道上凸下平的结构在气流中能够获得向上的升力。

（3）通过一系列的实验，让学生感受探究未知世界的乐趣。

（四）学习重点

（1）知道机翼上凸下平的结构是模仿了鸟类弧形的翅膀。

（2）能够结合实验现象解释飞机飞行的原理。

（五）学习难点

能够结合实验现象解释飞机飞行的原理。

（六）突破策略

通过视频及层层递进的实验，让学生理解速度与压强的关系，进而类比出飞机飞行的原理。

（七）教学准备

"鸟和飞机"课件、相关视频。

演示实验材料：吹风机、卡纸、U 型铁丝、铝箔挤塑板、塑料管、小球、机翼模型等。

（八）教学思路

学生对飞机并不陌生，但对飞机的飞行原理却不熟悉，很多学生甚至认为飞机能飞起来仅仅是因为发动机的作用。本节课以任务驱动的形式，调动学生的兴趣，聚焦机翼形状。再通过视频和一系列层层递进的实验，引导学生逐步理解飞机飞行的原理，从而对仿生学有更加深刻的认识。

（九）学习过程

具体学习过程见表 5-30。

表 5-30　学习过程

教学环节	教学活动	设计意图
任务驱动 聚焦形状	1.出示任务：利用吹风机等物品，让卡纸飞到空中，并且保持 5 秒 明确要求：让吹风机沿着水平方向吹 2.改变卡纸形状，再次尝试，聚焦上凸下平结构	以任务驱动的形式，激发学生的兴趣，同时聚焦本节课重点内容
明晰结构 寻找原型	1.寻找生活中上凸下平的结构——飞机机翼 2.飞机的生物原型——鸟 观察机翼模型的切面形状和鸟飞翔的视频，寻找它们在形状上的相似之处 小结：原来机翼上凸下平的结构是模仿了鸟类弧形的翅膀	通过寻找和观察活动，让学生意识到飞机的生物原型是鸟；机翼上凸下平的结构是模仿了鸟类弧形的翅膀

续表

教学环节	教学活动	设计意图
剖析结构解释原理	1.组织学生在记录单上画出两次实验中空气的流动路线，学生意识到气流在上凸下平的结构中发生改变 2.学生观察上凸下平结构在空气中的速度变化视频 介绍研究速度与压强关系的数学家、物理学家——丹尼尔·伯努利，进行一系列层层递进的实验 实验一：压强实验，让学生感受压强的不同 提出问题：压强的变化会使物体的位置如何改变？ 实验二：管子和乒乓球实验。通过实验，学生知道压强不同时，物体的位置会发生变化 3.完善记录单，组内成员互相讲解飞机飞行原理 小结：原来上凸下平的结构在气流中能够获得向上的升力	学生通过画图的方式认识到气流在上凸下平的结构中发生了改变，进而经历速度变化→速度与压强的关系→压强与位置的关系一系列的思维变化，从而理解飞机飞行的原理
阅读故事了解发明历程	学生阅读故事——飞鸟到飞机，了解飞机的发明史，完成阅读任务单并汇报 总结：仿生学不仅以生物的形状、功能和结构等外部特征为模仿对象，还需要研究它们的原理，从而为工程技术提供更有价值的设计思想	通过阅读故事，了解科学的发明历程，明晰仿生学的思路
课堂总结巩固提升	师生共同梳理总结本节课的学习内容 思考：在等地铁或高铁时必须站在黄线外，为什么？今后怎么做？ 这节课最令你难忘的是什么？ 对你今后的生活有什么启发？	培养学生总结知识、应用知识的能力和安全意识，建立科学与生活的联系。学生意识到科学不仅有趣，而且与生活联系紧密

（十）板书设计

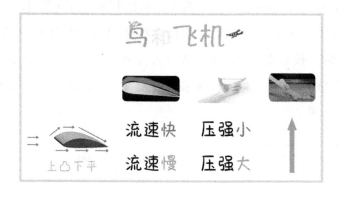

（十一）案例评析

本节课在设计上紧扣课程标准要求，以任务驱动的形式展开，通过学生的体验和操作，引导学生在解决问题的过程中感受技术与工程的基本特点，体会技术与工程对人们生产生活的影响、对社会进步的推动，以及科学、技术、工程之间的相互促进关系。在课堂上注意突出学生的主体地位，让学生多观察、多思考、多动手，感受科学的魅力。让他们在思考中成长，在实践中探索知识。

——作者：衡黎明　王晓锋　陈欢哲

三、美术学科单元整体课程设计

解决问题探蹊径　以纸为媒现综合

——小学二年级下册"我的班级王国——立体书制作"单元整体课程设计

（一）单元课程理念

1. 学科育人价值

美术教育作为素质教育的重要组成部分，在发展学生核心素养、落实立德树人、陶冶道德情操方面都起着重要作用。《义务教育艺术课程标准（2022年版）》中指出："艺术课程要培养的核心素养主要包括审美感知、艺术表现、创意实践、文化理解等。艺术课程围绕核心素养，体现课程性质，反应课程理念，确立课程目标。核心素养是艺术课程育人价值的集中体现，是学生通过课程学习逐步形成的适应个人终身发展和社会发展需要的正确价值观、必备品格和关键能力。"❶

---

❶ 中华人民共和国教育部. 义务教育艺术课程标准（2022年版）[M]. 北京：北京师范大学出版社，2022：5.

2.单元育人价值

本单元关注到美术与社会的关系，又关注到技能的学习与掌握，综合运用多学科知识，紧密联系学生实际生活情境，进行艺术创新和实际应用能力的培养。以制作班级立体书为教学载体，以培养学生美术核心素养为要义，开展多元探究活动。在制作立体书中寻找趣味，不断学习，层层深入，培养学生的审美能力、动手能力、人际交往能力、创造能力和探究能力，让学生持续感受和领悟艺术实践在美术课程中的重要意义，促进学生身心健康全面发展。

3.单元学习价值

本单元以"解决班级人际交往问题，完成班级立体书制作任务"为主的任务驱动方式，以任务为主线，以学生为主体，学生围绕任务在实践中学习。在完成立体书制作的过程中，学生逐步了解色彩、构图等美术知识，掌握艺术字设计、人物画法、立体手工制作等美术技能和书本装订方法等科学技能，增强班级归属感，提升综合解决问题的能力，具体如图5-16所示。

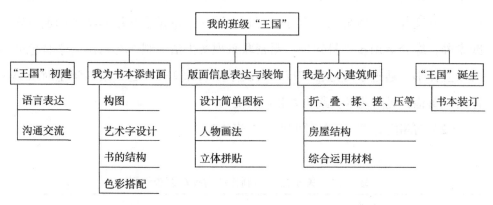

图5-16　单元学习价值点位

（二）单元课程情景

课程开发要立足于实际情境，确定课程开发的基本要素：教师、学习者、学科内容和环境，课程设计要充分理解具体的课堂情景，通过教师、学习者、学科内容和环境构成的情境相互作用来发展其核心素养。单元课程应把握单元课程情境，包括学情分析、教材分析和课时安排等内容。

1. 学情分析

为了解学生在本单元之前对彼此的了解程度，对二年级某班 52 名学生，采取访谈和问卷调查相结合的方式进行前测。

（1）前测内容一：问卷调查。

①我能叫出全班同学的姓名（73% 可以，27% 不可以）。

②我了解其他同学（性格、兴趣、爱好等）（15% 可以，85% 不可以）。

③我能和同学和谐相处（48% 可以，52% 不可以）。

④我能主动为班争光（65% 可以，35% 不可以）。

统计分析发现，27% 的人无法叫出全班同学姓名，85% 的人不了解其他同学，52% 的人不能和同学和谐相处，35% 的人不能主动为班争光。可见学生在人际交往、集体融入方面存在问题，因此本单元重在培养学生的创意实践素养，综合运用多学科知识，紧密联系现实生活，制作有每位同学特色的班级立体书，通过学习过程和成果解决学生人际交往问题，增强学生对班集体的归属感，提高艺术实践能力和创造能力。

（2）前测内容二：已知须知调查（表 5-31）。

表 5-31　关于立体书制作所需技能调查记录

已知	须知
书的结构	立体的方法
自画像的画法	色彩搭配

续表

已知	须知
拼摆房子的基本型	怎么把字体设计的漂亮
装饰背景的画法	怎样排版更加美观
人物的画法	如何用绘画的方式表现出性别等信息
……	怎样把我的家做得美观

通过班级交流，梳理得出此表，发现学生在立体手工的制作、版面内容的设计与美化方面存在问题，本单元教学的重点将围绕这两个方面开展。

2.教材分析

（1）课内融合。

编排了小学《美术》湘美版教材 2 节自然课"男生女生""左邻右舍"，结合已知须知调查表，拓展色彩搭配、艺术字设计、立体手工等内容，表现形式将手工制作和绘画结合，体现了美术内部的综合应用探索，纵向梳理前后知识的关联，建立本单元内容知识体系，具体内容见表5-32。

横向对比其他教材第一学段内容，拓展内容：色彩搭配、艺术字设计、立体手工、设计书本符合第一学段基本学情，具体内容见表5-33。

表 5-32 纵向教材相关内容知识体系

已学过的相关内容	本单元主要内容	后续学习的相关内容
1."剪贴组拼小村庄"房屋结构 2."剪对称鱼形"折剪法 3.抓特点，细致进行绘画表现 4."剪纸动物"折剪法、掏剪法 5."变色龙"相似色、对比色彩搭配	1."男生女生"抓住性别特点表现人物 2."左邻右舍"折剪法做立体房屋 3.拓展内容：艺术字设计 4.拓展内容：感受同类色、邻近色、对比色、互补色搭配带给人的不同色彩感受 5.拓展内容：简单的书本制作方法 6.拓展内容：排版布局	1."纸盒之城"剪挖、粘合、堆积围摆等方法制作 2."蝴蝶落我家"合理运用同类色、邻近色、对比色、互补色配合 3."小记者"艺术字设计，手抄报排版 4."图画书"提炼故事，构思画面、装帧设计图书

表 5-33　横向教材相关内容知识体系

人教版	人美版	冀美版	赣美版
1．"童话里的小屋"制作立体的房屋 2．"装饰自己的名字"艺术字写名字	1．"让大家认识我"集体制作大赛，树叶上介绍自己的名字、爱好等 2．"用春天的色彩装扮自己"，学习春天的色彩搭配	1．"我给书本穿新衣"，为书本设计封面	1．"我的姓名牌"，为自己设计名字 2．"春夏的色彩"，用四季的色彩配色

（2）学科融合。

人教版《道德与法治》二年级上册"我爱我们班"，体会班集体的温暖，增强对班集体的安全感、归属感。

人教版《道德与法治》七年级下册"男生女生"，了解男生女生的不同，学会尊重同性和异性，相互取长补短。

大象版《科学》二年级下册"装订我的小书"，学习装订小书的方法。

结合学生的实际问题渗透德育教育意识，综合运用科学知识，是美术与其他学科的综合应用探索。

3. 课时安排

基于本单元课程内容与学生已有生活经验，为实现本单元育人价值及学习价值，确定本单元课时安排，详见图 5-17。

从课时安排图可以看出，本单元由五个课时构成，第一课时"王国初建"作为起始课，根据班级内出现的人际交往问题进入情境，建立美术与生活的联系，通过头脑风暴确定最终项目成果——制作班级立体书，成立探究小组自主探索书的结构、立体书制作方法。第二课时了解封面设计相关知识，为班级立体书设计封面，游学投票确定封面设计。第三课时用绘画等方式表现版面信息，进行立体拼贴。第四课时打造班级"王国"，完成立体书最后一页班集体的呈现。第五课时组合立体书，产出成果。

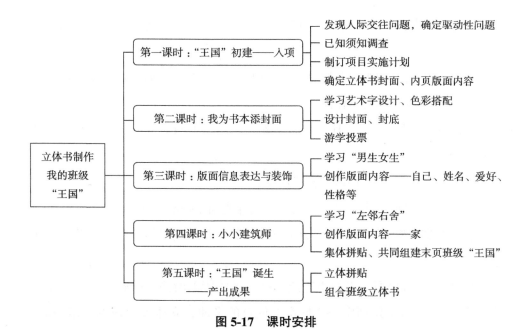

图 5-17 课时安排

（三）单元课程目标

1. 课程标准的相关要求

《义务教育艺术课程标准（2022 年版）》课程目标中与本单元相关的具体表述是：

（1）发展创新思维，积极参与创作、表演、展示、制作等艺术实践活动，学会发现并解决问题，提升创意实践能力。

（2）丰富想象力，运用媒介、技术和独特的艺术语言进行表达与交流，运用形象思维创作情景生动、意蕴健康的艺术作品，提高艺术表现能力。

（3）能积极参与班级或小组开展的美术与姊妹艺术及其他学科相结合的造型游戏活动，初步形成综合探索与学习迁移的能力。❶

---

❶ 中华人民共和国教育部. 义务教育艺术课程标准（2022 年版）[M]. 北京：北京师范大学出版社，2022：6-8.

《义务教育艺术课程标准（2022 年版）》课程内容中与本单元相关的具体表述是：

（1）根据自己的观察与感受，尝试用纸、泥等材料，通过折、叠、揉、搓、压等方法，塑造立体造型作品。

（2）能使用不同的工具、材料和媒介，创作不同形式的美术作品，表达自己的感受。

（3）能积极参与各种造型游戏活动。

（4）能根据小组或班级活动的要求设计或创作作品。❶

《义务教育艺术课程标准（2022 年版）》学业质量中与本单元相关的具体表述是：

（1）能根据教师提出的主题或根据自己的所见所闻、所感所想，使用美术工具、材料和媒介创作 1~2 件富有创意的平面、立体或动态的美术作品。（艺术表现，创意实践）

（2）能积极参与小组或班级组织的各种造型游戏活动，并结合各种活动创作 1~2 件作品。（艺术表现）

（3）在造型游戏活动中，能与同学交流合作，并尊重、理解他人的看法。（文化理解）❷

2. 单元大概念提炼

美术与其他学科相融合可以富有创意地解决问题。

3. 单元学习目标

创意实践：通过自主探究，综合运用多学科知识，班级合作制作一本立

---

❶ 中华人民共和国教育部 . 义务教育艺术课程标准（2022 年版）[M]. 北京：北京师范大学出版社，2022：50-52.

❷ 中华人民共和国教育部 . 义务教育艺术课程标准（2022 年版）[M]. 北京：北京师范大学出版社，2022：104.

体书，解决班内人际交往问题。

审美感知：通过欣赏立体书作品，感受其色彩美、字体美、布局美，初步形成发现、感知、欣赏美的意识。

艺术表现：通过学习不同信息的表现方式，能使用不同工具和材料，结合班级统一的内容和个人想法，用平面和立体的形式表现立体书内容。

文化理解：明白每个人是独立而精彩的个体，也是集体中的一员，学会关心、帮助、理解、尊重他人。

（四）单元课程内容

1. 课程内容结构

本单元为二年级下册学习内容，梳理教材内容，结合课程标准划分的4类艺术实践和16项具体学习内容，确定本单元课程内容结构，见图5-18。

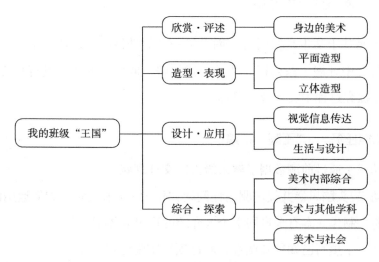

图 5-18　课程内容结构

2. 课程内容要点

课程内容要点见表5-34。

表 5-34　课程内容要点

课题	基础课程要点（低阶要求）	拓展课程要点（高阶要求）
"王国"初建	体验与他人合作交流解决问题的过程	1. 有表达的自信心 2. 积极参加讨论，敢于发表自己的意见
我为书本添封面	1. 了解封面的构成 2. 掌握简单设计方法	1. 艺术字变形方法 2. 同类色、邻近色、对比色、互补色色彩搭配 3. 根据内容设计图案、图标
版面信息表达与装饰	1. 抓住男生女生外貌特征进行表现 2. 用美术语言表达个人信息 3. 结合版面内容添加装饰	
我是小小建筑师	1. 了解房屋外形基本结构 2. 根据房屋的大小、形状、色彩合理组拼画面 3. 制作立体的窗户	综合运用多种材料装饰房屋
"王国"诞生	组拼班级立体书	其他立体机关的制作方法

（五）单元课程实施

本单元基于学生真实问题，创设了一个驱动性问题，让学生在真实且有意义的情境中开展一系列探究活动，找寻解决问题的办法并进行相应的学习活动，在探究过程中实现育人目标。

1. 情境任务一："王国"初建

活动一：通过前测数据了解班级人际交往现状。

活动二：头脑风暴并提出驱动性问题："作为一名设计师，如何运用画、剪、贴等技能，制作一本有全班同学个人介绍的班级立体书？"

活动三：填写已知须知调查，制订项目实施计划。

活动四：投票确定立体书封面、内页版面内容。

活动五：成立探究小组，课后分组探究立体书制作方法，完成学习单。

2. 情境任务二：我为书本添封面

活动一：分享探究内容，掌握立体书制作方法。

活动二：欣赏图片、观看视频，学习艺术字设计、色彩搭配、构图等知识。

活动三：运用所学知识，结合立体书名称、内容设计封面。

活动四：游学投票，确定班级立体书封面设计。

3. 情境任务三：版面信息表达与装饰

活动一：仔细观察并说出男生女生的外貌特征差异，用绘画大胆表现出自己的性别信息。

活动二：欣赏图片、提炼其他信息内容，用图案、艺术字的方式表现其他信息。

活动三：通过探究、尝试，用立体拼贴的方法制作简单立体机关。

4. 情境任务四：我是小小建筑师

活动一：结合经验、观看视频，了解并制作出房屋基本结构。

活动二：自主探究掌握窗户的制作方法，制作出立体的窗户、窗棂。

活动三：了解装饰房屋的方法，用多种材料进行装饰。

活动四：集体拼贴，创作出立体书最后一页内容。

6. 情境任务五：王国诞生

活动一：学习科学教材相关内容，掌握书本的装订方法。

活动二：全班合作装订班级立体书，产出成果。

活动三：班级内传阅，了解、关爱他人。

（六）单元课程评价

《义务教育艺术课程标准（2022年版）》指出：评价是检验、提升教学质量的重要方式和手段。要充分发挥评价的诊断、激励和改善功能，促进学生发展。评价要涉及学习态度、过程表现、学业成就等多方面，贯穿艺术学习的全过程和艺术教学的各个环节。因此"我的班级王国"单元课程由关注学习过程的课堂评价、关注学习成效的作业评价两个方面组成。

1. 课堂评价

课堂评价主要包括参与、表达和倾听三个维度，即发言次数，发言或小组讨论时的音量，发言或小组讨论时能否做到眼看、耳朵听、大脑思考三项评价内容，用适合低段学生的图文结合评价表的方式每节课对学生进行综合评价（表5-35）。

表 5-35　课堂表现评价量规

班级＿＿＿　　姓名＿＿＿＿　　时间＿＿＿＿＿

评价维度	★★★	★★	★
参与	3+	1~2	0
发言	总是	有时	从不
倾听	总是	有时	从不

注：7~9颗星为高级；4~6颗星为中级；1~3颗星为初级

合计（　　）颗星

2. 作业评价

本单元根据课时需要设置五项作业，根据作业内容设置相应的评价标准。

（1）第一课时："王国"初建。

①作业内容：自主探究完成学习单（图5-19）。

②评价标准（表5-36）。

（2）第二课时：我为书本添封面。

①作业内容：结合班级立体书名和内容，为立体书设计封面。

②评价标准（表5-37）。

立体书探究学习单

班级_____　　姓名_____　　时间_____

1. 以下哪种是立体书？（　　　）

　　A 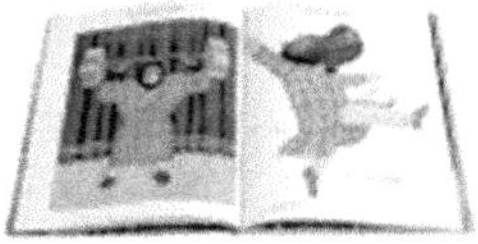　　　　　　　　B 　　　　　　　　C 　　　　　　　　D

2. 立体书机关的形式有哪些？（1种以上）

_____

3. 选择一种立体书机关的形式学习制作方法，尝试把步骤画下来。

图 5-19　自主探究完成学习单

表 5-36　评价标准

评价维度	★★★	★★	★
内容	填写正确、完整	填写完整	未填写完整

表 5-37　评价标准

评价维度	★★★	★★	★
文字	大小合适；设计美观	大小合适	文字信息完整
图画	内容恰当；有自己的创意	内容恰当	有图案
构图	构图饱满	构图偏大或偏小	构图过大或过小

（3）第三课时：版面信息表达与装饰。

①作业内容：结合班级统一的版面信息有创意地表达并添加装饰。

②评价标准（表5-38）。

表5-38　评价标准

评价维度	★★★	★★	★
边框	有连续的点或线，排列均匀、设计美观	有连续的点或线，排列均匀	有连续的点或线
信息表达	信息完整、大小合适、效果美观	信息完整、大小合适	信息完整

（4）第四课时：我是小小建筑师。

①作业内容：剪贴一座房屋，运用折剪的方法制作出立体的窗户或门，用多种材料装饰房屋。

②评价标准（表5-39）。

表5-39　评价标准

评价维度	★★★	★★	★
外形	大小适中	偏大或偏小	过大或过小
窗户	造型独特	设计合理	能作出立体的窗户
装饰	能运用多种材料，装饰美观	能根据房屋造型装饰	有装饰

（5）第五课时：王国诞生。

①作业内容：将个人页和他人页粘贴固定在一起，添加封面、封底。

②评价标准（表5-40）。

表5-40　评价标准

评价维度	★★★	★★	★
粘贴	粘贴牢固	轻微翘边	大幅翘边
外形	完全重合	轻微错位	大幅错位

（七）单元课程反思

通过本单元课程的设计教师的理念有了一定的提升，主要表现在：一是促进了对《义务教育艺术课程标准（2022 年版）》的学习和理解；二是拥有了课程视域下的教学观，对什么是单元教学有了进一步的认识，能够从课程的视野去研读教材、分析学情、设计学习活动；三是课程内容研发的能力得到进一步提升。

"左邻右舍"课时设计

教材来源：二年级《美术（下册）》湘版，湖南美术出版社

内容来源：二年级《美术（下册）》

主题：制作房屋

课时：1 课时

授课对象：二年级学生

（一）课程标准的相关要求

采用造型游戏的方式，进行主题的想象、创作和展示。

（二）教材分析

俗话说"远亲不如近邻"。邻居，还有每天相处的（人）同学，他们关乎我们的生活，同时也是人与人交往的社会生活中重要的组成部分。本课学习题目"左邻右舍"潜在地将学生从个人带入班级大家庭，再从学校带入社会大家庭，通过个体作业——剪贴房屋来营造自己的小家，通过集体组拼房屋来创建班级、社会这个大家庭，表达与班级成员、邻里和谐相处，宽容理解

等思想感情。因此，本课是一节通过创设情境渗透德育教育意识、培养学生集体协作精神的典型课目。和谐家庭、和谐班级、和谐邻里都需要心灵的沟通，人物表情流露出画者心情。本课通过添画人物表情渗透积极的人生观，引导学生用乐观的态度观察人生、服务社会。

本课属于综合探索学习领域的内容，表现题材将房子与人物结合，表现形式将手工制作和绘画结合，体现了学科内的综合。本课学习分四步：第一步制作墙面和房顶，尽量用最快速度完成，房顶要覆盖在墙面上；第二步剪刻立体的窗户或门，制作要求精细，窗口镂空面积尽量大；第三步装饰房顶、墙面，组拼房子；第四步添加人物。

本课主要采取合作的学习方式进行集体创作，在组织任务时，教师应合理安排小组人数，考虑成员水平相互搭配。应注意教学时间的把握，合理安排教学进程，有效的完成任务。家庭、班级、邻里都是学生生活的集体，温暖而具有亲和力，学生在五颜六色组拼的房屋里可以感受到缤纷世界里人心的纯真与美好。

（三）学情分析

该年级段学生有意注意的时间较短，活泼好动，好奇心强，善于模仿，美术学习兴趣浓厚，想象力丰富、大胆，对线、形、色较敏感，绘画表现力和动手能力有了一定的提高。本期学习内容丰富，活动形式多样，较好地将知识学习和技能训练结合在一起，有明显的课业综合特点。教学活动中教师应注重营造愉悦、欢快的学习氛围，可多采用游戏的形式，让学生在玩中体验，玩中创造。在教学中注意多鼓励，积极引导，保持学习的欲望和兴趣，促成学生主动地投入学习。

1. 学习目标

（1）了解房屋外形基本结构，剪贴制作房屋，能根据房屋的大小、形状、色彩合理拼组画面。

（2）能运用折剪的方法作出立体的窗户，用多种材料美化房屋。

（3）树立集体意识，培养团队协作精神，养成邻里间互相帮助、和谐相处的态度。

2. 教学重点

能运用折剪的方法作出立体的窗户。

3. 教学难点

能制作出有创意的窗户造型。

4. 评价任务

（1）通过视频欣赏和尝试，能创作出不同形状、色彩的房顶和墙面。

（2）通过学生自己试误、学生讲解、小游戏、教师微视频讲解，能够创造性地制作出立体的窗户。

（3）通过思考、尝试，能用多种材料美化房屋。

5. 教学过程

教学过程见表 5-41。

表 5-41　学习过程

教学环节	教学活动	评价要点
环节一： 任务驱动 激趣导入	活动一：任务驱动 孩子们，瞧！这是我们制作的班级立体书，在书的最后一页，有这样一道美丽的风景，看到这样的风景，你有什么想法？ 今天，我们就在这里建造房屋，大家一起成为和睦友好的邻居，来学习"左邻右舍"	通过动画、图片引导学生发现问题、发散思维，剪出合适、有创意的房顶、墙面，完成评价一

教学环节	教学活动	评价要点
环节二： 观察分析 启发创意	活动一：创作房屋外形 1. 为了帮助大家建好房屋，我请来了一位嘉宾，一起来听听它的自我介绍吧！ 2. 你们觉得这两个帽子适合它吗？ 所以要选择大一点的帽子，颜色有所区分 3. 西西的身体和帽子，是我们平常所说的房子的哪两部分呢？ 房顶和墙面 4. 它们造型千变万化，你想建造一个什么样的墙面和房顶呢？ 5. 请同学们根据盒子的大小剪出合适的墙面、房顶，要注意用剪安全和地面卫生，1分钟时间，现在开始	通过动画、图片引导学生发现问题、发散思维，剪出合适、有创意的房顶、墙面，完成评价一
环节三： 探究合作 掌握方法	活动一：制作窗户 1. 大家的房子真是千姿百态，漂亮极了！请同学们闭上眼睛想象一下，假如现在我们住进了这样的房子里，你会有什么感受呢？ 预设：一片漆黑 师：有什么解决办法？ 预设：添加窗户。 窗户就像房子的眼睛。你瞧！它一打开，我们的屋子就会变亮！ 2. 怎样制作出一个能合拢的窗户？ 请大家分小组讨论，1~3组讨论怎样做出这样单开的窗户，4~6组讨论怎样做双开的窗户，可以在练习纸上试一试，1分钟时间，现在开始 （1）哪个小组来分享你们的讨论结果 （2）哪个组来分享另一种窗户的剪法 3. 大家能用老师教的这两种方法做出其他形状的窗户吗？ 那我可要考考大家了，请你为这些剪纸示意图找到它对应的房子。30秒时间小组讨论，一会儿找人来验证答案 4. （投屏）现在我们可以打开窗，将窗外的风景尽收眼底。可是，关上窗，你发现了什么？ 预设：又变成了一片漆黑 师：这怎么办呢？ 预设：可以在窗户上开一些孔 5. 怎么做出漂亮的窗棂呢？（学生讲解）	通过小组探究、学生讲解和教师讲授三部分，学生制作出立体的窗户，通过游戏、微视频启发学生制作出造型独特的窗户，掌握美化房屋的方法，完成教学重点的同时突破难点，完成评价二、三

教学环节	教学活动	评价要点
环节三：探究合作掌握方法	6.方法帮助我们解决问题，创意让作品锦上添花。窗棂的制作还有哪些创意呢？我们一起来欣赏一下吧！（播放示范视频） 我们还可以对窗户的边缘进行一些修剪，在窗户位置对折剪出你喜欢形状的一半，制作出窗棂，还可以多次对折。不同的创意会让你的作品有不同的美感，最后将房顶和墙面组合在一起就完成啦！ 7.接下来，请在你刚才剪好的墙面上作出窗户，加上窗棂。完成后将房顶、墙面组合在一起，剪掉的碎纸片可不要乱丢噢。4分钟时间，开始你的创作吧！ 活动二：装饰、拼贴房屋 1.你们觉得现在的房子漂亮吗？有什么方法让它变漂亮？ 综合运用卡纸、画笔、纽扣等材料，可以让我们的房屋呈现不同质感的美 2.请你用桌面上的材料美化你的房屋，完成后粘贴上小主人，然后贴在纸盒上，将你们小组的房屋组合在一起，请大家伴随着音乐声动起来吧	通过小组探究、学生讲解和教师讲授三部分，学生制作出立体的窗户，通过游戏、微视频启发学生制作出造型独特的窗户，掌握美化房屋的方法，完成教学重点的同时突破难点，完成评价二、三
环节四：评价总结升华情感	活动一：评价 1.瞧！我们建成了一栋摩天大楼！现在大家真正成为相亲相爱的邻居。谁愿意来给大家介绍一下你的家？ 2.你最想去谁家里做客呢？为什么？ 3.大家对自己今天的表现满意吗？请你利用课余时间完成自评表。 活动二：总结 同学们，通过我们的巧手创作，一栋栋房子拔地而起，在这里我们是和睦友好的邻居，而邻居是能及时向我们伸出援手的好朋友。在地球大家园中，中国也有自己的邻居，希望同学们和世界各地的朋友一起携手打造一个和谐的地球村	是否能从审美的角度对他人作品进行评价

——作者：卢梦圆　王雅婷

四、语文学科单元整体课程设计

多方面描写事物　多角度探索世界

——小学《语文》三年级下册第七单元整体课程设计

根据《郑州市金水区中小学单元整体课程设计与实施指导意见》所述路径，制订本单元整体课程设计。

（一）版块一：单元课程理念

1. 学科育人价值

语文学科是培养学生树立正确价值观，形成必备品格和关键能力等核心素养的重要组成部分。《义务教育语文课程标准（2022年版）》指出："语文课程是一门综合性、实践性课程，具有工具性与人文性相统一的特点。语文课程应引导学生热爱国家通用语言文字，在真实的语言运用情境中，通过积极的语言实践，积累语言经验，体会语言文字的特点和运用规律，培养语言文字运用能力；同时，发展思维能力，提升思维品质，形成自觉的审美意识，培养高雅的审美情趣，积淀丰厚的文化底蕴，继承和弘扬中华优秀传统文化、革命文化、社会主义先进文化，全面提升核心素养。"

由此可见，语文学科的学习，不仅仅是学会语言运用的知识和技能，同时也是在语言文字的学习和运用过程中培养学生的思维能力，提升学生的审美创造能力。更重要的是在学习语文课程的过程中，坚定学生理想信念、厚植学生爱国主义情怀、增强学生的文化自信和民族自豪感。

【设计思路：我们研读了国家纲领性文件及政策中相关教育论述。党的二十大报告在第五部分第（一）条"办好人民满意的教育"中要求："全面贯彻党的教育方针，落实立德树人根本任务，培养德智体美劳全面发展的社会主义建设者和接班人。"重申了党的教育方针，并对加快建设高质量教育体系，办好人民满意的教育进行了详细丰富、深刻完整的论述。《义务教育课程方案（2022 年版）》（以下简称《课程方案》）提出："坚持德育为先，提升智育水平，加强体育美育，落实劳动教育。"并在"主要变化"中指出，课程标准"强化了课程育人导向"。❶ 综上可以看出，立德树人是教育的根本任务，核心素养的定位为党的教育方针提供了可落地的路径，为落实立德树人根本任务搭建了桥梁，在宏观方针与具体教学任务之间建立了有机联系，明确了教与学的具体方向和任务。

进一步研读课程标准发现，义务教育语文课程旨在培养学生的核心素养是"学生在积极的语文实践活动中积累、建构真实的语言运用情景中表现出来的，是文化自信和语言运用、思维能力、审美创造的综合体现"❷。

综合政策性文件和纲领性指导的意见，结合教师自身认知，形成上述表述的语文课程的学科育人价值】

2. 单元育人价值

本单元的主题的是"奇妙的世界"，是在第一单元"可爱的生灵——认识生物"和第四单"观察与发现——感受自然"的基础上，过渡到本单元的"奇妙的世界——探索世界奥秘"，实现由单方面到多方面的思维发展。围绕"奇妙的世界"单元的三篇精读课文，从天空、大地、海底三个维度向我们展示了大自然的规律。吸引着学生去寻找，去发现。语文园地的交流平台，引导学生留心观察周围的世界，能在观察与发现、联想与想象等"探秘奇妙世界的非常之旅"中满足学生的好奇心，激发学生探索大自然的兴趣，引导学生发现美、感受美，涵养高雅的情趣，提升创造美的能力。

---

❶ 中华人民共和国教育部. 义务教育课程方案（2022 年版）[M]. 北京：北京师范大学出版社，2022：3.

❷ 中华人民共和国教育部. 义务教育语文课程标准（2022 年版）[M]. 北京：北京师范大学出版社，2022：4.

【设计思路：我们对语文学科课程标准中的"课程目标"及相关教师教学用书的单元内容、创编学习资源等进行了解读与剖析。

课程标准在"课程目标"中指出三年级学生应达到第二学段学习目标，并基于核心素养四个方面，从识字与写字、阅读与鉴赏、表达与交流、梳理与探究表现层面进行了具体论述。"课程内容"中按照内容整合程度的不断提升，将其设置为三个层面的学习任务群，每个层级学习任务群下面设置若干主题群。"奇妙的世界"是课程内容领域发展型学习任务群中"文学阅读与创意表达"版块的学习资源。在文学阅读方面，重在获得文学阅读的方法。引导学生在整体感知全文基础上，理解重要段落和语句，具体感受课文是从哪几个方面把事物写清楚的；在创意表达方面，"初步学习整合信息，介绍一种事物"，旨在培养学生通过查找资料了解信息，然后根据问题对相关信息进行整合的能力。

《教师教学用书》对该教材单元的教学目标与要求做了阐释，并详细介绍了教材单元各部分的内容及教学重难点。将本单元定义为在探秘奇妙世界的非常之旅中，感受天地间的神奇与美好，培养对大自然的好奇与热爱。

综上所述，结合学科育人要求发掘单元育人价值】

3. 单元学习价值

本单元的语文要素"了解课文是从哪几个方面把内容写清楚的"，是在第三单元"了解课文是怎样围绕一个意思把一段话写清楚的"和第四单元"借助关键词句概括一段话的大意"基础上的进一步提升，体现了能力训练的梯度发展，为后续的阅读打下了态度和方法的双重基础。精读课文要重点学习作者仔细观察、抓住特点、运用恰当的语言，从多方面把事物写清楚的方法。口语交际安排了劝告，学习从多方面把将要表达的意思说清楚。单元习作整合学法，根据问题查找信息，从多方面介绍大熊猫，则是从学习新知到理解运用的实践过程，即能够从多方面描写事物、多角度探索世界。

【设计思路：分析学生之前学习的内容，明晰后续学习的要点，通过教研组讨论得出：本单元学习内容关联的核心素养主要表现为能够多方面描写事物、多角度探索世界；在学生已经学习"了解课文是怎样围绕一个意思把一段话写清楚的"和第四单元"借助关键词句概括一段话的大意"基础上进一步的提升。通过本单元的学习，一方面使学生获得多方面观察、描写事物的方法，另一方面有助于激发学生多角度探索世界的动力。综合这些分析形成"单元学习价值"】

（二）版块二：单元课程情境

1. 单元学习前的学情分析

通过样本学生访谈和问卷调研，分析学生在本单元学习前的状况。通过访谈，了解到学生对大自然有着浓厚的兴趣，但缺少仔细观察和深刻理解，需要引导学生梳理观察方法，留心观察，及时记录，多方面探索世界。通过分析问卷的答题情况，发现学生对于前一阶段的学习"课文是怎样围绕一个意思把一段话的意思写清楚的"这一语文要素的掌握非常扎实。而从段到篇，"了解课文是从哪几个方面把事物写清楚的"则是学生的能力发展点，是本单元的教学重点。用思维导图的形式"整合信息，多方面介绍一种事物"对于学生来说则是一个难点。基于这样的学情背景，本单元的两个重点学习资源确立，即一是需引导学生借助思维导图的方法梳理信息，了解一篇课文是从哪些方面把事物写清楚的；二是借助思维导图的方式整合信息，让学生学会从多方面观察、描写一种事物。

【设计思路：基于本单元的人文主题和语文要素，设计四个调研问题，采用访谈和问卷形式采集学情数据并分析，了解学生学习背景，确立基于学情的学习资源。

调研样本：三年级某班45名学生

调研方式：访谈和问卷测试相结合

调研内容：

1. 访谈

你是否发现我们生活的天地间隐藏着哪些有趣的现象呢？你有记录下来去寻找答案吗？你都通过什么方式找到答案呢？你还想探索哪些未知的奥秘呢？

2. 问卷

第1题，读下面一段话，用"——"画出本段的关键句。围绕关键句写了哪几个方面？

第2题，阅读短文《北大荒的秋天》，说一说本文主要从哪几个方面介绍了北大荒的秋天？

第3题，我们学校"知行苑"动物角来了一位新朋友——大母鸡，你仔细观察过它吗？如果让你来介绍它，你会从哪几个方面来构思呢？请你完成思维导图。

调研分析：

根据访谈题梳理出几个调研关键点，如图5-20所示。

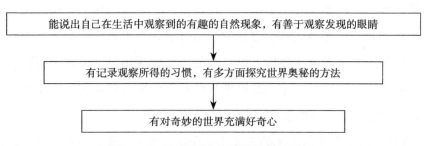

图5-20　访谈调研分析关键节点图示

根据该"图示"整理调研结果，发现：大部分学生对大自然有着浓厚的兴趣，但缺少仔细观察和深刻理解，需要引导学生梳理观察方法，留心观察，及时记录，多方面探索世界。

　　根据问卷题，统计学生完成数据，详见表5-42】

表 5-42　问卷调研分析

问卷题	学生表现标准	人数	比例
第1题	能找出一段话的关键句，并写出围绕关键句写了哪些方面	42	93%
第2题	能全部正确梳理出文章从哪些方面介绍了北大荒的秋天	19	42%
第3题	能对信息进行梳理整合，画出介绍母鸡的思维导图	8	17%

　　【分析发现：有93%的学生能答对第一道练习题，有42%的学生能正确完成第二道练习题，只有17%的同学能正确利用思维导图的方式，列出自己将从哪些方面描写一种事物。通过分析学生的答题情况，学生对于前一阶段的学习"课文是怎样围绕一个意思把一段话的意思写清楚的"这一语文要素的掌握非常扎实。而从段到篇，"了解课文是从哪几个方面把事物写清楚的"则是学生的能力发展点，是本单元的教学重点。用思维导图的形式"整合信息，介绍一种事物"对于学生来说则是一个难点】

2. 单元学习内容分析

　　（1）本单元人文主题及其所处位置分析。

　　纵观1~6年级相关的人文主题，教材在编排上遵循了学生的认知发展规律。回顾1~3年级的人文主题，从认识自然到感受自然，多次关注自然之美，本单元的人文主题更倾向于生活中容易被忽略的美（如《我们奇妙的世界》《火烧云》），或者日常生活中无法观察接触的美（如《海底世界》），通过探秘自然，最终实现人与自然和谐相处。

　　（2）本单元语文要素及其所处位置分析。

　　本单元的阅读训练要素是"了解课文是从哪个方面把事物写清楚的"，指向课程标准第二学段"初步把握文章的主要内容，体会文章表达的思想感情"

的目标要求，也是一项重要的阅读技能。从三年级上学期的"运用多种方法理解句意，借助关键语句理解一段话的意思"到三年级下学期的"梳理信息要点把握文意"，体现这一阅读要求的延续性和梯度性。本单元三篇课文的阅读要素，既沿用了之前的学习经验，又指导学生从事物的几个方面来梳理细化内容，提高了学生的概括能力。

本单元的习作要素是初步学习整合信息，介绍一种事物。在相关的习作训练中起到承上启下的作用。

（3）本单元教材内容。

横向来看，本单元的习作训练要素与阅读训练要素紧密相关。在三篇精读课文中，《我们奇妙的世界》展现了天空、大地的奇妙，《海底世界》揭示了海底景色之奇异、物产之丰富，《火烧云》则描绘了傍晚天空瑰丽的景象。本组文章的学习重点是学习作者从多方面把事物写清楚的方法，通过阅读语言文字去感受美和发现美。而本单元的习作是引导学生根据问题查找资料，整合信息，介绍国宝大熊猫，是从写作的角度引导学生将自己对美的感受进行有序表达，体现了从阅读、思考到表达的实践过程。

【设计思路：通过研读《教师教学用书》，在分析单元学习内容的基础上，明晰精读课文、略读课文、口语交际、语文园地及习作之间的联系，依据课程标准中的相关要求和学生的具体学情，推测学生在学习本单元内容时可能会遇到的困难，确定单元教学难点，形成上述学习内容的背景与资源分析】

3. 本单元的课时安排

基于前述学习资源与内容的分析，确定本单元的课时安排（表5-43）。

表5-43 "奇妙的世界"主题单元课时安排表

内容	课型	课时数
1.明确单元学习目标和情境任务，了解单元学习内容，为学习活动有序开展做好导览	单元导读课	1

续表

内容	课型	课时数
1. 在真实的语言运用情境中独立识字写字，正确书写笔画较多与较少的字。诵读、积累词语、句段，丰富语汇 2. 有感情朗读课文，背诵指定段落 3. 阅读文本内容，体会课文语言表达的好处，借鉴课文的表达，仿写词句。观察周围世界，发现美、感受美，尝试用文学语言表达自己热爱自然、探秘自然的情感	精读引领课	6
1. 交流在习作中如何用上平时积累的词语，增强运用平时积累的语言的意识 2. 熟读并记诵 4 个成语，知道它们的意思 3. 正确规范书写笔画较少和笔画较多的字	单元整理课	1
1. 查找资料，整合信息，介绍国宝大熊猫 2. 完成习作后，通过自评和互评，修改完善习作内容	习作指导课	2
1. 根据具体情境选择恰当的方式，尝试从多方角度思考，劝告他人 2. 用正确的格式写一则寻物启事	实用交际课	2
1. 与同学分享交流本单元的研学打卡活动 2. 对自己和同伴的汇报成果作出评价	拓展延伸课	1

【设计思路：研读课程标准中"课程目标"的核心素养主要表现及其内涵的描述与《义务教育语文课程标准（2022 年版）解读》中小学阶段核心素养的主要表现，分析并把具体内容与核心素养主要表现的关联建立起来，明晰"识字与写字""阅读与鉴赏""表达与交流""梳理与探究"的目标要求，结合本单元目标要求，梳理、形成单元学习目标，再把单元目标落实到课时学习目标】

（三）版块三：单元课程目标

泰勒在《课程与教学的基本原理》一书中明确指出，开发任何课程和教学计划都必须回答四个基本问题：第一，学校应该试图达到什么教育目标？第二，提供什么教育经验最有可能达到这些目标？第三，怎样有效组织这些教育经验？第四，我们如何确定这些目标正在得以实现？基于这一理念,明确单元课程目标可以有效帮助单元课程的实施做到"教—学—评"的一致性。

1. 单元课程的课程标准要求

梳理《义务教育语文课程标准(2022年版)》中"课程目标"与"课程内容"部分与本单元相关的要求如下。

(1)学段目标。

具体的学段目标见表5-44。

表 5-44 学段目录

学段目标	与本单元相关的具体表述
识字与写字	养成良好的书写习惯,书写时做到规范、端正、整洁,感受笔画较多和笔画较少汉字的特点和形体美
阅读与鉴赏	能联系上下文,理解词句的意思,体会课文中关键词句表达情意的作用;能初步把握文章的主要内容,体会文章表达的思想感情
表达与交流	观察世界,能不拘形式地写下自己的见闻、感受和想象,把内容写清楚
梳理与探究	结合语文学习,观察大自然,观察社会,积极思考,运用书面或口头方式,并运用表格、图像、音频等多种媒介,呈现自己的观察与探究所得

(2)内容要求。

"奇妙的世界"主题单元为第二学段文学阅读与创意表达领域的内容。该任务群对与本单元相关的学习内容表述为:阅读描绘大自然、表现人类美好情感的诗歌、散文等文学作品,结合自己的生活体验,尝试用文学语言表达自己热爱自然、珍爱生命的情感。

(3)教学提示。

根据不同课程中文学阅读与创意表达任务群的教学提示"围绕多样的学习主题创设情境,在主题情境中,开展自己的独特感受。促进学生的精神成长",确定本单元的课程目标要在具体的主题情境中开展。

【设计思路："奇妙的世界"单元为现行第二学段文学阅读与创意表达领域，课程标准的"课程目标"明确把"能初步把握文章的主要内容"作为第二学段阅读与鉴赏部分的学段目标；因此，需要从"课程内容"中"文学阅读与创意表达"这一学习任务群与本单元有关的"内容要求""教学提示"的阐述，形成上述文字】

2. 单元大概念的提炼

分析单元学习内容与前后语文要素的关联（图 5-21）。

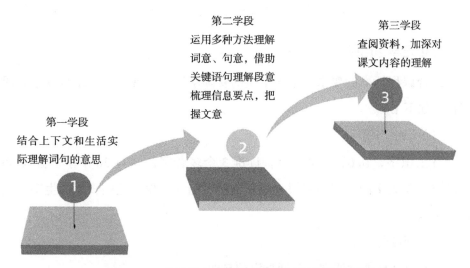

图 5-21 单元学习内容与前后语文要素的关联

分析本单元课程内容及其与学生学习的前后联系对发展核心素养的要求，如《我们奇妙的世界》从天空和大地两个方面展现了这个奇妙的世界的神奇和活力；《海底世界》从海底的动物、植物和矿产等方面，介绍了海底世界景色的奇异和物产的丰富；《火烧云》重点从颜色和形状两个方面，表现火烧云的变化极多、极快。三篇课文虽然描写的对象不同，但都是从几个方面把事物写清楚的。

　　本单元的习作要求是"初步学习整合信息，介绍一种事物"，旨在引导学生通过查找资料了解大熊猫，然后根据问题对相关信息进行整合，写一篇介绍大熊猫的习作。学生之前已经学习过提取文中明显的信息，为本单元学习初步整合信息提供了基础。

　　通过深度解读课程标准、分析教材、了解学情，提炼出本单元大概念为：多方面描写事物，多角度探索世界。

　　【设计思路：我们基于课程标准、单元内容和学情的分析，对单元内基础性学习内容和拓展资源进行优化整合，提炼每篇课文的学习要点，建构篇与篇之间的逻辑关联，进而提取单元主题意义】

3.单元学习目标

　　结合课程标准的要求，基于学生的实际学情和发展需要，制订本单元课程目标如下：

　　（1）识字与写字。

　　自主识字，认识24个生字，读准3个多音字，会写36个字，会写36个词语，养成主动识字的习惯；能正确书写笔画较少和笔画较多的生字；积累优美词句。

　　（2）阅读与鉴赏。

　　①有感情地朗读课文，背诵指定的自然段。

　　②了解课文是从哪几个方面把事物写清楚的，理解课文的主要内容，感受大自然的奇妙。

　　③体会课文语言表达的好处，学习作者仔细观察、抓住特点、运用恰当的语言把事物写具体的方法。

　　（3）表达与交流。

　　①根据具体情境选择恰当的方式，尝试劝告他人。

　　②按照习作要求，根据问题提示收集信息，初步学习整合信息，能够从

不同方面介绍一种事物。

（4）梳理与探究。

体会观察的乐趣，探索世界的奥秘，运用积累的语言，描绘大自然的美好。

根据单元学习目标与课时安排，确定课时学习目标的具体落实情况（表 5-45）。

【设计思路：我们研读了课程标准中"课程目标"的基于核心素养四个方面的分级学段目标阐述，结合该单元课程内容，梳理形成上述单元学习目标】

表 5-45　课时情况

课时	课型	学习目标 1	学习目标 2	学习目标 3	学习目标 4
课时 1	单元导读课		√	√	√
课时 2~7	精读引领课	√	√		√
课时 8~9	习作指导课			√	
课时 10	单元整理课	√			
课时 11~12	实用交际课			√	
课时 13	拓展延伸课		√		√

（四）版块四：单元课程内容

1. 课程内容结构

根据与教材的关联，学习主题有遵循、调适、创生三种构建方式，本学习主题采用的是遵循的方式。本单元的课程内容注重引导学生在 3 篇精读课文的学习活动中，了解课文是从哪几个方面把事物写清楚的，理解课文的主要内容，感受大自然的奇妙；知道怎么围绕一个意思把一段话写清楚。在单元习作学习活动中，学生能查找资料，整合信息，围绕提示的问题写一写大熊猫。在单元整理课中，学生能根据具体情境选择恰当的方式，尝试劝告别人；也能掌握寻物启事的写法，能用正确的格式写一则寻物启事。在拓展延伸课中，学生能够通过对周围事物的留心观察，运用学过的方法记录身边普通美好的事物，进一步巩固第二个单元学习目标。基于对学习资源编排，构建了本单元的课程内容结构（表5-46）。

【设计思路：我们以教材自然单元为依托，确定单元主题，基于学校特点和学生情况，对单元课程内容进行拓展或创编资源的融合，并进行合理的增加、替换、删减和调整等处理，进而形成单元课程内容结构图】

表5-46　单元的课程内容结构

	奇妙的世界	
单元导读课 1课时	单元导语、情境任务	明确单元学习目标和情境任务，了解单元学习内容，为学习活动有序开展做好导览
朗读引领课 6课时	"我们奇妙的世界" "海底世界" "火烧云"	1. 在真实的语言运用情境中独立识字写字，正确书写笔画较多与较少的字。诵读、积累词语、句段，丰富词汇 2. 有感情朗读课文，背诵指定段落 3. 阅读文本内容，体会课文语言表达的好处，借鉴课文的表达，仿写词句。观察周围世界，发现美、感受美，尝试用文学语言表达自己热爱自然、探秘自然的情感
单元整理课 1课时	语文园地	1. 交流在习作中如何用上平时积累的词语，增强运用平时积累的语言的意识 2. 熟读并记诵4个成语，知道它们的意思 3. 正确规范书写笔画较少和笔画较多的字
习作指导课 2课时	习作：国宝大熊猫	1. 查找资料，整合信息，介绍国宝大熊猫 2. 完成习作后，通过自评和互评，修改完善习作内容
实用交际课 2课时	口语交际：劝告 语文园地：寻物启事	1. 根据具体情境选择恰当的方式，尝试从多角度思考，劝告他人 2. 用正确的格式写一则寻物启事
拓展延伸课 1课时	"美颜"打卡分享交流	1. 向同学分享交流本单元的研学打卡活动 2. 对自己和同伴的汇报成果作出评价

2. 课程内容要点

本单元内容包括基础课程内容和拓展课程内容，基础课程内容着重发展学生的基础知识和基本技能，拓展课程内容则着重发展学生的审美能力、情感态度、价值观等，用长远的眼光看待学生，注重学生的终身发展。本单元课程内容要点（见表5-47）。

表 5-47 单元课程内容要点

课题	基础课程要点（低阶要求）	拓展课程要点（高阶要求）
《我们奇妙的世界》	1. 认识"呈、蔚"等8个生字，读准多音字"劲"，会写"呈、幻"等11个字，会写"奇妙、呈现"等15个词语 2. 有感情地朗读课文，能说出课文分别是从哪些方面来写天空和大地的	1. 能结合生活经验，理解"一切看上去都是有生命的"这句话的含义 2. 能仿照例句，写自己发现的普通而美的事物
《海底世界》	1. 认识"窃、私"等9个生字，读准多音字"差"，会写"宁、官"等12个字，会写"海底、宁静"等13个词语 2. 正确、流利地朗读课文，能说出课文是从哪几个方面来表现海底世界的景色奇异和物产丰富的	1. 理解"窃窃私语"等词语的意思，体会它们的表达效果 2. 能说出第4自然段和第5自然段是如何围绕一句话把一个意思写清楚的
《火烧云》	1. 认识"喂、盈"等7个生字，读准多音字"模"，会写"必、胡"等13个字，会写"火烧云、晚饭"等8个文中表示颜色的词语 2. 能有感情地朗读课文，背诵第3~6自然段	能借助相关语句说出火烧云的特点，体会人们看到火烧云时的喜悦之情
习作	1. 能查找资料，整合信息，围绕提示的问题写一写大熊猫 2. 通过自评和互评，能用修改符号修改不准确的内容并补充新的内容	能够从不同方面介绍大熊猫，按照总分总结构介绍，不低于两个方面，不少于4个自然段
口语交际	能够根据具体情境选择恰当的方式，尝试劝告别人	能采用合适的语气，尝试从多个角度为别人着想，劝告别人

本单元课程内容的内在线索呈现出知识学习、认知发展、核心素养循序渐进的提升过程。本单元的学习进阶图应景而生（图5-22），该图清晰展示出学生在本单元课程内容的学习过程中，知识技能与核心素养均得以进阶式发展。

【设计思路：根据《郑州市金水区中小学单元整体课程设计与实施指导意见》设计路径，阅读课程标准相关内容和单元课程前述分析，明晰本单元课程内容的核心。在建构课程内容结构时，遵循"关注基础、适度拓展"原则，对本单元教材学习内容和拓展资源进行结构化梳理，形成单元课程内容结构图。提炼课程内容要点，把单元课程内容结构的每部分内容进一步细化，确定基础课程和拓展课程的内容要点。最后以学生学习视角思考，从知识与素养两个维度形成单元课程学习进阶图】

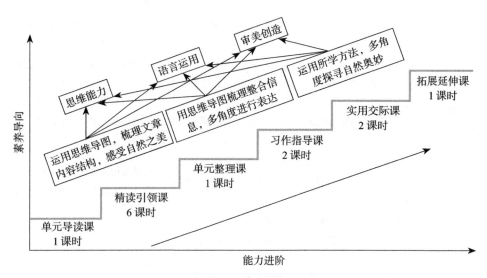

图 5-22　单元学习进阶情况

（五）版块五：单元课程实施

《义务教育语文课程标准（2022 年版）》提出：课程实施要创设真实而富有学习意义的学习情境，引导学生关注家庭生活、校园生活、社会生活等相关经验，增强在各种场合学语文、用语文的意识，建设开放的语文学习空间，激发学生探究问题、解决问题的兴趣和热情，引导学生在多样性的日常生活场景和社会实践活动中学习语言文字运用。

　　基于本单元大概念，在探秘自然的旅行中，我们联想到，生活中当人们发现美景的时候，会很自然地用相机拍照，并配上美文来发布朋友圈，以这种方式来记录美好。

　　因此我们创设了"非常之旅，我为世界来'美颜'"这个大情境。这里的"美颜"包含两层含义，一是画面的"美颜"，让学生发现身边的美好，并尝试用拍照或图画的方式记录；二是文字的"美言"，指能使用积累的新鲜感的文字来传递美好。本单元课程实施见表5-48。

表 5-48　单元课程实施

多方面描述事物　　多角度探索世界			
非常之旅，我为世界来"美颜"			
任务一：习方法，赏语言，感受自然之美	发现一方天地	《我们奇妙的世界》+书写提示+交流平台	用思维导图理课文结构探自然奥秘悟生命神奇
	潜入一片海底	《海底世界》+词句段运用	
	触摸一片云彩	《火烧云》	
任务二：用方法，多方面，解锁表达之秘	发起一次善意提醒	口语交际劝告	多角度考虑问题语气恰当劝他人
	寻找一个小主人	会写一则寻物启事	
任务三：选方法，多角度，探寻世界奥妙	亲亲一个小萌宠	借助思维导图完成习作	迁移运用查资料整合信息乐习作
	布置一面美颜墙	探寻自然奥妙，多方面来表达	研学实践图文表达多角度发现世界美

　　本单元创设了单元大情境——"非常之旅，我为世界来'美颜'"，围绕大情境任务，设计3个子任务，贯穿7个不同的学习内容，通过4大探究路径，引导学生在真实的生活情境中，激发学习动机，引发深度思考，促进审美能力的提升，发展语文核心素养。

1. 情境一：发现一片天地

（1）学习活动1：思维导图，理脉络。

让学生结合实际的生活经验，说说自己平时看到的世界有什么奇妙之处，再结合课后题发问："我们奇妙的世界"究竟"奇妙"在何处？课文从哪几个方面写了世界的奇妙？学生在解答问题的过程中明确课文是从天空和大地两个方面来写的。根据对文章内容的梳理，构建本篇课文的思维导图。

（2）学习活动2：理解感受，学表达。

有感情朗读课文的基础上，结合生活经验，说说你对"一切看上去都是有生命的"这一课文关键句的理解。学习课文中语言表达的特点，仿照课文句式进行仿写练习。

（3）学习活动3：关注笔画，写好字。

重点写好"幻"和"型"等生字。

（4）学习活动4：课后研学，打卡"美颜"墙。

①读一读这些句子，感受生活中普通而又美好的事物。

②留心观察生活，发现生活中极其常见而又美好的事物，拍一张照片、画一幅图画，配上一段文字，汇集到世界美颜墙上。

2. 情境二：潜入一片海底

（1）学习活动1：思维导图，理脉络。

①②围绕课文第一自然段提出的问题，引导学生默读课文，从文中找出哪一句话可以回答这个问题。启发学生找出课文的重点句"海底真是个景色奇异、物产丰富的世界"，知道课文就是围绕这句话来写的。

②引导学生思考：作者是从哪几个方面来写海底景色奇异和物产丰富的？梳理概括第2至第6自然段每个段落的大致内容。根据对文章内容的梳理，构建本篇课文的思维导图。

（2）学习活动2：理解感受，学表达。

①细读课文，思考：海底光线怎么样？那里有声音吗？是从哪些地方看出来的？

234

②学习课文描写海底声音这一段的表达方法，进行仿写练习。

③小组合作填表格，说说海里的动物都有什么活动方式。

④思考：作者是怎样写清楚"海底植物差异也很大"这个特点的？

（3）学习活动3：关注笔画，写好字。

重点写好"参"和"推"等生字。

（4）学习活动4：课后研学，打卡"美颜"墙。

以"你可知道，大海的深处是怎样的"为开头，向大家介绍海底世界的特点，并配上插图或文字。

3. 情境三：触摸一朵云彩

（1）学习活动1：思维导图，理清脉络。

①边读课文边思考：火烧云是一种怎样的云，课文写了火烧云的哪些特点？让学生初步感知火烧云颜色、形状很多，颜色、形状变化很快的特点。

②根据对文章内容的梳理，构建本篇课文的思维导图。

（2）学习活动2：理解感受，学会表达。

细读课文，思考：火烧云的颜色有哪些变化？文中连用四个"一会儿"写火烧云的颜色变化，你感受到火烧云颜色变化还有哪些特点呢？引导学生体会火烧云颜色变化多、变化快这两个特点。

仿照课文描写颜色的词语表达形式，写一写牡丹花的颜色。

思考：火烧云的形状是怎样变化的？火烧云的形状变化过程带给你什么样的感觉？引导学生感受火烧云形状变化极多极快的特点。

（3）学习活动3：关注笔画，写好字。

重点写好"必"和"灿"等生字。

（4）学习活动4：课后研学，打卡"美颜"墙。

让学生仿照课文中描写火烧云形状的方法，写一写自己观察到火烧云形状变化的特点，并为其配上一张照片或者画上插图。

4. 情境四：发起一次善意提醒

（1）学习活动1：利用教材提供的情境，提出问题：你觉得哪个同学更有可能接受谁的劝告呢？让学生演一演这三种情况，在不同角色的扮演者中体会不同劝告方式的效果。

（2）学习活动2：结合讨论，明确"劝告"的要点：在体验三个"劝"的不同效果后，围绕"你觉得哪个同学更可能接受谁的劝告？为什么？"展开讨论，进而归纳出劝告他人时应该"注意说话的语气，不要用指责的口吻。多从别人的角度着想，这样别人更容易接受"的要点。

（3）学习活动3：创设生活情境，尝试"劝告"：提供多个情境，学生以小组为单位分角色尝试练习后，引导学生思考：哪些劝告是成功的？成功的原因是什么？哪些劝告是不成功的？可以做哪些改进？让学生明白，劝告不仅要以理服人，还要多从别人的角度着想，以情动人。

5. 情境五：寻找一个小主人

（1）学习活动1：创设情境，了解寻物启事的作用。

（2）学习活动2：范文引路，学写寻物启事。

（3）学习活动3：实践练习，试写寻物启事。

6. 情境六：亲亲一个小萌宠

（1）学习活动1：创设情境，分享大熊猫信息。担任国宝大熊猫推广大使的你，课前都收集到了哪些资料？和大家共同分享吧。

（2）学习活动2：信息整合，画出思维导图。先根据教材中出示的三个问题和表格，进行初步的信息整合，练习介绍。再出示预习单的资料汇总表，指导学生归纳、梳理信息，拓展介绍的思路。最终以思维导图的形式出示学生整合后的信息。

（3）学习活动3：练习表达，完成大熊猫介绍。借鉴课文的表达方法，尝试介绍。回顾本单元课文的写作方法，在动笔前，想一想自己准备介绍大熊猫的哪几个方面，怎样安排介绍的顺序，想好之后再动笔，实现方法的迁移运用。

7. 情境七：布置一面美颜墙

学习活动：留心观察生活，每学完一课，完成一次打卡！把发现的生活中极其常见而又美好的事物，拍成照片，画成画，配上一段文字，汇集到世界美颜墙上。

【设计思路：根据《郑州市金水区中小学单元整体课程设计与实施指导意见》设计路径，遵循课程标准的课程实施要求，为有效建立语文与生活的紧密联系，在本次"非常之旅，我为世界来美颜"的活动中，学生感受到多角度探索世界的乐趣，从而学会多角度描写一种事物。

教师利用单元大情境任务，结合每课具体内容衍生出七个适切的情境任务，每课围绕情境任务设计出能够引发学生思考与表达的核心问题与学习活动，达成学习目标】

（六）版块六：单元课程评价

评价不仅要关注学生的学习结果，还要关注学生的学习过程，激励学生学习，改进教师教学。单元评价要以《义务教育语文课程标准（2022年版）》中的学业质量标准为指引，以学业评价标准为准则，以学科单元内容为载体，运用质性和量化的方法，检测学生单元课程学习后在语言文字运用能力、思维过程、审美情趣和价值立场等方面的水平。团队在单元课程整体规划的前提下，依托单元目标和单元内容，架构了本单元的评价体系。

1. 评价目标

（1）通过阅读"奇妙的世界"为主题的相关文章，产生对自然、对世界强烈的好奇心。

（2）知道怎么围绕一个意思把一段话写清楚。

（3）能体会课文语言表达的好处，能借鉴课文的表达仿写片段。

（4）阅读文章后，通过抓关键词句，了解课文是从哪几个方面把事物写清楚的。

（5）通过对各种信息的提取，初步学习如何整合信息，介绍一种事物。

（6）能根据具体情境选择恰当的方式，尝试劝告别人。

（7）认识寻物启事的写法，能用正确的格式写一则寻物启事。

2. 评价框架

评价体系中框架的确立是设计评价的关键要素，也是实施评价的主要依托。我们从"评价维度""评价要点""评价内容"和"评价方式及建议"四个方面设计了本单元的评价框架，具体内容见表 5-49。

表 5-49　评价框架

评价维度	评价要点	评价内容	评价方式及建议
学业发展	识字与写字	认识 24 个生字，读准 2 个多音字，会写 35 个生字，会写 40 个词语。熟读并记诵 4 个成语，知道它们的意思	课时作业课堂观察课后作业
	阅读与鉴赏	1. 阅读文章后，通过抓关键词句，了解课文是从哪几个方面把事物写清楚的，并能构建出思维导图 2. 能体会课文语言表达的好处，能借鉴课文的表达仿写片段	
	表达与交流	1. 能根据具体情境选择恰当的方式，尝试劝告别人 2. 认识寻物启事的写法，能用正确的格式写一则寻物启事	
	梳理与探究	1. 正确书写笔画较少和笔画较多的字，把"止、露"等 8 个字写规范，写匀称 2. 留心观察生活，发现生活中极其常见而又美好的事物	
情感态度与价值观	学习兴趣	课堂听讲及作业完成情况	课堂观察口语表达
	学习习惯	学习过程中倾听、表达、合作、实践等情况	
活动经验	操作能力	独立思考、观察、实践等情况	实践活动
	合作能力	乐于并善于与他人合作的情况	

3.评价工具

评价工具是实施评价的抓手，也是载体。根据本单元的学科知识、学科核心素养导向和三年级学生身心发展规律等，设计了评价量规和评价样题。

（1）评价量规。

课前：在课时学习单上，给学生明确预学任务，每个预学任务对应一颗星，每完成一项，就得到一颗星。课中、课后依据量表评价学生的学习活动，见表5-50。

表 5-50　单元学习评价量规

评价维度	评价标准		
课前预学	每课3项预学任务全部完成	每课能完成2项预学任务	每课仅能完成1项预学任务
思维导图理脉络	能借助思维导图把课文内容完整概括，梳理清晰	能借助思维导图梳理课文内容，基本清楚	能借助思维导图，梳理课文部分内容
词句仿写会表达	能根据提示要求完成词句仿写练习，格式正确且内容生动恰当	能根据提示要求完成词句仿写练习，格式正确	能在帮助下根据提示要求，完成相关练习
习作练习学表达	能根据习作要求，从多方面把大熊猫介绍清楚	能根据习作要求，从两个方面介绍大熊猫	仅从单个方面介绍大熊猫
关注笔画写好字	书写正确、整洁、美观	书写正确、整洁	书写正确
课后研学"美颜"打卡	能够留心观察生活，能将所学知识迁移运用，按要求完成6~7次"美颜"打卡	能够留心观察生活，按要求完成4~5次"美颜"打卡	能够留心观察生活，按要求完成2~3次"美颜"打卡

（2）课时评价工具。

根据本单元的课程目标与评价目标，结合课程内容，单元评价采用过程性评价与阶段性评价两种评价方式，并将单元评价目标细化至每课时（表5-51），以便教师实施评价时能很好地依据目标设计出过程性和阶段性评价内容。

· 239 ·

表 5-51　单元课程评价与单元课程目标的匹配说明

单元课程目标	过程性评价						阶段性评价
	情境一	情境二	情境三	情境四	情境五	情境六	情境七
1. 认识 24 个生字，读准 2 个多音字，会写 35 个生字，会写 40 个词语。正确书写笔画较少和笔画较多的字，把"止、露"等 8 个字写规范，写匀称。熟读并记诵 4 个成语，知道它们的意思 2. 有感情地朗读课文，背诵指定的自然段	●	●	●				
1. 了解课文是从哪几个方面把事物写清楚的，理解课文的主要内容，感受大自然的奇妙 2. 知道怎么围绕一个意思把一段话写清楚	●	●	●			●	●
1. 能根据具体情境选择恰当的方式，尝试劝告别人 2. 能体会课文语言表达的好处，能借鉴课文的表达仿写句子。能查找资料，整合信息，围绕提示的问题描写大熊猫 3. 认识寻物启事的写法，能用正确的格式写一则寻物启事				●	●		●

（3）过程性评价工具和阶段性性评价工具。

【设计思路：研读课程标准中"评价建议"的相关内容，根据课堂教学目标，依托学生的学习过程，以学生回答问题、小组讨论、自评互评等方式进行课堂评价，形成学习活动评价量表。

我们也通过作业评价了解学生对所学知识的理解程度和语言能力的发展水平。在深入理解作业评价的育人功能的基础上，坚持能力为重、素养导向，

设计既有利于学生巩固语言知识和技能，又有利于促进学生有效运用策略，增强学生学习动机的作业】

（七）版块七：单元课程反思

"奇妙的世界"单元整体课程设计以学生核心素养发展为导向，从整体上建构了本单元的课程内容、课程评价与课程实施。下面从成效预期、回顾与反思两方面进行反思。

1. 成效预期

本单元整体课程设计科学、全面、成体系，突出特点有：

（1）强化思维建构的过程，突出素养导向。

如果说单篇课文是地图上的散点，那么单元统整教学更像一幅地图，让师生在教与学中有章可循，有的放矢。我们从单元语文要素出发，俯瞰每一篇课文、每一个版块在单元整体中的位置和作用，串联学习情境、知识目标、活动评价、真实任务，从而形成合力，便于教师教、学生学。

通过对课文内容梳理，绘制思维导图的方式，实现单元语文要素有梯度、有逻辑地落实，通过单元的建构与学习，实现学生思维能力的发展。

（2）挖掘拓展内容资源，彰显学习价值。

在设计建构单元课程内容时，增设"布置一面美颜墙"这一情境任务，在具体情境中，考查学生综合利用课文所学知识，探秘世界，发现不同美的能力。该课时的学习设置采用课内和课外相结合的学习方式，学生在课内熟悉活动要求，课后打卡并回到课堂中与同学们交流分享成果。将语文学习巧妙地延展到实际生活当中，体现语文学习的价值。综上，通过单元学习，使学生理解"非常之旅"的意义，激发探索世界奥秘的欲望。成效预期是：学生通过梳理文章脉络，学会构建思维导图，提升学生的思维发展能力。并初步学会整合信息，介绍一种事物。

2.回顾反思

回顾单元学习过程，学生学习成效较好，如在学习《我们奇妙的世界》一课时，大多数学生能找出课文围绕"天空"和"大地"写了哪些方面的内容，并在此基础上构建思维导图，为下一节课的学习奠定了基础。

回顾单元整体课程设计与实施过程，在单元视角下，对知识进行整合和重组，结构化的思考能紧扣学习本质，对单元语文要素的落实具有更有效的作用，体现出单元整体课程设计的优势，即统整单元目标，立足素养导向；拓展学习内容，突出核心素养；体现学习进阶，突出学生视角；"教—学—评"一致，实现学科与单元的育人价值、学习价值。

回顾过程，也获得一些经验，简要总结如下：

（1）依托单元目标，形成单元任务群。

《义务教育语文课程标准（2022年版）》强调：义务教育语文课程内容主要以学习任务群组织和呈现。设计语文学习任务，要围绕特定学习主题，确定具有内在逻辑关联的语文实践活动。语文学习任务群由相互关联的系列学习任务组成，共同指向学生的核心素养发展，具有情境性、实践性、综合性。统编版教材从三年级开始，所有单元导语都从阅读与表达两个方面列出了语文训练的基本要素，而教学目标也直接体现在单元导语中。语文要素中所涉及的领域是设计任务群的主要依据。我们可以依据单元语文要素与单元目标创设学习情境，设计单元学习任务群。

本单元的语文要素适合设置指向"阅读与表达"的学习任务群。那么，结合当地的地域特点，我们可以为学生设计这样的单元情境大任务：我们的世界如此奇妙多彩，善于观察的你也一定发现了，把你发现的日常生活中那些美好的事物用相机和文字记录下来吧，完成我们班级的"世界美颜墙"。在此基础上，再根据本单元课程内容的不同特点设定不同的情境任务，形成本单元的学习任务群。这样的任务设置，旨在通过任务的驱动，在本单元的学习中，让学生从单元的课文学习中习得方法，运用语言文字表现大千世界的美丽。像这样构建语文学习任务群，既学习了语言表达的方法，又激发了学生热爱自然的情感，把立德树人贯穿始终，充分发挥语文课程的育人功能，这也正是《义务教育语文课程标准（2022版）》的课程理念所提倡的。同时也真正发挥课文作为范本的作用。

（2）落实单元目标，提升核心素养。

单元整体教学在促进学生语文能力的发展方面也是一大优势。教师可以整体依据单元的教学目标，具体落实到单元的每一篇文章中，通过"教—扶—放—用"的单元整体实施过程逐步落实单元目标。在进行教读课文《我们奇妙的世界》时，适时出示"学习目标：课文分别从哪几个方面把天空和大地写清楚"，重点是教给学生落实语文要素、学习文章内容的方法，并与学生及时进行总结归纳，把学习成果及时纳入学生的认知结构中。当学生学习"扶读课文《海底世界》"和"放读课文《火烧云》"时，就应该发挥学生的主观能动性，积极将认知结构中已有的学习方法加以提取、运用。放读课文是读写迁移的桥头堡，教师要充分发挥引导和帮助的作用，适当对学生加以点拨、指导，促进学生学习方法的掌握和巩固。单元总结时，学生通过回顾目标，自主整理，在总结复习中整理学习方法，总结学习规律。循环往复，不断提升核心素养。

通过单元课程设计和整合，学生在学习过程中经历阅读、感知、鉴赏、表达、实践等活动，促进了语文核心素养的形成，从而让学生在学习语文的过程中掌握科学的思维方法，提升学生的思维能力。

（3）单元课程设计，助力教师成长。

通过本单元课程的设计我们发现教师的理念有了一定的提升，主要表现在：一是促进了对课程标准的学习和理解。二是拥有了课程视域下的教学观，对什么是单元教学有了进一步的认识，能够从课程的视野去研读教材、分析学情、设计学习活动。三是课程内容研发的能力得到进一步提升。

——作者：王晓欢　马　静　李瑞芬　贾斐斐　薄琳楠

五、英语学科单元整体课程设计

Unit 2 My favourite season 单元课程设计

人民教育出版社 PEP 小学《英语》（三年级起点）版五年级下册

（一）单元课程理念

1. 学科育人价值

《义务教育英语课程标准（2022 年版）》指出："学习和运用英语有助于学生了解不同文化，比较文化异同，汲取文化精华，逐步形成跨文化沟通与交流的意识和能力，学会客观、理性看待世界，形成正确的世界观、人生观和价值观，为学生终身学习、适应未来社会发展奠定基础。"❶

由此可见，英语学科的学习不仅是学习学科知识，更应该是发展学生语言能力，形成语言意识，进行有意义的交流；培养文化意识，涵养家国情怀，坚定文化自信；提升思维品质，建构深层认知、态度和价值判断；提高学习能力，促进终身学习的意识与能力的形成。

2. 单元育人价值

人教版（PEP）小学五年级《英语》下册 Unit 2 "My favourite season" 单元内容指向"人与自然"主题范畴下的"自然生态"主题群及"季节的特征与变化，季节与生活"子主题内容。在单元设计与实施中，我们构建了关系紧密和逐层递进的主题意义框架，着力引导学生了解大自然中四季的现象及其相应的活动，感知和体验大自然的丰富多彩，涵养热爱自然和生活的情感。在"举办四季画展"这一真实情境中，更加强调真实性的情境、有挑战性的

---

❶ 中华人民共和国教育部. 义务教育英语课程标准（2022 年版）[M]. 北京：北京师范大学出版社，2022：1.

问题、持续性的探究、成果导向、评价改进等，引发学生对本质问题和目标的结构化思考，发展核心素养。

3. 单元学习价值

基于前期已经学习的描述天气情况的基础知识，本单元继续学习有关季节的知识，进一步提升学生的英语思维品质。通过完成"划分与布置展区""征集创作灵感""描绘与描述画作"和"迎接参观者"的单元内容探究学习任务，学生在学习过程中探究主题意义，逐步形成对单元主题的深层认知、主动关注自己与自然的关系，形成正确的观念和价值判断；提高问题意识，提出自己看法，有条理地表达观点；关注结构化知识与进阶思维，实现核心素养发展，为后续学习奠定必要的知识与能力基础。

（二）单元课程情境

根据《郑州市金水区中小学单元整体课程设计与实施指导意见》的建议路径，为明晰本单元课程设计的背景与资源，从单元学习前的学情与学习内容两方面进行分析，将本单元国家课程实施内容与本校课程整体设计相结合，基于本单元"季节"话题，进行如下分析。

1. 单元学习前的学情分析

基于英语单元课程整体推进，通过前测了解学生的已知与须知并进行分析。对五年级某班55名学生采取小组讨论和个别采访相结合的方式进行前测。前测内容与评价标准具体见表5-52。

基于前测内容得出如下数据，如图5-23所示。

统计分析发现，有40%的学生语言知识储备较丰富，能够简单谈论四季的特点及喜欢四季的原因；有43.6%的学生语言知识储备相对丰富，能够简单表达一些与四季相关的词汇和描述自己喜爱的季节，但在深层问答时，语言表达不准确；还有16.4%的学生语言储备有限，需要积累。

表 5-52　前测内容与评价标准

前测内容	评价标准		
	较好	中等	较弱
（1）你能尽可能多地说出四季特征和不同季节能做的事情吗？ （2）你能询问对方最喜欢的季节或者说出自己最喜欢的季节并进行描述吗？ （3）全球气候都相同吗？你了解不同地区的气候差异吗？请你分享	知识储备丰富，准确描述四季天气的特征和所做的事情及询问并表达最喜欢的季节	能够说出一些与四季相关的词汇并能简单描述自己喜爱的季节	仅能说出个别与四季有关的词汇，很难进行成句的描述

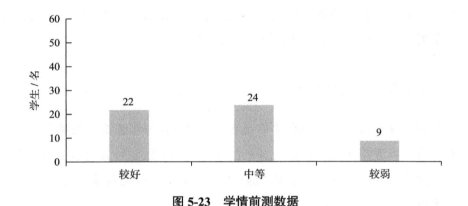

图 5-23　学情前测数据

据此，本单元学习应注意前后知识点的衔接及拓展学生表达能力的方式方法，同时注重巩固学生语言知识基础，进行多层次语言输出活动；深入体会并积极实践跨文化交流与沟通中彼此的文化差异；学习如何较深入地从多角度、辩证看待事物和解读语篇，推断语篇的深层含义，在练习中学会辩证看待事物和换位思考。

2. 单元学习内容的分析

本单元在话题内容上和四年级下册第四单元"Weather"有相似之处，两者均有涉及描述天气情况的形容词，以及不同天气对生活造成的影响，即在

不同天气状况下，所做的事情也有所不同。本单元在四年级下册第四单元
"Weather"的基础上进行概念扩展和延伸，从不同天气状况延伸到对应季节
及不同季节的特点和能够做的事情。四年级下册第四单元"Weather"主题为
天气，旨在让学生用恰当的形容词描述不同国家、地区的天气。而本单元主
题为"My favourite season"，旨在让学生描述自己最喜欢的季节及原因。天气
包含于季节中，故两者主题不同。

　　本单元主题为"My favourite season"，该主题属于"人与自然"主题范畴
下的"自然生态"主题群"季节的特征与变化，季节与生活"的子主题内容，
主要涉及四个语篇，包括两组对话、一篇配图短文、一篇配图故事。

　　语篇一是一组学生日常交际的情境。主要内容是在美术课上，Mr.Jones
通过季节音乐让学生们绘画四季图，并询问他们最喜欢的季节的场景。该语
篇旨在引导学生感受四季之美，了解每个季节的独特性。

　　语篇二是一组学生日常交际的情境。在学校里，师生谈论自己画中的季
节和最喜爱的季节及原因。该语篇旨在引导学生观察日常生活，聚焦四季不
同的活动，感受不同季节都有丰富多彩的生活。

　　语篇三是一篇配图短文。讲述了机器人Robin表达自己喜爱所有的季
节并谈论了在各个季节中的主要活动。该语篇通过Robin的自述，旨在引
导学生感受四季变换，思考四季不同的活动，感受不同季节都有丰富多彩
的生活。

　　语篇四是配图故事。讲述了考拉在圣诞节拜访Zoom和Zip时发现中国
与澳大利亚季节的巨大差异。该语篇旨在引导学生关注全球季节差异和气候
变化，品味别样生活。

3. 单元课时安排

　　基于本单元的课程内容与学生具体学情，我们确定了本单元的课时安排，
详见表5-53。

表 5-53　单元课时安排

课时	第一课时	第二课时	第三课时	第四课时
课型	对话课	对话课	读写课	阅读课
课题	划分与布置展区	征集创作灵感	描绘与描述画作	迎接参观者
语篇内容	Part A Let's learn & Let's talk	Part B Let's learn & Let's talk	Part B Read and write	Part C Story time

从表 5-53 可以看出，本单元由四个课时构成，划分为四个部分，第一部分课题为"划分与布置展区"，通过听说练习获取关于四季特点的描述；第二部分课题为"征集创作灵感"，通过听说练习获取关于四季活动的描述并询问他人喜欢的季节及其原因；第三部分课题为"描绘与描述画作"，通过阅读语篇明白每个季节各有不同。但都会有人喜欢，并通过画作表达自己最爱的季节及其原因；最后一部分课题为"迎接参观者"，通过阅读语篇明白同一时间全球不同地方的季节存在差异。

（三）单元课程目标

教学目标是教学活动实施的方向和预期达成的结果。单元教学目标的制定必须从课程标准、教材、学生三个维度去思考。课程标准规定了对学生学习的要求，教材则是学生达到课程标准规定要求的载体。学生通过对教材内容的不断学习和积累，从而达到课程标准规定的分级要求和阶段学习目标。❶

1. 课程标准的要求

英语课程围绕核心素养，体现课程性质，反映课程理念，确立课程目标。《义务教育英语课程标准（2022 年版）》与本单元相关的具体表述分为以下四个方面，见表 5-54。❷

---

❶ 朱浦．小学英语单元教学设计指南 [M]．北京：人民教育出版社，2018.

❷ 中华人民共和国教育部．义务教育英语课程标准（2022 年版）[M]．北京：北京师范大学出版社，2022：6-11.

表 5-54　课程标准相关要求

语言能力	感知与积累	能领悟基本语调表达的意义；能理解常见词语的意思，理解基本句式和常用时态表达的意义；能通过听，理解询问个人信息的基本表达方式；能听懂日常学习和生活中简单的指令、对话、独白和小故事等；能理解日常生活中用所学语言直接传递的交际意图；能读懂语言简单、主题相关的简短语篇，获取具体信息，理解主要内容
	习得与建构	在听或看发音清晰、语速适中、句式简单的音视频材料时，能获取有关人物、时间、地点、事件等基本信息；能理解交流个人喜好、情感的表达方式；能根据图片，口头描述其中的人或事物；能关注生活中或媒体上的语言使用
	表达与交流	能围绕相关主题，运用所学语言，与他人进行简单的交流；表演小故事或短剧，语音、语调基本正确；在书面表达中，能围绕图片内容或模仿范文，写出几句连贯的话
文化意识	比较与判断	对学习、探索中外文化感兴趣；能在教师引导下，通过故事、介绍、对话、动画等获取中外文化的简单信息；感知与体验文化多样性，能在理解的基础上进行初步的比较；初步具有观察、识别、比较中外文化异同的能力
	调适与沟通	对开展跨文化沟通与交流感兴趣；能注意到跨文化沟通与交流中彼此的文化差异
	感悟与内化	对了解中外文化感兴趣；能理解与中外优秀文化有关的图片、短文，发现和感悟其中蕴含的人生哲理；有将语言学习与做人、做事相结合的意识和行动；体现爱国主义情怀和文化自信
思维品质	观察与辨析	能对获取的语篇信息进行简单的分类和对比，加深对语篇意义的理解；能比较语篇中的人物、行为、事物或观点间的相似性和差异性，并作出正确的价值判断；能从不同角度辩证地看待事物，学会思考
思维品质	归纳与推断	能识别、提炼、概括语篇的关键信息、主要内容、主题意义和观点；能就语篇的主题意义和观点作出正确的理解和判断
	批判与创新	能就作者的观点或意图发表看法，说明理由，交流感受
学习能力	乐学与善学	对英语学习有较浓厚的兴趣和自信心；能积极参与课堂活动，注意倾听，大胆尝试用英语进行交流；乐于参与英语实践活动，遇到问题积极请教，不畏困难
	选择与调整	能借助多种渠道或资源学习英语
	合作与探究	能在学习活动中与他人合作，共同完成学习任务

2. 单元主题意义的提炼

教师基于课程标准、单元内容及学情，确立单元主题后深入研究文本，提炼出本单元主题意义为"感受魅力季节,享受美好生活"。同时,根据单元主题归纳了三个有关联性和递进性的子主题意义,帮助学生理解该单元的主题意义,并使学生的语言能力、文化意识、思维品质和学习能力在此过程中得到融合发展,具体内容见表 5-55。

表 5-55　单元主题意义

单元主题意义："Feel charming season, enjoy beautiful life"(感受魅力季节,享受美好生活)

课时	板块内容	子主题意义	课程类型
1	Part A　Let's learn & Let's talk	感受四季之美,了解自然特性	基础性课程
2	Part B　Let's learn & Let's talk	聚焦四季活动,感受多彩生活	基础性课程
3	Part A　Let's spell & Read and write		拓展性课程
4	Part C　Story time	关注季节差异,体验别样经历	拓展性课程

3. 单元学习目标

教师依据课程标准对本单元的学段要求,紧扣单元主题,围绕英语学科核心素养的四个维度,制订出可供检测的单元学习目标,见表 5-56。

表 5-56　单元学习目标

单元学习目标	语篇
(1)在语境中,运用所学语言与同伴交流,了解四季的表达方式,并能介绍自己喜欢的季节及其原因	(1)对话 "sceneries in different seasons" (1课时) (2)对话 "activities in different seasons" (1课时)
(2)仿照范例,运用相关的语言表达方式图文并茂展示自己最喜爱的季节	(3)配图短文 "people love different seasons" (1课时)
(3)与同伴交流了解不同国家的季节差异	(4)配图故事 "different seasons in different places" (1课时)

（四）单元课程内容

根据《义务教育英语课程标准（2022 年版）》，英语课程内容由主题、语篇、语言知识、文化知识、语言技能和学习策略等要素构成。围绕这些要素，通过学习理解、应用实践、迁移创新等活动，推动学生核心素养在义务教育全过程中的持续发展。❶

本单元课程内容包含四个语篇，学生通过语篇理解主题意义，开展多角度、多层次的分析与研究。本单元结合学生生活实践，让学生在具有真实情境与真实生活相联系的项目中，综合、灵活地运用核心词汇与句型解决现实问题，形成更为开放、多元的主题意义理解，发展学生的高阶思维能力，促进知识的深层理解与迁移应用。

基于本单元课程内容结构，确定单元课程内容框架，如图 5-24 所示。

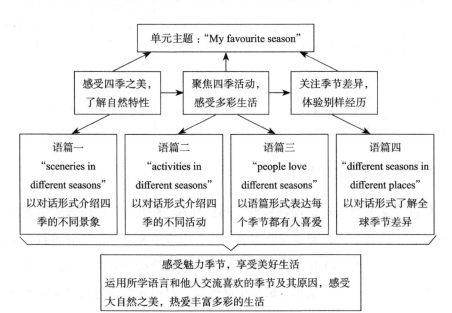

图 5-24 单元主题内容框架

---

❶ 中华人民共和国教育部 . 义务教育英语课程标准（2022 年版）[M]. 北京 : 北京师范大学出版社，2022 : 12.

依据本单元课程内容，梳理出单元课程内容要点，包括基础性课程要点和拓展性课程要点。基础性学习要点着重发展学生的基础知识和基本技能；拓展性学习要点着重丰富了学生学习的维度，拓展学生学习的领域，见表5-57。

表 5-57　单元课程内容要点

课时	基础性课程要点	拓展性课程要点
课时 1 "sceneries in different seasons"	能基于情境运用所学句型"Which season do you like best"与小组成员交流，能询问或回答他人最喜爱的季节，以及针对季节特点找到描述该季节的代表性词汇	能够通过语篇学习，在师生互动和生生互助中从天气、景物、活动等方面全面、有逻辑地描述四季的差异
课时 2 "activities in different seasons"	能够在语言情境中运用"Which season do you like best"及"What's your favourite season"询问他人最喜爱的季节并用"Why"来追问喜爱该季节的原因	能够通过语篇学习，在师生互动和生生互助中从天气、景物、活动、节日等方面阐述喜爱某一季节的理由
课时 3 "people love different seasons"	能够运用句型"I like them all"表达对所有季节的喜爱及表达出自己在每个季节的活动	能够体会主题句与主题内容之间的联系，并从天气、景物、活动、节日等方面发掘、思考并表达各个季节的美好之处
课时 4 "different seasons in different places"	在听读故事的过程中，提取、梳理澳大利亚与中国的季节差异	能够通过澳大利亚与中国的季节差异规律关注全球季节差异

（五）单元课程实施

依据《义务教育英语课程标准（2022年版）》中"课程内容实施要推动实施单元整体教学。教师要强化素养立意，围绕单元主题，充分挖掘育人价值，确立单元育人目标和教学主线；深入解读和分析单元内各语篇及相关教学资源，并结合学生的认知逻辑和生活经验，对单元内容进行必要的整合或重组，建立单元内各语篇内容之间及语篇育人功能之间的联系，形成具有整合性、关联性、发展性的单元育人蓝图；引导学生基于对各语篇内容的学习和主题意义的探究，逐步建构和生成围绕单元主题的深层认知、态度和价值判断,促进其核心素养综合表现的达成。"❶ 同时根据《郑州市金水区中小学英语单元整体课程设计与实施指导意见》所述路径,探寻达到预期单元课程目标的基本途径,确立本单元课程实施。

1. 情境任务

本单元课程围绕"Feel charming season, enjoy beautiful life"这一单元主题意义展开,根据单元学习目标,创设了单元情境及各课时的子情境,情境突出学生活动,使学生在活动中逐步发展核心素养,课程实施具体步骤,如图 5-25 所示。

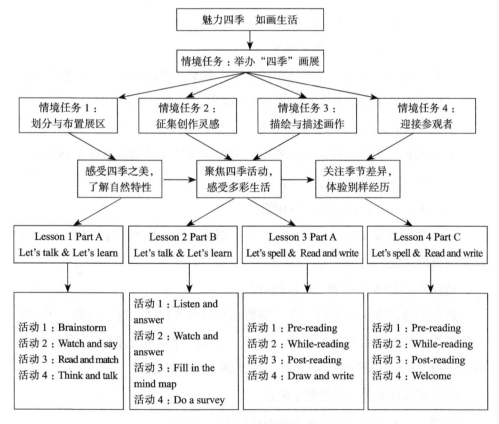

图 5-25　单元课程实施

---

❶ 中华人民共和国教育部.义务教育英语课程标准（2022 年版）[M].北京:北京师范大学出版社,2022:47.

我们着眼于单元整体，对单元的课程内容进行横向、纵向对比分析，又结合学情前测的情况，对学生的认知水平、学习需求和课程切入点有了整体上的把握。从学习角度出发，遵循学生认知水平发展规律的原则，遵循学以致用的原则，遵循密切联系单元情境的原则，对本单元的课程内容进行了有机整合。

通过创设"举办四季画展"的单元学习情境，帮助学生走进、观察和了解自然，并通过层层递进的学习过程，让学生感受大自然之美，关注季节与生活的关系，从而热爱丰富多彩的生活，达到英语教学的育人功能。

（1）情境任务一：划分与布置展区。

活动1：Brainstorm（学习理解）

春来万物苏，在这个春和景明的季节，我们举办四季画展。根据所知讨论季节特征的活动，引入情境，渲染学习氛围，调动学习主动性。

活动2：Watch and say（学习理解）

通过观看对话视频并回答问题串，帮助学生从大意到细节逐步理解对话内容，学习对话中的核心词汇和语言。

活动3：Read and match（应用实践）

通过观看理解图片、阅读短句，进行图文匹配，拓展学生思维，促成更真实的英语交流。

活动4：Think and talk（迁移创新）

通过举办四季画展的第一步"需要划分与设置展区"这一活动，使学生明确四季特征并思考四季的模样，梳理语言并进行描述设计布展方案。运用所学多角度认识和理解世界，理性表达情感、态度和观点。

（2）情境任务二：征集创作灵感。

活动1：Listen and answer（学习理解）

通过听力，感知文本信息，激活学生的大脑储备。

活动2：Watch and answer（学习理解、应用实践）

通过观看对话视频并回答问题串，帮助学生从大意到细节逐步理解对话内容，学习对话中的核心词汇和语言。

活动 3：Fill in the mind map（应用实践）

通过小组合作，完善思维导图，并进行交流；通过组内交流，帮助学生厘清脉络，巩固知识；通过观察、记录和探索实践，发展思维品质，将知识与生活实际连接，提升综合运用能力。

活动 4：Do a survey（迁移创新）

通过采访，同学间询问调查彼此最喜爱的季节及其原因，收集设计思路，征集创作灵感，为即将创作的画作做准备。在真实交际中运用所学知识技能、方法策略和思想观念，理性表达情感、态度和观点，促进能力向素养的转化。

（3）情境任务三：描绘与描述画作。

活动 1：Pre-reading（学习理解）

紧扣季节话题，通过看、听、说的活动帮助学生复习巩固关于季节的词汇，激活已有的背景知识和储备词汇，同时突破本课的阅读难点词汇。

活动 2：While-reading（学习理解）

在语境中理解文本内容回答问题，学生在教师指导下，通过略读、细读、画图逐步理解文本内容，对文本信息进行梳理、整合。学生通过跟读和分角色朗读文本，进一步理解文本内容，内化语言，为语言输出奠定基础。

活动 3：Post-reading（应用实践）

通过对文本的朗读和复述，学生能够运用语言理解意义，

活动 4：Draw and write（迁移创新）

通过描绘与描述画作这一真实自然的任务型活动，学生在活动中扩展运用语篇信息，把握语篇结构，发现语言表达的手段和特点，加深对主题意义的理解，促进能力向素养的转化。

（4）情境任务四：迎接参观者。

活动 1：Pre-reading（学习理解）

通过图片，感知文本信息，创设本课邀请同伴来游玩的情境，从而激发学生学习的欲望。

活动 2：While-reading（学习理解、应用实践）

通过图片环游、阅读故事并回答问题串，帮助学生从大意到细节逐步理解对话内容，引发学生主动思考关注季节差异现象。

活动 3：Post-reading（应用实践）

通过全文阅读整体感知故事，基于理解的基础完成复述故事的任务，深入文本内化语言知识和文化知识，加深对文化意涵的理解，巩固结构化知识，促进知识向能力的转化。

活动 4：Welcome（迁移创新）

通过小组合作，完成"迎接参观者"的任务，在迁移的语境中，创造性地运用所学语言。在此过程中学生加深对主题意义的理解，多角度认识和理解世界，创造性地解决新情境中的问题，促进能力向素养的转化。

（六）单元课程评价

《义务教育英语课程标准（2022 年版）》指出："教师要充分理解评价的作用，明确评价应遵循的原则，基于评价目标选择评价内容和评价方式，将评价结果应用到进一步改进教学和提高学生学习成效，准确把握教—学—评在育人过程中的不同功能，树立'教—学—评'一体化的整体育人观念。"[1]

因此，本书在单元课程整体规划的前提下，依托单元目标和单元内容，构架了本单元的评价体系。

---

[1] 中华人民共和国教育部．义务教育英语课程标准（2022 年版）[M]．北京：北京师范大学出版社，2022：52.

1. 评价标准

《义务教育英语课程标准（2022年版）》中指出："评价贯穿英语课程教与学的全过程，落实'教—学—评'一体化。"❶"教学评价应遵循以下基本原则：教学评价应以学生核心素养的全面发展为出发点和落脚点；教学评价应充分发挥学生的主体作用；教学评价应采用多种评价方式和手段，体现多渠道、多视角、多层次、多方式的特点；教学评价应充分关注学生的持续发展；教学评价应充分关注学生的个体差异。"❷

2. 评价活动

本单元用积攒"四季印章"的方式对学生课堂学习的水平和进展进行综合评价，调动学生学习的积极性。在教学过程中注重学生的表现，并通过形成性评价与师生评价调整教学，设计体现生生互评和学生自我评价的教学活动。

（1）课前评价（春季印章）。

给学生充足的时间研读语篇内容，圈画重难点及疑难点，完成预习任务。

（2）课堂评价。

①教师评价（春季印章），见表5-58。

表5-58　教师评价

评价量规	优秀（3个）	良好（2个）	待努力（1个）
课堂活动的参与程度和学习态度			
在课堂活动中对重点词汇、重点句型及文本的掌握情况			
多角度、辩证看待事物和解读语篇，推断语篇的深层含义			
在学习活动中与他人合作，共同完成学习任务情况			

---

❶ 中华人民共和国教育部. 义务教育英语课程标准（2022年版）[M]. 北京：北京师范大学出版社，2022：53.

❷ 中华人民共和国教育部. 义务教育英语课程标准（2022年版）[M]. 北京：北京师范大学出版社，2022：53-54.

②学生互评（夏季印章），见表 5-59。

表 5-59　学生互评

评价量规	优秀（3个）	良好（2个）	待努力（1个）
在小组合作中能积极参与讨论，踊跃发言			
提出的意见对我有帮助			
能够积极协作鼓励并督促小组成员参与活动			
能够在规定时间内完成学习任务			
小组合作起到领导作用或者有突出贡献			

③学生自评（秋季印章）：在完成本单元学习之后，学生完成自评，见表 5-60。

表 5-60　学生自评表

评价量规	优秀（3个）	良好（2个）	待努力（1个）
我能够与同伴交流了解四季的表达方式并能介绍自己喜欢的季节			
我能够与同伴交流了解不同季节能做的活动和分析喜欢的季节的原因			
我能够仿照范例，运用相关的语言表达方式图文并茂地展示自己最喜爱的季节			
我能够与同伴交流了解不同国家和地区的季节差异			

（3）课后评价（冬季印章）。

根据单元作业目标细化匹配每课时作业目标，并依据学习内容确定了学习任务和评价内容，紧扣作业目标，围绕项目学习，设计分层作业，包含基础类作业和拓展类作业，其中基础性作业为必做，拓展性作业为选做。根据本单元预设的 4 个课时，分别设计了对应的课时作业，见表 5-61。

表 5-61　课时作业评价表

课时	作业内容	评价标准
1	基础类作业：听读 Talk A 并书写四季词汇 拓展类作业：制作含有季节特征的季节书签	基本类作业： （1）能够正确朗读 Talk A （2）能够正确书写四季词汇 拓展类作业： （1）能够熟知四季特征 （2）能够在制作书签时正确书写四季词汇和相关特征词汇
2	基础类作业：听读 Talk B 并完善四季思维导图 spring food; weather; clothes; colour　summer food; weather; clothes; colour　My favorite season　autumn food; weather; clothes; colour　winter food; weather; clothes; colour 拓展类作业：利用表格记录采访家人喜欢的季节和原因（双语） Family member｜Favourite season｜Reasons	基本类作业： 1. 能够正确朗读 Talk B 2. 能够正确书写与四季相关活动的词汇 拓展类作业： 1. 能够询问他人喜爱的季节及其原因 2. 能够正确书写四季相关活动的词汇
3	基础类作业：听读 Read and write 并正确朗读季节小诗 拓展类作业：画出自己最喜爱的季节并以 My favourite season 为题进行画作描述	基本类作业： （1）能够正确听读 Read and write （2）能够正确朗读描写季节小诗 拓展类作业： （1）能够正确完成写作任务
4	基础类作业：听读 Storytime 拓展类作业：查找资料，记录 2 个不同国家的四季信息并与同伴交流 Country Season Weather Activities ...	基本类作业： （1）能够正确听说认读 Story time 拓展类作业： （1）能够记录不同国家不同季节的特点 （2）能够交流不同国家不同季节的特点

（七）单元课程反思

《义务教育英语课程标准（2022 年版）》指出："教师要充分认识到学生是语言学习活动的主体，要引导学生围绕主题学习语言、获取新知、探究意义、解决问题，逐步从基于语篇的学习走向深入语篇和超越语篇的学习，确保语言学习的过程成为学生语言能力发展、思维品质提升、文化意识建构和学会学习的成长过程。"❶本单元课程实施过程以学生发展为本，以核心素养为导向，以任务学习为动力。

1. 设计与实施

（1）以单元主题为引领，组织课程内容。

教师通过对学科本质、课程标准和教材语篇的认识理解，提炼出的单元主题意义是"Feel charming season, enjoy beautiful life"感受魅力季节，享受美好生活，梳理出的子主题意义分别为：感受四季之美，了解自然特性；聚焦四季活动，感受多彩生活；关注季节差异，体验别样经历。通过子主题层层递进，更好地突出了单元教学的整体性、连续性和迁移价值。依据所确定的子主题，本单元对教学内容进行重组，使单元学习主题围绕一个核心串联起来，具有逻辑性、系统性、梯度性、难度性，体现学科思想方法，丰富学生认识世界的方式方法，激发学生深度参与和持续发展。

（2）以教材语篇为载体，设计教学活动。

本单元涉及四个语篇，包括两组对话、一篇配图短文、一篇配图故事。每篇语篇均从"what""why""how"三个维度分析，挖掘语篇的文化内涵和育人价值，把握教学主线。根据学生学习基础、学习状况，从横向、纵向两个维度进行单元内容逻辑与学习发展分析，让学生对季节的学习从浅层次的谈论向季节特征、季节活动及季节差异等深层次的认知发展。

---

❶ 中华人民共和国教育部. 义务教育英语课程标准（2022 年版）[M]. 北京：北京师范大学出版社，2022：49.

我们设计了遵循小学高年级学生的认知规律和思维特点的单元学习任务，引导学生通过完成"划分与布置展区""征集创作灵感""描绘与描述画作"到"迎接参观者"的一个个学习任务从而进阶地完成"举办四季画展"的单元情境任务。学生从生活经验出发，由浅入深、不断将个人对所学语篇的理解和思考与语言的真实运用相结合，做到知行合一，实现课程育人。

（3）以核心素养为导向，实现"教—学—评"一体化。

本单元从培养学生的语言能力、文化意识、思维品质和学习能力出发，通过创设具有综合性、关联性和实践性的英语学习活动，注重通过形成性评价与师生评价调整教学，针对学生学习表现及时提供反馈与帮助，达成促学和促教的双重目标，最终促进学生学科能力的提升和核心素养的发展。

2.回顾反思

回顾单元整体课程设计与实施过程，在具体的实施过程中还存在一些问题，简要总结如下。

（1）应进一步引导学生乐学善学。

新课改的背景之下，英语教学不仅要重视"学什么"，更要关注学生是否"喜欢学"，以及是否知道"如何学"。在具体实践过程中，会出现学生的真实需求与课堂设计不匹配、不能根据学生的认知特点设计有趣的学习任务、不能根据学生的需求反馈及时地调整教学方法和策略等问题，这就需要我们更加聚焦主题意义展开任务型学习，引导学生通过感知、模仿、观察、思考、交流和展示等学习任务，感受英语学习的乐趣，提升英语学科素养。

（2）应进一步以信息技术赋能英语课堂。

现代信息技术为英语教学提供了多模态的手段、平台和空间。在教学实践中，教师要不断提高信息素养，利用互联网整合课程资源，加强信息技术与课堂教学的融合，努力为学生主动发展的个性化学习创造条件，提升学习效率，以信息技术赋能学科育人价值落地课堂。

乐享教育的知与行

My favourite season 课时教学设计

（一）第一课时

1. 语篇研读

What：在美术课上，Mr. Jones 通过季节音乐让学生们绘画四季图时询问 Mike，Wu Binbin 最喜欢的季节的场景，引发讨论，引导学生积极分享并了解四季的独特性。

Why：学生通过一系列的教学活动掌握本课时的重点句型和词汇，引导学生在实际情境中询问和回答最喜欢的季节，从而认识四季并欣赏四季不同的风景。

How：本节课涉及季节的核心词汇，如"spring、summer、autumn、winter、season"，谈论最喜欢的季节及简单陈述理由的核心语言，如"Which season do you like best?""Winter. I like snow. It's pretty."该对话通过对最喜爱的季节的讨论让学生在鉴赏音乐中感知美，将音乐的韵律之美与四季更替之美相结合。通过对四季的感知，让学生用英语明确表达观点，体会到四季的更替规律并热爱生命、充实生活，具有现实和教育意义。

2. 教学目标

通过本课时学习，学生能够：

（1）在看、听、说的活动中，理解四季表达方式及对话大意（学习理解）。

（2）用正确的语音语调分角色朗读并表演对话，阅读短句、进行图文匹配（应用实践）。

（3）运用所学语言，对四季图画进行描述，交流自己最喜欢的季节及原因（迁移创新）。

【核心词汇】

spring、summer、autumn、winter、season

【核心句型】

Which season do you like best?

Winter.

I like snow.

It's pretty.

3. 教学过程

具体的教学过程情况见表 5-62。

表 5-62 教学过程情况

教学目标	学习活动	效果评价	设计意图
在看、听、说的活动中，理解四季表达方式及对话大意（学习理解）	头脑风暴。引入情境，现有参观者来我校进行参观访问，我们需要根据四季的特征进行展区的分类及布置。通过讨论季节特征、匹配天气与温度、描述季节等活动，激活旧知	教师观察学生的旧知掌握情况，在必要时刻给予帮助和鼓励，引导学生尽可能多地输出与表达	本阶段学习活动重在通过多形式的文本解析活动，即通过听选、看说、看猜、看选等帮助学生深层次解析文本结构、探究主题意义。符合新课标听说先行的设计原则；并以主题为引领、以语篇为依托，引入划分与布置展区这一情境，有机融合了语言、文化、思维，引导学生感受四季特征
	学生听录音并根据听力文本核对答案。通过 Chen Jie 和 Mike 讨论天气引出 Chen Jie 最喜欢的季节是秋天及其原因	教师引导学生在听力时要获取多方面的信息，提取关键词并记忆，根据学生反馈给予有效听力指导	
	学习秋天的词汇表达并练习句型"I like…best"及描述秋天的颜色、天气等。感受秋季之美，根据所提供的图画布置秋季展区并描述	教师引导学生在句子中学习词汇，并扩展相关信息，匹配描述，根据学生发音及表达给予指导	
	观看图片内容并猜测他们正在上什么课及将要画什么	教师引导学生根据图片内容进行大胆猜测，注意提取图片关键信息，给予学生科学评价	
	听选 Mike 和 Wu Binbin 最喜欢的季节，完成图表		

续表

教学目标	学习活动	效果评价	设计意图
在看、听、说的活动中，理解四季表达方式及对话大意（学习理解）	观看视频，找出 Mike 和 Wu Binbin 最喜欢季节的原因，体会四季的差异之美	教师通过观察学生答题情况，指导其听力；教师通过学生的问答反馈，给予正确评价	本阶段学习活动重在通过多形式的文本解析活动，即通过听选、看说、看猜、看选等帮助学生深层次解析文本结构、探究主题意义。符合新课标听说先行的设计原则；并以主题为引领、以语篇为依托，引入划分与布置展区这一情境，有机融合了语言、文化、思维，引导学生感受四季特征
	学习单词"winter"和"spring"，练习句型"I like…best"扩展描述冬天、春天的颜色，天气，活动等。根据所提供的图画布置冬季、春季展区并进行描述	教师引导学生在句子中学习词汇，并扩展相关信息、匹配描述，根据学生发音及表达给予指导	
	学生已知 Chen Jie 喜欢秋天，Mike 喜欢冬天，Wu Binbin 喜欢春天。通过听力选出 Oliver 最喜欢的季节及原因并整合课本人物的喜好，体会四季的特性	教师通过观察学生答题情况，指导其听力	
	学习单词"summer"，练习句型"I like…best"扩展描述夏天的颜色、天气、活动等。根据所提供的图画布置夏季展区并描述	教师引导学生在句子中学习词汇，并扩展相关信息，匹配描述，根据学生发音及表达给予指导	
用正确的语音语调分角色朗读并表演对话，阅读短句、进行图文匹配（应用实践）	学生听读对话并分角色表演，关注语篇中语音语调、节奏、连读、重读等问题，并深层次体会对话主题意义	教师根据不同能力水平学生朗读表演对话的情况，给予指导或鼓励	本阶段的学习活动重在语音语调的模仿及练习上，有助于培养学生语感，感受语言结构之美；角色扮演有助于学生体会角色内涵，在实践中感受语言交际的魅力；连线匹配活动有助于使学生区分四季特点，感受四季差异
	学生带有感情的朗读诗歌，感受四季之美；完成连线匹配活动，体会四季差异	教师观察学生能否借助图片完成连线匹配，根据学生的表现给予必要的提示和指导	

续表

教学目标	学习活动	效果评价	设计意图
运用所学语言, 对四季图画进行描述, 交流自己最喜欢的季节及原因（迁移创新）	学生根据画展所需划分的四季展区, 设计布展方案	教师观察学生的语言表达情况, 给与适当的鼓励及指导	本阶段学习活动旨在帮助学生在真实的语境中, 有机整合所学语言, 生成个性化的表达; 在真实的语境中, 刺激其开口表达自己的欲望, 提升学生的语用能力, 引导学生感受自然差异、促进学生的全面发展
	学生在小组内交流讨论	教师观察小组内的合作交流情况,出示科学的评价方案; 注重生生评价, 体现评价有效性	

4. 作业

（1）基础性作业：听读 Talk A 并正确书写四季词汇。

（2）拓展性作业：制作含有季节特征的季节书签。

【设计意图：通过听读、书写作业, 有效巩固学生的基础知识；通过制作季节书签引导学生关注自然生态, 体会四季特征, 体现学科的育人价值】

（二）第二课时

1. 语篇研读

What：本节课主语篇为"Let's talk"对话, 辅助语篇为"Let's learn"。本节课整合了"Let's try""Let's talk""Let's learn""Ask and answer"四部分内容, 核心主题为最喜欢的季节及原因, 通过表达在某季节从事的活动来说明喜欢该季节的原因。

Why：通过谈论或描述四个季节的特征及该季节的活动, 学生思考并表达自己喜欢某个季节的原因。学生在学习的过程中会发现不同季节能带给人们不同的美和感受, 从而学会发现生活中的美, 并体验美、表达美。

How：通过谈论 Mike、Binbin、Amy 及 Miss White 最喜欢的季节及其原因, 学生感知并掌握重点句型"Which season do you like best?""I like spring best""Why?""Because there are beautiful flowers everywhere""I often go on a picnic with my family" 以 及"go on a picnic""go swimming""pick apples""make a snowman"等重点词句的语用情境，并会恰当运用核心词句谈论自己喜欢的季节及原因。

2. 教学目标

通过本课时学习，学生能够：

（1）在听、说、看的活动中，获取、梳理对话大意及每个人喜欢某季节的原因（学习理解）。

（2）用正确的语音语调分角色朗读、表演并复述对话，且在交流中完善思维导图（应用实践）。

（3）在小组交流中调查同学心中的四季并完成调单记录单（迁移创新）。

【核心短语】

go on a picnic, go swimming, pick apples, make a snowman

【核心句型】

Which season do you like best? I like … best.

Why? Because…

3. 教学过程

具体的教学过程情况见表 5-63。

4. 作业

（1）基础性作业：听读 Talk B。

（2）拓展性作业：调查并记录父母最喜欢的季节及原因。

【设计意图：作业内容引导学生基于文本梳理归纳信息，同时联系现实生活，在日常生活中观察并交流全球季节差异和气候变化，发展语用能力，真正达到用创为本的目的】

表 5-63　教学过程情况

教学目标	学习活动	效果评价	设计意图
在听、说、看的活动中，获取、梳理对话大意及每个人喜欢某季节的原因（学习理解）	欣赏关于季节的歌曲，并基于图片和第一课时已有经验，感知本节课主题	教师观察学生能否运用已有经验参与互动和交流，并通过不同形式的提问和问题追问带动学生的语言学习	本阶段学习活动旨在帮助学生在语境中理解对话内容，学习核心词汇，学生在教师指导下，通过听、说、读、看等多感官活动，理解对话大意及核心语言的语义及语用功能，为后面的语言输出奠定基础
	通过观察图片，听音匹配的活动，获取 Mike 和 Binbin 最喜欢的季节等信息		
在听、说、看的活动中，获取、梳理对话大意及每个人喜欢某季节的原因（学习理解）	通过听音补全句子和听音勾选相关图片活动，学习"Why""Because…"等核心语言，并同时融入词汇"make a snowman""go on a picnic"的学习	教师根据学生回答问题、互动交流及跟读等活动，及时发现问题，纠正学生的错误，并给予指导和修正	本阶段学习活动旨在帮助学生在语境中理解对话内容，学习核心词汇，学生在教师指导下，通过听、说、读、看等多感官活动，理解对话大意及核心语言的语义及语用功能，为后面的语言输出奠定基础
	学生仔细观察图片，并猜猜这是谁画的画，并通过图片信息猜出作画者最喜欢的季节		
	认真阅读对话内容，找出 Amy 喜欢秋季的原因、Miss White 最喜欢什么季节及其原因，并在谈论的过程中融入词汇"go swimming""pick apples"的学习；同时渗透游泳时的注意事项，让学生了解到安全第一的道理		
	学生听读对话并分角色表演，关注语篇中语音语调、节奏、连读、重读等问题，并深层次体会对话主题意义	教师根据学生的朗读情况，及时发现难点词汇及句子，并及时给予帮助和反馈	

续表

教学目标	学习活动	效果评价	设计意图
用正确的语音语调分角色朗读、表演并复述对话，且在交流中完善导图（应用实践）	学生在教师的帮助下通过板书复述本节课的核心语言	教师根据学生的朗读及复述情况，对难点词汇及连读等进行指导	本阶段学习活动旨在帮助学生在分角色朗读、复述和选填季节特征的过程中，初步运用语言，从学习理解到初步运用，为后面的语言输出奠定基础
	通过小组合作，完善思维导图，并进行交流	教师观察学生在小组内运用所学语言交流的情况，给予鼓励或帮助	
在小组交流中调查并记录同学心中的四季，征集创作灵感（迁移创新）	通过采访，同学间询问调查彼此最喜爱的季节，收集设计思路，征集创作灵感，为即将创作的画作做准备	教师了解活动的进展和完成情况，并对学生出现的问题及时予以指导和修正	本阶段学习活动旨在帮助学生在迁移创新的语境中，创造性地运用所学语言，描述多彩的四季，征集学生灵感，为举办"四季"画展做准备

（三）第三课时

1. 语篇研读

What：本语篇为四篇配图的小短文，通过图文方式介绍四季的特点及 Robin 喜欢四季的原因。

Why：通过阅读理解本语篇内容，引导学生学会技巧阅读、善于向同伴展示获取的信息，体验阅读乐趣、提升思维能力。同时使学生进一步感知句型的语用，能够就"My favourite season"这一主题从多角度描述自己喜欢的季节及原因。

How：本节课是本单元的第三板块，是一节阅读课，通过学习重点词 汇 及 句 型："green trees""beautiful flowers""hot, swim""fall""paint a picture""snow""white""play in the snow""I like them all""I like…" "because…"，学生能够借助语言从多角度描述自己喜欢的季节及原因，感受丰富多彩的四季活动，从而培养学生热爱生活、善于表达自己的能力。

2.教学目标

通过本课时学习，学生能够：

（1）通过速读与精读活动，获取文本信息，并在语境中学习核心词汇，从而理解文本大意（学习理解）。

（2）正确朗读并复述文本，同时从多方面发掘并描述自己最喜欢的季节及原因（特点、气候、活动、节日等）（应用实践）。

（3）把握语篇结构，发现语言表达的手段和特点，给 Robin 写回信、介绍自己最喜欢的季节及理由（迁移创新）。

【核心词汇】

green trees, beautiful flowers, swim, fall, paint a picture, snow, white, play in the snow

【核心句型】

I like…because…

I like them all.

3.教学过程

具体的教学过程情况见表 5-64。

4.作业

（1）基础性作业：听读 "Read and write" 并正确朗读季节小诗。

（2）拓展性作业：以"最喜爱的季节"或者"我眼中的四季"进行绘画并进行画作描述。

【设计意图：通过听读文本及季节小诗，引导学生进一步感知主题内涵、内化语言；通过画一画、写一写的活动，有效提升其用英语做事情的能力】

表 5-64　教学过程情况

教学目标	学习活动	效果评价	设计意图
通过速读与精读活动，获取文本信息，并在语境中学习核心词汇，从而理解文本大意（学习理解）	师生运用目标句型"Which season do you like best?""I like…because…"进行交谈	通过交流喜欢的季节及原因激活旧知，为新知做好铺垫；教师观察学生语言表达情况，及时反馈	本阶段学习活动旨在帮助学生掌握阅读技巧、提升阅读策略。从快速整体阅读、勾选任务到精读细读；从标题及文段中获取细节信息，到有效发展学生的想象、归纳、推理等思维能力；最后的综合检测及朗读活动更是在阅读的真实情境中加深学生对文本的理解及语言的内化，为语言输出奠定了基础
	学生回忆并说出 Mike、Oliver、Amy、Wu Binbin 这些人物最喜欢的季节及各自理由	基于单元整体，回顾、梳理、总结前面板块人物最喜欢的季节及理由，自然过渡到 Robin；教师根据学生对问题的回应和反馈，引导和正确评价	
	学生根据教材插图猜测 Robin 最喜欢的季节及理由	教师根据学生对问题的回应，引导其大胆猜测，注意语言的丰富性与准确性	
通过速读与精读活动，获取文本信息，并在语境中学习核心词汇，从而理解文本大意（学习理解）	学生整体阅读文本，选择 Robin 最喜欢的季节	教师根据学生答案，引导学生掌握阅读技巧，在核对答案过程中，给予及时的肯定和表扬	本阶段学习活动旨在帮助学生掌握阅读技巧、提升阅读策略。从快速整体阅读、勾选任务到精读细读；从标题及文段中获取细节信息，到有效发展学生的想象、归纳、推理等思维能力；最后的综合检测及朗读活动更是在阅读的真实情境中加深学生对文本的理解及语言的内化，为语言输出奠定了基础
	学生再次阅读，掌握阅读技巧，即通过看标题及关键句的形式获取信息，核对答案		
	学生再读文本，找出 Robin 喜欢各季节的原因，并学习新词，感知感叹句的语调		
	学生根据课文内容，对句子进行正误判断	通过新词的学习，教师及时反馈学生的学习问题并给出有效的指导	
正确朗读并复述文本，同时从多方面发掘并描述自己最喜欢的季节及原因（应用实践）	学生听录音，按照正确语音语调及意群朗读课文	教师观察学生的发音、重读和停顿情况，及时纠正	本阶段学习活动引导学生在文本朗读和文本复述的基础上，观察语言结构和特点，体会主题意义与内涵，内化语言，从而能够从多维度、多层次的角度描述自己喜欢的季节及其原因，为下一步的书写做好铺垫
	学生根据课文内容画出思维导图，并根据思维导图和关键词进行复述	教师根据学生复述情况，判断学生对文本语言的输出表达能力，给予及时的帮助	
	学生和同伴交流各自喜欢的季节及理由	教师对小组活动进行观察和评价，尤其关注学生语言结构的多样性，内容的丰富性，给予及时的赞扬	

教学目标	学习活动	效果评价	
把握语篇结构，发现语言表达的手段和特点，给 Robin 写回信，介绍自己最喜欢的季节及理由（迁移创新）	通过学生给 Robin 画出自己最喜欢的季节并写一封信的形式，向 Robin 介绍自己最喜欢的季节和理由	教师观察学生的绘画、书写情况，给予及时的写作指导和帮助	本阶段学习活动旨在提升学生的写作能力，通过上一阶段的思维导图、复述等活动，使学生了解文章结构及语言的使用特点，为本次的书写活动做了极大的铺垫，体现了"用创结合、学思为本"的英语学习活动观
	学生对所画、所写内容进行展示，相互交流，锻炼写作技巧	教师观察学生的汇报情况，引导其他学生欣赏和评价其作品，最后评价教与学的成效	

（四）第四课时

1. 语篇研读

What：该语篇是配图故事，讲述了考拉在圣诞节拜访 Zoom 和 Zip 时发现中国与澳大利亚季节的巨大差异。

Why：通过圣诞节时中国与澳大利亚季节差异的对比，引导学生关注全球季节差异和气候变化，品味别样生活。

How：该语篇是配图故事，涉及介绍四季及四季活动的词汇，如"spring、summer""autumn""winter""season""go on a picnic""pick apples""make a snowman""go swimming"；询问并回答学生们对四季的喜好，并简单陈述喜欢某个季节的理由，如"Which season do you like best""Mike""Winter""Why""Because I like summer vacation！"考拉在圣诞节拜访 Zoom 和 Zip 时使用了一般现在时，学生在前面的课程中已经接触并学习过该时态。该语篇内容贴近学生生活，易于理解，具有现实意义。

2. 教学目标

通过本课时学习，学生能够：

（1）通过阅读趣味故事，获取文本信息，初步理解故事大意（学习理解）。

（2）能用正确的语音语调朗读故事并表演（应用实践）。

（3）运用所学语言，与同伴交流不同地方的季节差异（迁移创新）。

【核心短语】

go to the beach, swim in the sea, make a snowman, cheese

【核心句型】

What do you usually do on Christmas day?

Which season do you like best?

Christmas is in summer in Australia, so we never have snow for Christmas.

3. 教学过程

具体的教学过程情况见表 5-65。

表 5-65　教学过程情况

教学目标	学习活动	效果评价	设计意图
通过阅读趣味故事，获取文本信息，初步理解故事大意（学习理解）	通过猜测同学的画作内容，进行 Free talk，学生通过描述季节特征、季节活动和喜爱季节的原因进行旧知复习，激活知识储备，并了解迎接朋友来欣赏画展这一学习任务	教师观察学生是否熟练运用旧知，并根据需要调整提问方式，进行追问或给予鼓励	本阶段学习活动旨在帮助学生在语境中理解故事内容，学生在教师指导下，通过阅读故事和讨论交流，从大意到细节逐步理解故事内容；学生通过分图片的跟读，进一步理解对话内容，内化语言，为语言输出奠定基础
	通过观察 Zoom 和 Zip 迎接首位到来朋友时的情形，梳理文本信息，明白故事发生的时间、地点及人物等基本信息	教师引导学生初步感知本课主题，教师根据学生对问题的回应和反馈，引导和正确评价	
	通过视频资料和文本画出关键信息，找到考拉在圣诞节常做的事；模仿跟读文本并提醒注意此时的时间线为引出下幅图做铺垫	教师根据不同能力水平学生朗读对话的情况，给予指导或鼓励	

教学目标	学习活动	效果评价	设计意图
通过阅读趣味故事，获取文本信息，初步理解故事大意（学习理解）	通过感受 Zoom 的说话语气，关注中国与澳大利亚季节差异现象，通过阅读文本信息找到季节差异的内容并进行跟读；观看科普视频，理解全球季节差异的原因	教师根据学生对问题的回应和反馈，引导和正确评价	本阶段学习活动旨在帮助学生在语境中理解故事内容，学生在教师指导下，通过阅读故事和讨论交流，从大意到细节逐步理解故事内容；学生通过分图片的跟读，进一步理解对话内容，内化语言，为语言输出奠定基础
	通过阅读文本，找到 koala 最喜欢的季节及其原因并通过观察图片和听音频体会人物心情变化并找出其在中国圣诞节所做的活动，感受 koala 享受季节差异带来的美好生活体验的心情	教师根据学生对问题的回应和反馈，引导和正确评价	
能用正确的语音语调朗读故事并表演（应用实践）	通过观看视频整体感知文本故事，为朗读和角色扮演做准备	教师根据学生欣赏视频的状态进行提示与指导	本阶段学习活动引导学生在归纳和整理核心语言的基础上，通过角色扮演使每位学生都能深入角色，运用语言理解意义，进行语言内化，从学习理解过渡到应用实践，为后面的真实表达做准备
	基于对话内容，学生进行角色扮；学生关注语篇中语音语调、节奏、连读、重读等问题	教师观察学生能否借助板书呈现的语言支架完	
与同伴交流了解不同国家的季节差异（迁移创新）	分组帮助 Zoom 和 Zip 接待来自全球各地来参观展览的朋友，创编新故事并表演	教师观察学生在小组内运用所学语言交流的情况，给予鼓励或帮助	本阶段学习活动旨在帮助学生在迁移的语境中，创造性地运用所学语言，理解全球季节差异并在情境中得以实践运用；学生从课本走向现实生活，在真实情境中发展语用能力，关注全球季节差异和气候变化，品味别样的生活经历
	小组成员向全班介绍本组同学在新情境中所创编的新故事	教师观察学生向全班汇报本组成员创编的新故事，评价教与学的成效	
	总结本单元举办的画展大获成功，期待下次与大家相见		

4.作业

（1）基础性作业：准确流畅地朗读故事。

（2）拓展性作业：与同伴交流了解不同国家的季节差异

【设计意图：作业内容引导学生基于文本梳理归纳信息，同时联系现实生活，在日常生活中观察并交流全球季节差异和气候变化，发展语用能力，真正达到用创为本的目的】

——作者：樊怡丽　刘　佩　刘丹阳　张亚楠

后 记

时光知味，岁月沉香。2013年8月，我从金水区教育局来到有着百年积淀的"文一"担任校长，至今已经整整十个年头了。

十年来，我们坚持立德树人，在传承中创新，探寻"乐享教育"的文化脉络。从中国传统哲学中寻找办学之"根"，以孔子的"乐学"思想与"乐教"精神为逻辑起点，以陶行知的"生活教育理论"为方法论，传承学校文化传统，提出了"乐享教育"的办学理念。

十年来，我们在课程教学改革的路上守正创新、勇毅前行，不断深化"乐享教育"的办学实践。

十年来，我们坚守责任和使命，学校从一个校区发展到一校多区一联盟校的集团化办学格局，办好老百姓家门口的学校，让每一个孩子都能享有公平而有质量的教育。

百年"文一"，有着凝重厚实的教育传统和文化底蕴。如今，"以文化人、知行合一"的校训，"乐享教育"的文化核心，已经成为全体师生的行动自觉，支撑着每一位"文一"人为之奋斗！

感谢金水区教育局给予学校全面的支持；感谢教育部小学校长培训中心常务副主任、北京师范大学校长培训学院院长陈锁明和北京师范大学教育学部朱志勇教授及河南财政金融学院任民教授的悉心指导，提出许多建设性意见，并为本书作序；感谢天津体育学院郝少毅教授提出的宝贵建议。

志同者，不以山海为远；道合者，共绘星河灿烂。本书选用的若干案例均系教师们智慧的结晶，在此，对关心和指导"乐享教育"的领导、专家致以衷心的感谢，对为"乐享教育"奉献心血和智慧的每一位师生表示崇高的敬意！

本书的撰写难免有疏漏和不足之处，恳请各位专家和教育同人不吝赐教。

侯清珺

2024 年 1 月